Beate Reinecker

Leuchte durch dein Leben!

Band 2

Reihe „Leben mit Verantwortung 8-12"

Beate Reinecker

Leuchte durch dein Leben!

Band 2

Reihe „Leben mit Verantwortung 8-12"

Ermutigungen für ein selbstbestimmtes Leben.

Ein aktuelles philosophisches Werk über Schein und
Wirklichkeit im Fokus einer ethischen Vernunft

Bibliografische Information der Deutschen Nationalbibliothek:
Die Deutsche Nationalbibliothek verzeichnet diese Publikation in der Deutschen Nationalbibliografie; detaillierte bibliografische Daten sind im Internet über http://dnb.dnb.de abrufbar.

Kopien und Auszüge nur mit Genehmigung des Verlages

2016 Pro-Phil Verlag, Münster in Westfalen

Herstellung und Verlag:
BoD - Books on Demand, Norderstedt
ISBN 978-3-7431-3407-2

Inhaltsverzeichnis Band 2

Die Kopfarbeit 11
Die Verseuchung 14
Das Älterwerden 17
Hunger und Durst 19
Der Schuhkarton 22
Deine Chance 25
Die Welt ist bunt 26
Der Filter 26
Bewahre den Indianer in dir 28
Die scheinbare Logik 29
Du spürst den Tod 30
Der Rebell in dir 34
Im Abseits und im Mittelpunkt 36
Die Blockade 39
Die Unkenrufe 43
Mein Kopf gehört mir 46
Lippenbekenntnisse 47
Neue Spielplätze 49
Du bist deine Supernova 51
Das Kreideschlucken 53
Gegenwind 55
Nichts ist für die Ewigkeit 56
Der Friedensreiter 58

Die Mission 60
Die Tugendferne 61
Die Selbsterhöhung 63
Geld, Macht und Vertrauen 68
Der Schein, der Kommerz, die Unmenschlichkeit 73
Wir rocken das 76
Der Entfremdete 78
Deine inneren Filme 78
Jeder muss abtreten 80
Zwischen den Fronten 81
Solange du fit bist 85
Unversehrtheit und Mündigkeit 88
Die schnell abrufbaren Inhalte 89
Die Kröte im Verließ 91
Verstrickungen 95
Die scheinbar schnelle Lösung 98
Der Peitschenhieb 102
Der Kick, die Dröhnung, die innere Leere 103
Wann sind wir da? 106
Die Scheinvernunft 109
Die innere Leere 110
Lebenstabus 113
Die verbotene, unbequeme Frucht 114
Die Zweifel an dir 115

Der doppelbödige Herrscher	117
Der Verwundete	118
Das Loslassen	120
Der tägliche Spagat	123
Nichts geschieht ohne Grund	126
Der Sensible	131
Der Gerechte	132
Der Hoffende	133
Der Ängstliche	134
Der Getriebene	138
Nach mir die Sintflut	140
Die großen Gefühle	141
Vorbeigerauscht	145
Das Verweigern	147
Du kokettierst mit dem Tod	148
Lass dich los	150
Die Entfaltung	150
Der Lebenskünstler	151
Zu gemütlich	154
Du machst dein Ding	155
Zeckenalarm	156
Irritationen	157
Frei sein	158
Die Duftmarke	160

Die tickende Zeit 162
Der Sockelmensch 164
Die Künstlichkeit 168
Verpasste Chancen 172
Der Weg zur Quelle 174
Der Stachel im Fleisch 175
Der Laufstall 176
Die Spuren der Evolution.. 178
Die Armut.. 179
Das Auslöschen 180
Armut und Überheblichkeit 182
Armut, Wissen und Bewusstsein................................... 184
Die Sinnfrage 188
Dein Bauch, dein Herz, dein Selbst 190
Sei frei!... 191
Kein Mittelmaß 193
Hohle Sprüche... 193
Ungerechtigkeit, Verdrängen, Massenmord.................. 195
Die explosive Mischung 196
Die Kettenreaktionen 197
Der Botschafter des Friedens und der Gerechtigkeit 198
Das starke Selbst - die starke Demokratie 202
Der Weltfrieden... 206
Macht, Krieg, Terror 208

Die Halbherzigkeit 209
Der Botschafter des Vertrauens 210
Der Gerechte, der Kreative 211
Dein Geschenk an Dich.. 213
Verletzte Menschen in einer zerstörten Welt................... 215
Mein Anliegen.. 216
Inhaltsverzeichnis Band 1 218

Die Kopfarbeit

Als du jung warst, suchtest du die optische, gedankliche, globale Weite. Deine Jugend gab dir die Kraft, den Mut, die Lebensenergie, die grenzüberschreitende Perspektive einzunehmen. Nichts war dir zu mühsam, zu wild, zu fremd. Du liebtest es, in andere Kulturen einzutauchen und in den Gesprächen mit neuen Menschen abzutauchen. Es gab keine Angst vor anderen Ansichten und neuen Perspektiven auf das Leben, das Leben an sich. Somit konntest du viel erfahren, durchdenken und erleben. Du hast dich ins Leben geworfen. Du nahmst immer andere Perspektiven auf das Leben ein, denn die Empathie ermöglichte dir die Chance, die Welt durch die Augen anderer zu sehen. Du liebtest die Menschen, die Natur und Kulturen, denn dir war sehr früh bewusst, dass man diesen menschlichen Errungenschaften mit Respekt begegnen sollte. Die Gebäude, Gemälde und Plätze als Zeichen längst vergangener Zeiten sprachen zu dir. Der Meerblick gab dir das Gefühl der Freiheit. Du liebtest es, dich unbeschwert, unbeobachtet und sehr frei zu fühlen. Die Stunden vergingen und der Platz am Meer war dein Platz, der beste Platz.

Nun bist du älter geworden. Die Stunden am Meer verkürzten sich. Dein Gehirn hat sich weiterentwickelt. Du hast dir in deinem Kopf eine Freiheit und Unabhängigkeit erarbeitet. Es war die Freiheit des Denkens, die auf der Erfahrung, der Begegnung, dem immerwährenden Forschen aufbaut. Du warst dankbar dafür, dass du dich ins Leben geworfen hast und immer noch neugierig geblieben warst. Du wusstest, dass dies nicht selbstverständlich war, denn das Leben hat dir viel abverlangt. Du bist neugierig und sehr lebendig geblieben. Dein Lebenswille war ungebrochen. Deine Lebensfreude trieb dich an. Niemand konnte sie dir jemals wegnehmen, selbst wenn man dich in den Kerker werfen würde. Das Reden und das Drohen der Anderen werden dich nicht verunsichern, nicht einschüchtern, nicht verwirren. Du vertratest Standpunkte, deine Ethik war kostbar, ausgereift. Du hast weder umsonst gelebt, noch umsonst gelitten. Deine vielen Lebensjahre mit den vielen, kostbaren Erfahrungen, schweren Stunden öffneten dir die Augen für das Große und Ganze. Du konntest die Zusammenhänge erkennen. Auch der Schmerz öffnete dir die Augen. Dein Kopf weitete sich, du schautest die Globalität, das Werden, das Vergehen. Das alles bewegte deinen Kopf, dein Selbst.

Du bist ein Teil des Großen und Ganzen, du identifizierst dich mit der Welt. Nicht selten leidest du mit den Vergehen, mit den Verbrechen gegen die Natur, gegen die Welt, gegen unser aller Zuhause. Deine Freiheit, deine Unabhängigkeit hilft dir die komplexen Zusammenhänge zu durchschauen. Du lässt dich nicht einlullen. Deine Lebenserfahrung ist hart erarbeitet, denn du hast die Menschen, die Welt kennengelernt, nicht als ein oberflächlicher Tourist, der nur den Genuss gesucht hat. Du hast die Menschen gesucht, an dich herangelassen. Beim Gespräch hast du in ihre Augen gesehen, du wolltest verstehen, zuhören. Das Ausblenden, Schöntrinken, Ausnutzen war nicht deine Sache. Deshalb hast du so viel lernen dürfen. Es wäre für dich unerträglich gewesen, wenn du aus irgendeiner Kabine heraus die Welt an dir hättest vorbeirauschen lassen.

Die Überheblichkeit, die Rechthaberei und die Indoktrinationen verhindern den ehrlichen Austausch auf Augenhöhe. Dir war schnell deutlich geworden, dass sich die Menschen nicht öffnen, wenn der Hochmut das Miteinander zerstört. Die Menschen öffnen sich nicht, wenn der Genuss und die Oberflächlichkeit dominieren. Das Leben verschließt sich, wenn der Mensch nur das scheinbar Schöne und Angenehme sehen will. Die Gitter der Genusssucht vor den Augen des Betrachters verschließen den Zugang zur Welt. Das Leben wird zum Krampf, wenn nur das Angenehme krampfhaft gesucht wird. Die Genusssucht verschließt den Weg zum Du, zur Welt, zur Globalität. Es kann kein authentisches Gespräch geben, wenn einer der Beteiligten nur ausfragt und Fallen installiert. Es kann kein ernstgemeintes Gespräch zustande kommen, wenn die Gesprächspartner nur ihre vordergründigen Vorteile suchen. Der Mensch kann die Welt nicht verstehen, wenn er nur um sich kreist.

Die Oberflächlichkeit und der billige Genuss waren nie dein Ziel. Deine Wahrhaftigkeit, deine Ehrlichkeit ist das Tor zum Menschen, das Tor zum freien Blick und zum ehrlichen Austausch in der Welt. Du schipperst nicht am Leben vorbei, denn du hast gelernt, es anzunehmen. Das ist deine Stärke. Du wolltest das Sehen und das Begreifen auch immer aushalten können. Der Horizont einer weiten Freiheit lässt nun das Leben in dich strömen. Der Lebensfluss liebt dich, denn du hältst ihn nicht auf. Ein Betonbett kam für dich niemals in Frage, und deshalb fließt alles um dich, und du schaust gelassen zu.

Dein Bemühen um das Menschsein, um den offenen, globalen Blick garantiert dir deine Unabhängigkeit im Denken. Die Menschen fühlen sich von dir angenommen, denn du willst sie niemals verbiegen. Oberflächliche Bewertungsmuster sind der Feind der Wahrheit, der Feind der Ehrlichkeit. Das neidische Sich-Vergleichen, das Konkurrenzdenken schafft weder Klarheit noch Ehrlichkeit. Die Hierarchie ist der Feind eines herrschaftsfreien Diskurses und genau den strebtest du an. Du wolltest den Menschen zuhören, ihnen in die Augen sehen und immer wieder in die Augen sehen können. Es versteht sich von selbst, dass du die anderen nicht als Mittel zum Zweck missbrauchen wolltest. Die Würde des Menschen ist unantastbar, egal woher dieser Mensch kommt und wohin er geht. Wenn du heute reist, brauchst du nicht mehr stundenlang aufs Meer zu schauen.

Die Freiheit in dir selbst bietet dir die Freiheit, dich um anderes zu kümmern. Deine Neugier ist geblieben und deine Lernwilligkeit ebenso. Die innere Freiheit und Unabhängigkeit lassen eine fundierte Gelassenheit zu. Das Meer ist immer noch wunderschön und vermittelt eine Frische und Unzähmbarkeit. Das Meer ist der Ursprung und stets in der Veränderung. Wir verändern uns ebenso. Der Blick auf das Meer gibt dir neue Impulse und weckt weiterhin neue Freiheitsgefühle. In dir wuchs eine Unabhängigkeit, die dir die Sicherheit gibt, überall frei zu denken und »du selbst« zu sein. Du kannst frei atmen und frei denken, weil du ein Freigeist geworden bist. Kein Glas konnte deinen Freigeist einsperren, niemand konnte dich einschüchtern und eingrenzen. Das war und ist harte Arbeit gegen alle Widerstände.

»Suche die innere Freiheit und Unabhängigkeit, denn sie garantiert deine Mündigkeit! Lasse dir niemals dein Selbst rauben! Du bist frei, wenn du dich traust, frei zu denken und gegen alle Widerstände zu handeln.«

Die Verseuchung

Das Schweröl verseucht das Meer, die Betäubung das Gehirn. Der Mensch kann verführt werden, zur Selbsterhöhung verleitet werden, nur weil er es sich leisten kann, bedient zu werden. Er meint, sich etwas Gutes zu tun, wenn er bewegt und bespaßt wird. Doch er wird nicht selten schwächer und phantasieloser. Eigene Ressourcen werden nicht genutzt. Eigene kreative Impulse selten wahrgenommen. Die Dauerbespaßung fordert ihren Tribut. Das Gehirn wird nicht ausreichend gefördert. Am Rockzipfel der Freizeitindustrie kann wohl niemand zum Kreativen werden. Andere sollen unterhalten und bedienen. Der Konsument wird oft zum Hampelmann. Das eigene Verkümmern setzt ein, wenn die Gier nach Spaß und Konsum den Menschen gefangen hält. Dieser Prozess vollzieht sich schleichend, auf dem Weg des scheinbar reibungslosen Genusses. Der Mensch wird zum Getriebenen. Das Märchen vom uneingeschränkten, unbegrenzten Genuss ist weit verbreitet. Es klingt so einfach, so schön und überzeugend. Beinahe jeder hört gern und aufmerksam zu und glaubt an dieses Märchen. Die Mantras der Genusssucht sind eingängig und sie sind leicht zu wiederholen: »Lasse es ordentlich krachen, dann kannst du das Leben genießen! Du bist der Gewinner, wenn du die Puppen tanzen lässt.« Das Ausblenden ganzer Lebensbereiche wird gefordert und gefördert. Oft gehört sogar das Ausblenden der Realität zum Tagesgeschäft. Die Lebenszusammenhänge können nicht erkannt werden. Das Schweröl verseucht das Meer, die Betäubung den Kopf. Ressourcen werden geplündert, Menschen versklavt. Das Märchen vom Konsum, vom Dauerglück wird gebetsmühlenartig verbreitet. Der Genussmensch will das schnelle Glück, den bequemen Kick. Er oder sie will alles, alles ganz schnell und immer wieder. Der Lebenszirkus wird befeuert. Nichts soll stören und nachdenklich machen. Du sagst, du lebst den Kapitalismus. In diesem Moment schaust du sehr stolz in die Runde und jeder soll dir zustimmen, nicken und den Applaus garantieren. Du betonst, dass du es dir leisten kannst, und dass das die einzige richtige Art ist zu leben. Du würdest dich niemals in Gefahr begeben und nur solche Reisen buchen, bei denen du nicht entführt und ausgeraubt werden könntest. Deine geplante Safari sei absolut sicher und du schießt nur solche Tiere, die eigens für dich zum Abschuss freigegeben sind. Du bist ein Räuber, dem nichts passieren soll. Du liebst den Rausch. Du fühlst dich im Recht. Deine Kreditkarte gibt dir dieses Recht. Du nimmst dir das Recht. Deine Sicherheit geht dir über alles, dein Freizeitspaß ebenso und du bist nicht zu stoppen. Dein Wasserbedarf wird aus den edelsten Mineralwasserflaschen abgedeckt. Gleichzeitig nimmst du vielen jede Sicherheit auf ein giftfreies Leben, auf gesundes Wasser, gesunde Nahrung. Das begreifst du nicht, denn du kannst diese Zusammenhänge nicht denken. Dir mangelt es am globalen Bewusstsein. Du siehst immer noch sehr stolz aus, obwohl das deutliche Kundtun der Zusammenhänge dich eigentlich betroffen machen müsste. Du flüchtest und erfindest mal wieder Ausreden. Es sei nicht dein Thema, du hättest Wichtigeres zu tun, es sei spät und ungemütlich. Die Realität wird ausgeblendet.

Solange das Geld reicht, wirst du wohl so weitermachen. Irgendwie unbewusst, unreflektiert und unhinterfragt. Du willst dich um deinen Konsum kümmern und dich nicht stören lassen. Die Bespaßung muss reibungslos funktionieren, ansonsten wirst du schnell nervös und ungehalten. Weiße Laken, polierte Gläser, das volle Programm in der Welt des schönen Scheins. Auf der Welle des Verdrängens surfst du über das Meer. Du willst keine Denker, keine Neider, keine Spinner, die böse Fragen stellen und Inhalte lieben. Von weitem hört man dich rufen: »Kommt alle her! Wir schauen das nächste Musical an, mit den passenden Themen: Liebe und Bettgeflüster, Intrigen und Herzschmerz, die volle Ladung, zum sensationellen Angebot!« Das lohnt sich für dich, und du fühlst dich auf der richtigen Seite. Nichts und niemand stört. Kein kritischer Gedanke und keine inhaltliche Belästigung. Das Schweröl verseucht das Meer, die Betäubung den Kopf, die Berechnung verhindert das Lernen. Du willst auf der sicheren Seite sein und meinst damit dein Kapital. Du treibst dahin, auf unsicherem Grund. Dir fehlt ein Bewusstsein, ein Lebenssteuer. Dein Kopf ist hohl und die Oberflächlichkeit lässt dich weiter abdriften. Du dümpelst dahin, immer in der Befürchtung, dich eventuell langweilen zu müssen. Die anderen sollen dir dein Leben versüßen. Sie sollen dir in jeder Hinsicht zuarbeiten. Du bist langsam aber sicher zu einer verweichlichten Prinzessin auf der Erbse geworden. Das Geld soll nun dein Rettungsanker sein, da du in dir keinen Halt finden kannst. Das Delegieren gehört zu deinem Tagesgeschäft. Doch so wirst du immer schwächer und einfallsloser. Die Unsicherheit schleicht sich in dein Selbst, weil du dich nicht an eigenen Taten, Einfällen, selbstkreierten Ideen messen lassen kannst. Dir ist nicht bewusst, dass man sich im Leben auch anstrengen muss. Für dich liegen die Scheinprivilegien in einer Sorglosigkeit, die beinahe einem Dämmerzustand gleichkommen. Nur nicht schwitzen, nur nicht denken und keine neuen Wege erkunden. Diese Oberflächlichkeit führt in eine fatale Lebenssackgasse.

»Reiß dein Lebensruder herum und lerne, dich anzustrengen! Lerne zu lernen und die Welt zu verstehen! Du bist ein Teil des Großen und Ganzen. Steuer nicht an dir selbst vorbei! Vergifte nicht dein Herz, verseuche nicht deinen Verstand!«

Das Älterwerden

Gehört zum Älterwerden das Ängstlich-Werden? Muss mit dem Alter das Klammern, Zittern und Verzweifeln einhergehen? Muss man im Alter das Geld horten, als könne man sich das ewige Leben kaufen? Sollte man im Alter permanent die Füße hochlegen und irgendwelchen Genüssen frönen? Ist das das Alter? Ist man zum Konsumieren, zum Berieselt-Werden verdammt? Kann man nichts mehr leisten, möchte man nur noch seine Ruhe, Grabesruhe? Darf ein alter Mensch nicht mehr hell erstrahlen, leuchten, vorausgehen? Sind die alten Menschen beinahe entmündigt und leben sie fremdbestimmt, abhängig? Kann ein alter Mensch nicht etwas Neues wagen? Der Tod rückt näher, das ist zweifellos der Fall, doch im Hier und Jetzt kann sich das Leben gut anfühlen und es kann spannend bleiben. Die Erfahrung kann den Blick auf die Welt vergrößert haben, die Erkenntnis kann das Verstehen ermöglichen. Tanzen, kreativ sein, sein Leben anderen mitteilen: Das ist spannend, das ist und bleibt in jedem Alter aufregend. Spontan sein, lebensfroh und neugierig bleiben, das ist eine Herausforderung, eine Lebensaufgabe. Im Alter will das Leben immer wieder neu gestaltet werden. Abenteuer erschließen sich, solange man sie zulässt. Trampelpfade sind weiterhin zu durchbrechen und der Blick sollte mutig über den Zaun schweifen. Der Horizont endet nicht am Gartentor, das Bewusstsein beschränkt sich nicht auf die Blumenbeete. Die Neugier sollte nicht durch das Fernsehprogramm befriedigt werden. Die Sinne auf Empfang stellen, bedeutet, lebendig und wissbegierig zu bleiben. Zusammenhänge wollen durchdacht und verstanden werden. Hellwach und mit offenen Augen durchs Leben zu gehen, das heißt, dass das Gehirn immer wieder aufs Neue gefordert wird. Die Neugier und der Lebensmut sterben zuletzt. Auch ein alter Mensch darf und sollte neue Wege gehen. Auch ein alter Mensch kann und darf sich verlieben. Jeder sollte sich seine Eigendynamik erhalten und an ihr arbeiten. Der Mensch kann bis ins hohe Alter körperlich und geistig lebendig bleiben.

»Pflege deine Leidenschaften und leuchte durch dein Leben! Du bist wertvoll, ganz egal wie alt du bist!«

Du kannst gesund und geistig fit bleiben, wenn du den Anschluss an dich selbst nicht verlierst. Du kannst neugierig bleiben, wenn du deine Augen vor der Welt nicht verschließt. »Bleibe interessiert! Wirf dich ins Leben!« Du kannst immer wieder in die Welt hinausgehen, Menschen treffen, inspiriert werden. »Schätze die täglichen Begegnungen mit den Menschen, denn es sind Geschenke an dich!« Die Begegnungen halten dich lebendig, beweglich, sie geben dir Kraft, Neues zu denken und zu wagen. Auf deinem sicheren Sofa werden wohl kaum Lebensüberraschungen an dich herangetragen. »Fühle dich nicht sicher, gut aufgehoben, wenn sich die Bequemlichkeit über dein Herz, deinen Verstand legt!« Denke daran: »Du wirst träge, du verlierst den Anschluss an dich, an die Welt, an neue Perspektiven in deinem Dasein! Frage dich: Was hat dich in deiner Jugend begeistert? Was berührt dich in deinem tiefsten inneren Kern? Wofür schlägt auch heute noch dein Herz? Was würdest du spontan gerne unternehmen und was interessiert dich brennend? Höre auf dein Bauchgefühl! Was sagt dir deine innere Stimme? Vernachlässige dich nicht im Alter! Verkümmere nicht!«

Hunger und Durst

Das Wasser wird knapp. Die Ernährung vieler, vieler Menschen beinhaltet ein Problem, ein Problem für uns alle. Wir alle verschwenden Ressourcen. Wir gefährden das Leben unserer Kinder, die Zukunft der Menschheit und unseres Planeten. Das Wegschauen, das Verdrängen kann nur in den Abgrund führen. Viele haben keine Lust mehr, sich diese Sorgen und Nöte bewusst zu machen. Sie wollen sich kurz vor dem Kollaps unseres Klimas, unseres Planeten noch Pfründe sichern, Vorteile verschaffen und begreifen dabei nicht, dass auch sie unmittelbar betroffen sind.

»Kann ein Mensch sein Leben genießen, wenn er immer wieder die falschen Weichen stellt? Können wir als Touristen das Elend in der Welt übersehen und uns nur die Rosinen herauspicken? Dürfen wir ganz selbstverständlich an den Hungernden dieser Welt vorbeigehen und uns auf das nächste üppige Abendessen freuen? Können wir ohne Schuldgefühle die vielen Annehmlichkeiten und Luxusartikel konsumieren, die ohne das Ausbeuten so vieler Menschen nicht hergestellt werden könnten?«

Der Boden und damit ihre Würde werden vielen Menschen genommen. Die moderne Versklavung missachtet alte Traditionen und lässt die Menschen in bitterer Armut zurück. Böden werden geplündert und Wasservorkommen verseucht. Die Menschen leiden unter Hunger und Durst. Die Massenflucht bleibt denjenigen, die noch kräftig genug sind zu laufen und bereit sind, dem Elend zu entfliehen.

»Lasst uns genau hinsehen! Lasst uns nicht länger die Ungerechtigkeiten, die sozialen Verwerfungen ignorieren!« Wir wissen um die Probleme unserer drängenden Themen in einer aus den Fugen geratenen Welt, in der der kurzfristige Profit regiert, und die Gier die Gehirne unzähliger Menschen unter ihre Kontrolle gebracht hat.

Diese Menschen sind für die Realität nicht mehr zugänglich. Das große Verdrängen hat sie im Griff, sie selbst konnten kein ethisches Bewusstsein entwickeln. Sie leben oberflächlich wie Zombies und denken nicht an ein konstruktives Morgen, da sie aktiv daran beteiligt sind, genau dieses Morgen zu verhindern, unmöglich werden zu lassen. Sie füllen sich die Taschen auf Kosten anderer und meinen, im Recht zu sein, wenn sie durch Tricks, Korruption oder legale Steuertricks jede Ethik aushebeln. Wir alle wissen das. Doch sehr viele feiern genau diese Menschen, die auf einer dekadenten Überholspur durchs Leben rasen. Die Zaungäste klatschen, jubeln und feuern die Zombies an. Es ist eine Dauerparty auf Kosten unserer Menschheit, unseres Planeten. Die Gier wird befeuert, immer weiter angeheizt, wir alle wissen darum. Wir befinden uns in einem Verfall der Ethik. Die Auswirkungen kennen wir ebenso, denn die frustrierten, entrechteten Menschen radikalisieren sich. Wir alle wissen das. Das Verdrängen, das Wegschauen geschieht tagtäglich, stündlich, immerzu.

»Kann ein denkender Mensch Frieden finden, wenn der Lebenszug in die falsche Richtung rast, wenn sich die Ohnmacht über das Herz legt, wenn der Verstand immer wieder betäubt werden will? Kann ein reflektierter Mensch durch die Welt rasen und dabei das Leid übersehen? Kann ein bewusst lebender Mensch den Überfluss als selbstverständlich hinnehmen, während neben ihm Obdachlose, Hungernde um das nackte Überleben kämpfen? Können wir alle zur Ruhe kommen, während Menschen vor Zäunen stehen und wie Tiere gefüttert werden?«

Die Würde des Menschen ist unantastbar. Die Verdrängung lässt vieles geschehen und die Ursachen bleiben unbeachtet. Wertvolle Zeit verstreicht und die destruktive Spirale des Vergessens dreht sich weiter. Die Spirale der Gewalt und Ausbeutung dreht sich weiter. Der Totentanz verändert sich, folgt immer anderen Noten und Bedingungen. Die Karawane der Ausbeutung zieht voran und hinterlässt verbrannte Erde. Menschen werden belogen, hinters Licht geführt, enteignet, vertrieben und verletzt. Es sind die Flüchtlinge von gestern und morgen, es sind die Heimatlosen, die Schutzlosen, die Verjagten. Nur wenige wollen sie wirklich ansehen, ihnen zuhören und ihre Geschichte verstehen. Sie sind heimatlos, oft schutzlos, entwürdigt. Hunger und Verzweiflung lassen sie zu Flüchtlingen werden. Die Gewaltspirale dreht sich weiter und lässt die Flüchtlingswelle anschwellen. Während die Ursachen der Flucht nicht einmal angegangen werden, schwindet die Motivation, Flüchtlinge aufzunehmen. Die Schieflage verstärkt und verhärtet sich. Gleichzeitig sollen Konsumlust und Verdrängung die situierten Menschen künstlich bei Laune halten. Das tägliche wohldosierte Gruseln auf dem sicheren Sofa möge ausreichen. Der Medienkonsument stumpft ab, da sich eine Katastrophe der anderen anschließt. Ohnmacht und Verdrängung wechseln sich ab. Die Ausbeutung, die Kriege, die Vertreibung befeuern den internationalen Terrorismus. Wir alle wissen das.

»Lasst uns dem Elend in der Welt nicht länger mit noch größerem Verdrängen begegnen! Lasst uns niemals zu einem lethargischen, oberflächlichen Konsumenten verkommen!« Die Extraportion Verdrängung lässt uns orientierungslos und handlungsunfähig werden.

»Stumpfe niemals ab, auch wenn sich die Gewaltspirale immer schneller dreht! Verliere niemals die Hoffnung, die Tatkraft und deinen gesunden Menschenverstand!« Menschen werden vertrieben, viele verhungern und verdursten. »Werde niemals zum seelenlosen Zombie! Du kannst denken und fühlen! Folge niemals dem kollektiven Verdrängen! Lasst uns ein globales Bewusstsein entwickeln und nicht länger wegschauen! Lasst uns nicht länger auf irgendwelchen Traumschiffen den Untergang feiern! Wir alle tragen Verantwortung! Jeder Einzelne von uns ist gefragt!«

Der Schuhkarton

Du warst ein Einzelgänger, belesen, aber nur mit sehr wenig Schulbildung. Du wolltest etwas Bleibendes und suchtest es in materiellen Werten. Dein Schuhkarton füllte sich mit Geld, während du dir und deiner Familie nicht viel gönntest. Keine Reisen, keine Ausflüge, kein frisches Obst. Du wolltest sparen, horten. Mauern, Häuser sollten dir eine gute Zukunft sichern. Während sich der zweite Schuhkarton füllte, wurdest du alt. Deine Tochter war erwachsen geworden und glaubte genau wie deine Frau an das Märchen von Mauern, sicherem Geld. Du liebtest die Lyrik und es schlummerte ein unterdrückter Künstler in dir. Irgendjemand musste dich mit dem Virus des Hortens infiziert haben. Du liebtest die Erzählungen der Dichter und der Denker, aber verstandest ihre Aussagen nicht. Du konntest die Inhalte nicht auf dich beziehen, die Identifikation fehlte. Deine Tochter durfte keine weiterführende Bildung genießen, denn das erschien dir nicht als notwendig und du hattest das Sagen. Dein dritter Schuhkarton füllte sich. Deine Familie hoffte auf bessere Zeiten. Deiner Tochter sollte einmal alles gehören, doch du warst nicht in der Lage, ihr Entscheidendes zu erklären, du konntest ihr nicht die Zusammenhänge der Welt erläutern, dir fehlte es an Bewusstsein. Das alles war dir selber nicht klar, denn du wolltest nur das Beste für deine Familie. Dein Sparen entwickelte sich zum Geiz, zu einer Besessenheit, denn du konntest nichts mehr genießen und du gönntest niemandem etwas, wenn du auch nur etwas Geld ausgeben solltest. Du warst zum Geizzombie mutiert und dein Leben war vergiftet. Deiner Tochter sollten irgendwann einmal die Geldkoffer und Häuser gehören, die du kaufen wolltest. Deine Sparpläne nahmen immer merkwürdigere Formen an. Dein Tick vergiftete dein Leben und das deiner Mitmenschen. Du hattest das Sagen und du konntest deine Kartons öffnen und mit dem Inhalt beeindrucken:

»Schaut her, ich habe es zu etwas gebracht, das alles gehört mir und wenn ich großzügig bin, euch! Schaut her, ich habe alles richtig gemacht, denn wer so viel Geld besitzt, muss auf der richtigen, sicheren Seite sein.« Du hattest verlernt zu leben, zu denken, du konntest kein Bewusstsein entwickeln. Du hattest ebenso niemals gelernt, die Bedürfnisse der anderen zu sehen und du konntest nicht begreifen, dass die Lebenszeit kostbar ist und die Zeit niemals zurückkommen wird. Du warst besessen von dem Inhalt deiner Koffer. Du warst der Sparfuchs und alle sollten dir auf Grund deines Geldes Anerkennung zollen. Dein Denken war einfach gestrickt: Der etwas besitzt, ist wer, der wenig hat, ist weniger wert. Du definiertest die Menschen nach ihrem Wohlstand und du identifiziertest dich mit dem Inhalt deiner Koffer. Die Sucht nach mehr ließ dich deine Familie vernachlässigen, obwohl du stets ihr Wohl betontest. Du warst zum Geizzombie verkommen und deine Scheuklappen verwundeten deinen Kopf, deine Gesundheit und deine Existenz. Die Lage war gefährlich geworden, denn du spartest mittlerweile sogar an einer gesunden Ernährung. Niemand konnte dich stoppen, denn die überquellenden Kartons sprachen aus deiner Sicht für sich selbst. Sie waren dein Beweis für die Richtigkeit deiner Entscheidungen. Das Leben wurde zu einem faden Trampelpfad ohne Inhalte. Das Leben wurde zu einem Weg des Verzichts für deine Familie. Deine Schuhkartons füllten sich immer mehr, doch dein Kind durfte sich nicht in die Höhen eines tieferen Bewusstseins schwingen. Dir selbst fehlte der Weitblick, der Durchblick. Du liebtest die Lyrik, die Kunst, doch die Zeit verrann, du konntest die Inhalte nicht leben und die Lebenszeit deiner Lieben verflog ebenso schnell und unaufhaltsam. Dein Geld konnte nichts gegen die Vergänglichkeit ausrichten. Dein Drama ereignete sich, als eine Feuersbrunst deine Schuhkartons schluckte. Das Feuer löschte deinen Traum von den sicheren Mauern aus. Deine Welt brach zusammen, du brachest zusammen. Deine Frau starb bald darauf. Deine intelligente Tochter hatte niemals Bildung genießen dürfen. Sie lebte das Leben einer unterforderten Frau, die ihre Möglichkeiten niemals ausschöpfen konnte. Sie hatte niemals den Mut, für sich ein selbstbestimmtes Leben einzufordern. Sie litt zeitlebens still und ungehört, ungesehen. Ihr Potential war nie entdeckt und gesehen worden. Sie konnte sich nicht emanzipieren. Das Geld verbrannte in den Schuhkartons. Die Spardiktate hatten die Familie leiden und unfrei werden lassen. Die Zeit konnte nicht zurückgeholt werden, die Schuld drückte schwer auf der Psyche des Spardiktators. Das Gewissen, die Schuldgefühle wurden erdrückend und stetig schwerer. Es gab keine Sicherheit aus Geldkoffern und es hätte auch mit all dem verbrannten Geld keine Sicherheit gegeben. Das ganze Streben zielte ab auf die Sicherung der Existenz, doch die notwendige Sicherheit und Tiefe hätte es nur in der Einschätzung der Existenz gegeben. Diese konntest du nicht denken, dir fehlte dafür das Bewusstsein. Die Gier und die Oberflächlichkeit im Denken und Handeln ruinierten dein Leben, das Leben der ganzen Familie. Du wolltest das Geld nie sinnvoll verwenden. Dein Klammern gab die Mittel nicht frei und fand es auch nicht den Weg in die Bildung deiner Tochter. Lebenschancen wurden nicht genutzt, weil die Bildung an sich fehlte. Es mangelte an Lebenskompetenz. Die Zeit konnte nicht zurückgedreht werden und die Einsichten kamen zu spät. Die Sicherheit einer erarbeiteten Lebenseinschätzung fehlte. Eine ethische Haltung resultiert aus der Arbeit an sich selbst und der Hervorbringung tragender Werte. Bildung schafft Bewusstsein, wenn die Inhalte zur Lebenskompetenz genutzt werden.

Diese Zusammenhänge konntest du nicht denken und vielleicht fühltest du dich zu wichtig und sicher mit all dem Geld in deinen Schuhkartons. Dein Leben verflog und am Ende stand eine tragische Figur: Du.

Deine Chance

Du bist ein Mensch, du kannst denken. Das ist deine Chance. Du kannst dich als Mensch begreifen. Du hast die Möglichkeit, dich im Kontext der Welt zu sehen, dich im Bezug zum Weltgeschehen zu reflektieren. Du kannst denken, handeln. Dir kann deine Einzigartigkeit bewusst werden. Deine Identität wird somit zu einem kostbaren Geschenk an dich. Die Wissenschaften können dir helfen, das Große und Ganze zu erkennen, dennoch werden der Kosmos, das Große und Ganze immer voller unerklärlicher Geheimnisse bleiben. Du selbst als Teilmenge dieser Welt wirst für dich ebenso spannend und manchmal unerklärlich sein. Du bleibst für dich in vieler Hinsicht ein Rätsel. Du bist in Raum und Zeit eingebunden. Dein Körper erblüht und zerfällt. Deine Materie gibt dir die Chance auf dieses Leben, dein Verfall mahnt dich, deine Zeit zu nutzen.

»Denke und begreife dich im Kontext des Großen und Ganzen! Nimm dich wahr in Raum und Zeit! Verliere dich nicht in der Hektik eines ferngesteuerten Alltags!« Die Zeittakte der Stechuhr, die Diktate der Industrien und Konsumwelten lenken dich davon ab, das Leben in seiner Gesamtheit zu betrachten. Du wirst davon abgelenkt, den Lebensfluss anzunehmen. Das Werden und Vergehen, der Kreislauf des Lebens betrifft jeden Menschen.

»Woher kommen wir? Wohin gehen wir? Was macht uns im tiefsten inneren Kern aus?« Wenn wir beginnen, bewusst zu denken, so können wir uns einer anderen Dimension zuwenden. Das ist unsere Chance. Wir werden uns nicht länger am Alltäglichen aufreiben. Wir werden uns nicht verlieren, verzetteln und niemals zum Ferngesteuerten mutieren. Die Dimension der Existenz an sich lässt uns bescheidener und demütiger werden. »Lasst uns das Wichtige vom Unwichtigen unterscheiden! Lasst uns denken! Lasst uns zu »uns selbst« finden! Lasst uns nie aufhören, »uns selbst« im Großen und Ganzen wahrzunehmen!«

Die Welt ist bunt

Du schaust in die Welt und du bist ein Teil von ihr. Du fühlst dich mit dem Großen und Ganzen verbunden. Du kannst denken und du kannst fühlen. Manchmal möchtest du die Welt erklären. In deinem Kopf melden sich Bilder an. Deine Vorstellungswelt ist reichhaltig, weil dir deine Phantasie Flügel verleiht. Es sind die Eingebungen einer freien, bunten, facettenreichen inneren Welt. »Bewahre dir diese kreative Welt, deine Phantasiewelt!« Sie macht dich tief in deinem inneren Kern aus. Deine Empathie, deine Kreativität erschließen dir den Zugang zu den Menschen, zu der ganzen Welt, in der du existierst. Deine Antennen ermöglichen dir den Kontakt zur Welt und bieten dir die Voraussetzungen zu einem Austausch in dieser Welt. Du kannst denken, du kannst fühlen. »Lass dich nicht beschränken, einengen! Nur so bleibst du offen, frei und so erreichen dich die Eingebungen. Du wirst überrascht sein, was alles in dir steckt. Dein Kopf ist ein Kreativpool. Dein Leben ist ein Geschenk. Staune und genieße!«

Der Filter

Während du denkst, filterst du. Während du lachst, sortierst du die nächsten Schachzüge. Du planst die Zukunft, deine Sicherheit und setzt auf Diplomatie. Du sagst wenig und du willst dir nicht in die Karten schauen lassen. Sollen die anderen ihre Meinung äußern, sich um Kopf und Kragen reden, in ihr Inneres schauen lassen. Später wirst du mit Worten über sie herfallen. Du wirst eine sehr hohe Messlatte der Bewertung bei ihnen anlegen. Im Schutz deines Schweigens fühlst du dich sicher. Dein Lächeln und dein freundliches Nicken sollen gut ankommen, deine zustimmenden Gesten sollen beeindrucken. Du glaubst immer noch, nicht durchschaut zu werden. Dein Schweigen, dein Verschweigen soll dich wie ein undurchdringbarer Mantel schützen.

Von anderen möchtest du gern alles erfahren, ihr Leben erfassen. Dein Lächeln soll Vertrauen erwecken. Sie sollen sich dir öffnen. Hinter deiner Fassade planst du bereits die nächsten Schritte. Diese Vorgehensweise ist üblich, geläufig, man nennt sie Diplomatie. Das strategische Verhalten wird überall angewandt und die erfolgreichsten Strategen spielen ganz oben mit auf dem bürgerlichen Parkett.

Die Familien, der Freundeskreis, die Politik sind durchzogen von den Strategen, den Diplomaten, den Täuschern. Es geht um Macht und die perfekte Show. Es geht um das Aushorchen und das perfide Versteckspiel. Sie lächeln, sie tarnen sich und sie verfolgen immer neue Ziele, ohne Klartext zu reden. Sie befinden sich in einer Welt der Täuschungsmanöver. Es geht um Macht, um Vorteile, um Gewinne. Die Dominanz, die Selbsterhöhung darf niemals in Frage gestellt werden. Man spitzt die Ohren, lächelt und plant die nächsten Schachzüge. Das Pokerface ist dabei undurchschaubar, undurchdringlich. Die anderen sollen Klartext reden, sich in Gefahr begeben, transparent und durchschaubar werden. Du setzt den Filter ein. Es ist der Filter der Berechnung, des Schweigens und Aushorchens.

Der Philosoph soll sich um die Wahrheit kümmern. Er kann Kopf und Kragen riskieren. Er wird dann abseits stehen. Vielleicht wird er verbannt, verfolgt, getötet. Die Möglichkeiten, unbequeme Denker loszuwerden, werden konsequent umgesetzt. Der Lügner, der Heuchler, der Hochstapler möchte nicht auffliegen. Die Privilegien sollen geschützt werden. Störenfriede werden diskriminiert. Verachtung soll ihnen entgegentreten. Der Unbequeme zahlt einen hohen Preis: Er muss damit leben, gemieden und missachtet zu werden. Wer den Vorteil sucht, wird sich verstecken, in den Mantel des Schweigens hüllen und nur Unverbindliches von sich preisgeben. Er oder sie wird viel reden, ohne etwas zu sagen. Der Filter wird eingesetzt. Viele Worte um nichts, viel Show ohne Substanz, das ist die hohe Kunst der Diplomatie. Sollen sich doch die anderen um die Wahrheit bemühen und ihren Kopf hinhalten!

Ich lasse mir meine Vorteile nicht nehmen. Ich bleibe konsequent und setze den Filter ein. Schaut her, ich bin toll, erfolgreich und gut drauf! Was kümmert mich die Wahrheit? Was kümmern mich die Probleme anderer, der Welt, der Existenz an sich? Bitte nicht stören!

Bewahre den Indianer in dir

»Achte auf deine Intuition! Stärke dein Bauchgefühl!« Es ist eine Illusion, alles berechnen zu können. Es existiert eine andere Welt jenseits der Berechenbarkeit. Es gibt mehr als kalkulierbare Größen, statistische Erhebungen und berechenbare Versuchsreihen. Der Mensch besitzt große Potentiale, die sich der Berechenbarkeit entziehen. »Spüre den Wind, die Sonne und schule deine Nase, deine Spürnase!« Sie kann nicht nur die Düfte der Natur wahrnehmen, sondern sie riecht auch, wenn es zum Himmel stinkt. »Unterdrücke niemals den Indianer in dir!« Jeder Mensch besitzt Fähigkeiten, die durch keine Programme, Apps und Rechenmodelle ersetzt werden können. Es ist eine Illusion zu glauben, dass du das Leben vollends planen und berechnen könntest. »Rieche die Natur, den Boden, die Jahreszeiten! Beobachte das Sein, das natürliche Sein, dein Gegenüber! Höre auf deine Intuition, so wirst du auch hinter die genormten Fassaden schauen können!« Die großen Sonnenbrillen und genormten Gesten werden dich nicht täuschen können. »Lerne die Gesten und die Mimik zu deuten! Verzichte niemals auf deine Intuition, denn so wirst du das Widersprüchliche erkennen können!« Alles, was dich betroffen, irritiert und verletzt zurücklässt, verdient eine Extraportion Beachtung. »Lasse dich niemals von den Widersprüchen irritieren, ablenken und beeindrucken!« Deine wachen Augen und deine natürlichen Antennen erfassen intuitiv mehr, als du sofort denken kannst. Dein Bauchgefühl ist unendlich wertvoll. Du siehst mit deinen wachen Augen mehr, als du dir bewusst vorstellen kannst. Es wird dir niemals gelingen, die Welt vollständig rational zu erklären. Du kannst die Welt nicht nur über die Ratio erfassen. Es vergeht oft viel Zeit, bevor du dir die Zusammenhänge erklären kannst. Täuschungsmanöver müssen durchschaut und entlarvt werden, Zusammenhänge müssen eingeordnet und begriffen werden. Der Mensch wird oft verführt und fehlgeleitet. Die lebendige Intuition arbeitet schnell und auf Hochtouren. Deine lebendige Intuition zeigt dir Wege, erschließt dir die Welt, ehe du alles logisch durchdacht hast. Sie kann dich warnen, sie gibt dir Signale, sie eröffnet dir den Weg zur Wahrheit. Dein Gespür kann dich in eine Alarmbereitschaft versetzen. Es deutet deine Umgebung und kann dir überlebensnotwendige Signale geben. »Lasse dir niemals deine natürliche Intuition nehmen! Vertraue deinem Bauchgefühl!«

Die scheinbare Logik

Du spürst, dass du in der Falle sitzt? Die Argumente scheinen logisch, alles ist perfekt geplant? Die Fassade, die Zahlen, die Äußerlichkeiten stimmen, doch du fühlst dich verunsichert und wie in einer Falle? Du hast den Eindruck, dass mit dir etwas nicht stimmt, weil die anderen gemeinsam auf Plänen, Zahlen, Daten pochen und dir weißmachen wollen, dass alles perfekt und bis ins Kleinste logisch durchdacht ist? Doch du schaust in Abgründe. Es sind die unwegsamen Schluchten ungeahnter Widersprüche, unbenannter Zweifel, da dir deine Intuition etwas anderes sagt. Die Komplexität deiner abgespeicherten Erfahrungswelt sagt dir: »Es läuft etwas schief.« Dein komplexes Gehirn arbeitet auf Hochtouren und nimmt die Gestik, Mimik, Zwischentöne wahr, die dich auf die richtige, authentische Spur bringen. Dein Gehirn, deine Intuition ist leistungsfähig, wachsam, schnell, intakt. Das ist deine Chance, deine Absicherung, nicht in Fallen zu tappen. Dein Gehirn kann Gesichter lesen. Deine Intuition erkennt das unauthentische Lachen. Dein Gehirn warnt dich: »Achtung, Achtung, der Ton passt nicht zum Inhalt!« Du erkennst das falsche Lachen und die geheuchelten Worte, das gespielte Interesse. In dem Blick schwingt Aggressivität. »Achtung, Achtung, Täuschung, Lüge, Vorteilsnahme.« Dein Gehirn ist durch keinen Computer zu ersetzen. Du kannst Gesichter deuten. »Nutze diese Fähigkeit! Vertraue auf deine Intuition! So bleibst du ein wachsamer Bewohner mitten im Großstadtdschungel!« Dir wird die scheinbare Logik auffallen, sie wird dich betroffen zurücklassen. Nun bist du gefordert, zu erkennen, wo die Widersprüche, die Lügen, die falschen Prämissen an dich herangetragen wurden. Irgendwo hatte man falsche Argumente herangezogen.

»Sei wachsam und durchleuchte die Kette der Argumente! Schule deine Intuition! Nutze die Leistungsfähigkeit deines Gehirns!»

Du spürst den Tod

Der Tod hatte schon so manches Mal bei dir angeklopft. Du hast es immer wieder geschafft, ihm zu entkommen. Das alles hat dich tief geprägt und du bist von diesen Todesbegegnungen gezeichnet. Doch genau diese existentiellen Erlebnisse brachten dich als Mensch weiter. Die Verletzungen, Ängste, Todesbegegnungen, die Blicke in die Abgründe haben dich geprägt und sehr wertvoll werden lassen. Du schautest in die Todesschlucht und deine Augen veränderten sich. Du sahst und spürtest das ewige Werden und Vergehen. Wenn du sprichst und du über deine Erlebnisse berichtest, so hängen die Menschen an deinen Lippen. Jeder spürt, dass es sich um Erlebtes, Erlittenes handelt. In deiner Stimme ist das Leid zu hören, aber nicht die Verbitterung. In deinen Augen sind die Abgründe und die Schmerzen zu sehen, aber nicht die Enttäuschung über das Leben. Du bist immer noch mutig. Deine Seele ist kraftvoll, energiegeladen. Du sprichst manchmal wie ein sehr junger Mensch, der noch sein ganzes Leben vor sich hat. Du konntest dir deinen Freigeist bewahren, du hast noch nicht resigniert, obwohl du den Tod schon oft geküsst hast. Du weißt also, wie der Tod schmeckt. Doch du kostest das Leben immer noch aus, denn du liebst es zu leben, obwohl deine Leiden unübersehbar sind. Wie mutig muss ein Mensch sein, so viel zu erdulden und immer wieder sich ins Leben zu werfen? Es können nur die Kraftvollen neues wagen, wenn das Leiden allgegenwärtig ist. Die Hoffnung ist etwas anderes als die Verdrängung. Der Mut ist etwas anderes als die Kopflosigkeit. Die Lebensfreude ist etwas anderes als die Welt der Betäubung und des Konsumrausches. Nimm so vielen ihre teuren Spielzeuge weg, sie werden unbeholfen und nackt aussehen. In der Stunde des Todes werden wir alle ohne das große Ablenkungsmanöver auskommen müssen.

»Lasst uns alle bescheidener werden! Lasst uns den Tod nicht länger aus unserem Leben ausschließen. Er lehrt uns viel über das Leben an sich, über das wirklich Wichtige!«

Der Schmerz, die Todesnähe, das alles hat dich als Mensch weitergebracht, dich in die Tiefen des Menschseins schauen lassen. Du schautest in die Todesschlucht und deine Augen veränderten sich. Du spürtest in dir das ewige Werden und Vergehen. Deine Lebenszeit, die dir jetzt noch bleibt, hat für dich einen unschätzbaren Wert. Du selbst reiftest immer mehr heran, du selbst wurdest kostbarer, weil du nicht verbitterter wurdest, sondern erkenntnisreicher. Jeder Tag ist nun für dich ein Geschenk, jede Begegnung mit den Menschen eine Bereicherung. Du flutest die Räume, dich umgibt eine besondere Aura. Du verkörperst die feinfühlige und gleichzeitig brutal endliche Atmosphäre der irdischen Existenz. Der Mensch an sich gibt sich unglaublich viel Mühe sich abzusichern, abzuschotten, zu betäuben und abzulenken. Der Mensch findet auch immer wieder Wege, um sich zu belügen. »Könnte es sein, dass der Mensch sich belügen muss, um diese irdische Existenz auszuhalten?« Der denkende Mensch ist sich seiner Endlichkeit bewusst. Er muss die Gedanken aushalten können. »Übersteigen die Gedanken an den Tod nicht die Möglichkeiten des menschlichen Denkens? Kann das menschliche Gehirn, die Psyche des Menschen, das Leid verarbeiten?« Die vielen Überangebote des Kaufens, Betäubens sprechen eine deutliche Sprache. Der Mensch liebt es zu flüchten, zu kompensieren, zu verdrängen. Niemand von uns weiß, wann er zu gehen hat, niemand kennt seinen Todestag. Jeder weiß, dass dieser Tag irgendwann kommen wird. Wenn wir ernsthaft erkranken, müssen wir uns bewusst mit dem Tod auseinandersetzen. Doch auch in dieser existentiell schwerwiegenden Situation flüchten viele Menschen. Sie haben in ihrem Leben verpasst, den Tod als Teil der Existenz anzunehmen. Für viele von uns ist es ein Spiel auf Zeit. Der eigene Tod wird verdrängt, der der Mitmenschen, unserer geliebten Tiere. Viele von uns wollen sich nicht mit der Endlichkeit konfrontieren. Viele verfallen dem Konsumrausch, dem Rausch des Verdrängens. Es ist so leicht, oberflächlich zu denken, zu fühlen, wenn die Medienbeschallung und Fremdsteuerung zuschlagen.

»Wann werden wir endlich mündige, reflektierte Menschen, die die entscheidenden Etappen der menschlichen Existenz wahrnehmen? Lasst uns gehaltvoll kommunizieren und den Frieden suchen! Lasst uns angesichts des Todes das Miteinander pflegen!«

Unser Leben kommt einem Tanz auf dem Vulkan gleich, wenn wir nicht die drängenden Themen des Menschseins reflektieren und bewusst ethisch gehaltvoll handeln. Wir wissen nicht, wann wir erkranken, wann wir gehen müssen. Wir wissen nicht genau, wie lange die Erde uns alle erträgt. Wir Menschen wissen sehr wenig und neigen dennoch zum Größenwahn. Das ist beunruhigend. Viele von uns definieren sich über ihren Besitz, obwohl das letzte Hemd keine

Taschen hat. Viele neigen zur Überheblichkeit, obwohl sie nichts für immer bewahren, besitzen können. Es ist die Eitelkeit, die Kurzsichtigkeit, die Annahme einer Sicherheit, die es nicht gibt. Wir wissen nicht, wann wir sterben und wir haben keine Mittel gegen den Tod. Unsere Kultur mit allen Ritualen soll uns Sicherheit vermitteln. Sie soll uns trösten, ablenken, in den Schlaf schaukeln. Es ist für viele ein gefährliches Spiel mit der Ablenkung, weil der Blick auf die Endlichkeit verstellt und der Blick auf die kostbare Lebenszeit verwehrt bleibt. Größenwahn und Überheblichkeit resultieren nicht selten aus dem Gefühl, ewig zu leben. Der Tod kann täglich anklopfen. Der Totentanz ist allgegenwärtig. Nahe Angehörige erkranken, die Medien berichten vom Krieg, vom Sterben. Der Mensch verdrängt gern, und wenn die Bombe nicht im eigenen Garten einschlägt, so bleibt noch viel Zeit für Spaß, Spiel und Spannung. Alles geht weiter, wie gehabt, und das Essen schmeckt. Doch in uns allen tickt die Bombe der Vergänglichkeit.

»Lasst uns bescheidener werden und das Wichtige vom Unwichtigen unterscheiden! Lasst uns friedfertig zusammenleben! Lasst uns den Tod als eine Aufforderung an uns nutzen! Als eine Aufforderung zum Frieden, zur Nachhaltigkeit. Lasst uns das Protzen, Prahlen, das Beherrschen-Wollen beenden! Lasst uns demütig werden! Lasst uns unsere Lebenszeit im gegenseitigen Respekt verbringen! Lasst uns bescheidene Menschen werden, die sich friedliebend gegenseitig respektieren! Lasst uns die Erde beschützen und achten und niemals größenwahnsinnig sein! Lasst uns die Erde für die nachfolgenden Generationen bewahren!«

Der Rebell in dir

Solange dein Rebell in dir lebt, lebst du. Solange er in dir anklopft, ist alles in Ordnung. Sollte er schweigen, so hast du etwas Entscheidendes verloren. Dir ist dein Kompass abhanden gekommen. Viele Menschen halten die Gebote und Verbote von außen für ihre eigenen Entscheidungen, Ausrichtungen. Sie verwechseln die versteckten Befehle, Ansprüche, Vorgaben mit ihren eigenen Entwürfen. Sollte die eigene Persönlichkeit eingeschränkt worden sein, sollte das Ich, das Selbst gegängelt und erdrückt worden sein, so konnte die Seele keine frische Luft bekommen. »Wer hat dir die Luft zum Atmen genommen? Wann und warum hast du es zugelassen?« Der Nährboden der Freiheit, der Unabhängigkeit, der Selbstbestimmung konnte den Kern, das Zentrum des Ichs, nicht stützen, nicht schützen? Viele wichtige Voraussetzungen zur freien Entfaltung fehlten und sind immer noch nicht erarbeitet worden? Die Fremdbestimmten mögen durchaus einen festen Platz in der bürgerlichen Welt bekleiden, doch in ihrem Ich wird nicht die Freiheit, die Selbstbestimmung wohnen. Manchmal wird es in den späten Lebensjahren erst deutlich, artikulierbar. Viele ältere Menschen sagen: »Ich habe immer nur funktioniert und die Wünsche der anderen abgearbeitet. Ich habe mich vernachlässigt, aufgegeben. Mein Leben war ferngesteuert und ich habe mich wie in einem Käfig gefühlt.« Der Rebell in ihnen war überhört worden. Sie konnten ihr Unterbewusstsein nicht ernst nehmen, nicht annehmen. Das große Verdrängen hatte sehr früh eingesetzt und sie steuerten am eigenen Selbst vorbei. Alles erschien sicher, wohlgeordnet, doch sie selbst kamen nicht zur Vollendung, sie konnten ihr naturgegebenes Potential nicht entfalten. Ihr Leben raste an ihnen vorbei, sie selbst rasten an sich vorbei. Im Angesicht des Todes sind Äußerlichkeiten überflüssig, störend. Im Alter werden menschliche Werte aus dem unmittelbaren Zentrum des Ichs immer wichtiger. Die Show, die Fassade löst sich in ihrer Unwichtigkeit auf.

»Wie schafft es der Mensch in der Blüte seines Lebens, das Wichtige vom Unwichtigen zu unterscheiden? Wie schafft es der Mensch in seine eigenen Tiefen vorzudringen und seine Leidenschaften zu erkennen?«

Viele Menschen verlieren sich. Sie bereuen nicht selten am Ende ihres Lebens ihr ferngesteuertes Dasein. Sie artikulieren im Angesicht des Todes, dass sie im Käfig aus Ansprüchen, materiellen Verflechtungen und kulturellen Zwängen, ihr Selbst verfehlt haben. Sie spüren, dass sie ihrer Verantwortung sich selbst gegenüber nicht gerecht geworden sind. Es fehlte oft der Mut, auch mal nein zu sagen, zu widersprechen, zu kritisieren, sich einzumischen. Ihnen fehlte das Selbstbewusstsein, die Kraft, ihr Ich zu verteidigen. Sie hatten den Kontakt zum Rebell in ihnen, im Zentrum ihres Ichs verloren. Sie konnten ihr Unterbewusstsein nicht mehr hören, nicht empfangen, ihre innere Stimme durfte nicht entsprechend laut zu ihnen sprechen. Sie waren von sich selbst entfremdet worden. Der Selbstverlust kam schleichend. Das große Verdrängen, Kompensieren, das Übertünchen hatte in ihrem Leben immer mehr Raum eingenommen, man hatte es zugelassen. Die Selbstdarstellung wurde überbewertet, vielleicht wollte man irgendwelchen Entwürfen von sich selbst genügen und an Luftschlösser glauben. Der schöne Schein war wichtiger als das Sein. Man hatte sich selbst verfehlt, verpasst, vernachlässigt. Die Persönlichkeit kam zeitlebens nicht zur vollen Blüte. Viele stellten viel dar, nur nicht sich selbst. Alles schien wohlgeordnet, doch es gab keine wirkliche Freiheit, keine Selbstfindung, keine innere Befriedigung. Diese tragischen Personen haben sich selbst nicht leben dürfen. Der Rebell war in ihnen zu schnell gestorben.

»Höre auf deine innere Stimme! Nimm sie grundsätzlich ernst! Deine natürliche Intelligenz hat dir viel zu sagen! Denke daran: Solange der Rebell in dir lebt, solange lebt dein Selbst!«

Im Abseits und im Mittelpunkt

Jeder Mensch, auch der Künstler, steht schnell im gesellschaftlichen Abseits, wenn er nicht öffentlich anerkannt ist und geschätzt wird. Auch ein Künstler soll gewissen Normen und Werten entsprechen, solange er in dem gesellschaftlichen Kontext seinen Platz sucht. Auch der kommerzielle Aspekt spielt hier keine unwesentliche Rolle. Das Kunstwerk hat an sich einen Wert und dies hat zunächst mit seinem Marktwert nichts zu tun, man denke an die Inhalte, die Kunst vermitteln kann. Somit gilt es, die Kunst zunächst unabhängig von ihren Verkaufszahlen zu betrachten, wenn man einen inhaltlichen Zugang sucht. Kunst als Statussymbol, Kunst als Aufwertung der Inneneinrichtung steht in einem anderen, vordergründigen Kontext. Es wird nicht selten ein vorgeschriebener Weg von dem Künstler beschritten um zu verkaufen. Der Kunstmarkt gehorcht Regeln, Vorschriften, ausgesprochenen und unausgesprochenen Vorschriften, die ab und zu von sehr mutigen Künstlern durchbrochen werden. Wir alle leben in dem gesellschaftlichen Netz, das von uns sowohl Anpassung und bestenfalls Mut, Einfallsreichtum, Courage abverlangt. Viele von uns werden vom Mainstream verschluckt. Wir alle sollen uns einordnen, ja nicht selten unterordnen. Wir sollen stromlinienförmig unsere Pflichten erfüllen. Wir müssen uns regenerieren, unsere Arbeitskraft erhalten, wir sollen reibungslos wie ein Rädchen im Getriebe, wie geschmiert und geölt, funktionieren. Wir alle sollen zahlungskräftige Konsumenten sein und nur der, der konsumiert, der sich etwas leisten kann, der scheint ein vollständiges Mitglied unserer Gesellschaft zu sein. Das Auto, das Boot, das Haus mögen für manche Menschen wichtiger sein als das eigene Bewusstsein. Viele wissen noch nicht einmal, dass es eine harte Aufgabe ist, im Leben zu mehr Bewusstsein zu gelangen, ein bewusstes Leben zu führen. Die Welt wimmelt nur so von materiellen Symbolen. Es scheint, überhaupt kein Leben außerhalb des Konsums zu geben. Somit regieren die Gier und das Streben nach Geld, verbunden mit einem Machtanspruch über das

Materielle und nicht zuletzt über den Menschen. Der Mensch an sich, sein Charakter, rückt in den Hintergrund. Der Einzelne möchte ein vollwertiges Gesellschaftsmitglied sein und strebt häufig über alle Maßen nach Anerkennung. Die leicht einsehbaren Statussymbole sollen beeindrucken und die Akzeptanz in der Gesellschaft garantieren. Der Mensch möchte also nicht am Rande der Gesellschaft stehen, er möchte geliebt werden und dazugehören. Doch er steht nicht selten im Abseits, im Abseits von sich selbst, von seiner natürlichen Persönlichkeit. Ausgehöhlt und fremdbestimmt giert er nach Anerkennung und kann sich nicht zu erkennen geben. Er will gesehen werden, aber er bleibt unsichtbar. Seine Statussymbole werden eventuell lobend erwähnt, er selbst übersehen, überhört, seine Bedürfnisse nicht erkannt. Dieser einsame Mensch zeigt sich nicht, denn er hat es nicht gelernt, sich selbst zu zeigen. Dieser Fehlgeleitete hat sich mit Masken umgeben und ist selbst zur Maske geworden. Das Beeindrucken-Wollen hat ihn sich selbst fremd werden lassen. Nun hängt er am Tropf des Konsums, der Fremdbestimmung und umgibt sich mit Masken. Es ist ein Teufelskreis.

»Wie viel Fremdbestimmung kann der Einzelne verkraften? Wie viele Kompromisse kann er eingehen wollen? Jeder möge sich diese Fragen selber stellen und mit sich in einen kritischen Diskurs treten.«

In der Kunst kann der interessierte Betrachter Alternativen wahrnehmen. Künstler, die es ausgehalten haben, sich ins Abseits zu stellen, um überhaupt die Welt wahrnehmen zu können, die ihre Augen weit geöffnet haben, um zu sehen, zu erkennen, was wirklich los ist, werden häufig massiv angefeindet, ausgelacht und ignoriert. Wenn man irgendwann glaubt, sie seien nicht mehr zu gefährlich, so werden sie nicht selten auf einen Sockel gehoben. Der Künstler wird somit vom Rand der Gesellschaft in den Mittelpunkt gestellt. Der Künstler sollte sich schützen und sein wachsames Auge bewahren. Der Abstand und der kritische Umgang mit der Gesellschaft verschaffen ihm kritische Augen und einen hellwachen Verstand. Die gesellschaftliche Anerkennung, die materielle Zuwendung und der exponierte Platz innerhalb der Gesellschaft sollten ihn niemals zähmen. »Lasse dich niemals schmieren und vom Geld betäuben! Werde niemals bequem und zu einem Mitläufer!« Der unabhängige Denker, der unabhängige Künstler lässt sich nicht einschüchtern oder mit Preisen und viel Geld betäuben. Er oder sie lässt sich nicht das Feuer nehmen. Der mutige Künstler weiß, dass er nicht wahrhaftig kreativ bleiben kann, wenn er sich an den Hals des schönen Scheins, des bequemen Seins wirft. Der Denkende wird um sich kämpfen und ihm wird der Sturm ins Gesicht blasen. Sein kritisches Auge auf sich selbst und auf die Gesellschaft, seine Freiheit haben ihn stark und selbstbestimmt werden lassen. Die Lobhudelei darf ihn nun nicht innerlich aushöhlen. Es ist somit sinnvoll, absolut notwendig, als ein ausgezeichneter, etablierter Künstler immer wieder an den Rand, ins Abseits und in die Vogelperspektive zu wechseln. Es kommt dem eigenen Tod sehr nahe, wenn er sich in der Sicherheit auflöst. Die scheinbare Sicherheit lullt ein, täuscht etwas vor, gibt Signale, die schreckliche Irrfahrten zur Folge haben. Ein freier Künstler kann Freiheit vermitteln, er kann wachrütteln. Wer von einer unabhängigen Muse geküsst wird, kann auch andere wachküssen. Der Kuss der Freiheit schenkt Leben. Der Kuss der Unabhängigkeit schafft nie gekannte Freiräume. Es sind die Freiräume der Selbstbestimmung, Mündigkeit. Der Mensch blüht auf, wenn er von der Muse der Freiheit geküsst wird. Die Reibung mit der Kunst schafft neue Wege zum Ich.

Wir können somit als Mensch ganzheitlich aufblühen und über die einfache Regeneration hinaustreten. Wir können zu freien Menschen werden. Aus dem Abseits können wir geradewegs in uns springen, weil wir den Weg über die Kunst, über den Weg des Anstoßes zu uns gefunden haben. Die Reibung ist nötig, sie ist lebensnotwendig. Der freie Mensch wird zum Künstler, der freie Künstler zum Menschen.

Die Blockade

Deine Aura blockiert mich, denn sie reduziert mein Denken und Fühlen für kurze Zeit auf die profane Materie. »Ich will das nicht, ich will das nicht mehr, denn es raubt mir die kostbare Energie der Kreativität und der Wahrhaftigkeit!« Du blockierst mich und mein Wachstum. Wenn ich dir in die Augen sehe, sehe ich mich durch die Augen des Geldes. Ich ertappe mich dabei, wie ich meinen Wert errechne, wie ich mich in der Welt des Geldes berechne. Das Auge der Berechnung pflanzt sich in meine Gefühle, in meine Sicht auf die Welt. Dies nimmt mir die Sicht, meine Empathie, alle positiven Gedanken und mein Selbst. In deinem Kopf kreist alles um Sicherheiten, während du immer schwächer und unsicherer wirst. Dein Geld und deine Statussymbole sollen dir Halt geben, sie sollen dir den Rücken stärken, dich aufrecht erhalten. Doch du verbiegst dich immer mehr, denn du willst beeindrucken und gefallen. Inhalte bedeuten dir nicht viel. Sie stören dich in deiner Welt des Konsums, des Vorteils. Manchmal, wenn die Langeweile zu groß wird, suchst du mutig die Konfrontation mit den inhaltlich orientierten Menschen. Doch du lässt sie schnell fallen, wenn sie dir zu nahe treten und dich aufrütteln könnten. Sie wären eventuell in der Lage, dich zu durchschauen. Das willst du auf keinen Fall. Niemand soll dir auf die Schliche kommen, niemand soll hören und sehen, wie egoistisch du bist. Du täuscht die Mitmenschen, indem du jeweils den Samariter spielst, wenn die anderen zuschauen. In der Öde und Langeweile deiner Existenz suchst du intuitiv die Gesellschaft der Denkenden, um sie später wieder durch den Kakao zu ziehen. Sie seien zu wild, zu ausgeflippt und zu weltfremd. Dein materieller Blick auf die Welt hat alle Antennen blockiert, und manchmal fragt man sich, ob du je Antennen besessen hast. Du säst den berechnenden Blick in deinem Umfeld und diejenigen, die dir nacheifern wollen, strecken die Hände ebenfalls nach dem Materiellen aus. Sie wollen sich ebenfalls viel leisten können und verschulden sich nicht selten. Es ist der Teufelskreis einer Fernsteuerung in einer Welt, in der das Geld mehr zählt als der Mensch. Du sagst, du möchtest dich mit den schönen Künsten umgeben, und in Wirklichkeit willst du nur deine Langeweile bekämpfen. Es ist ein Trauerspiel, dich so zu sehen, während du annimmst, dass dir jeder deine Schau abkauft. Plötzlich interessieren dich Texte, die Malerei und die Museen. Doch in die Tiefen willst du nicht vordringen, denn du müsstest dein Spießerleben hinterfragen. Das willst du nicht. Warum kann ich nicht das Gefühl loswerden, dass du dich für nichts und niemanden wirklich interessierst? Du kreist um dich und die Langeweile macht dir stetig mehr zu schaffen. Du willst nicht die Ansprüche der Dichter und Denker auf dich beziehen. Du willst für deine Kulturbeflissenheit bewundert werden. Du sitzt in deinem Sessel und deine Gedanken kreisen um dich selbst, um deinen Genuss. Du bist süchtig. Die Kultur soll dich ablenken, sie soll dich amüsieren. Ein Häppchen Literatur, mit einer Brise Small talk. Du willst dich ablenken, von dir selbst ablenken, denn du erträgst dich immer weniger. Du gibst dir den Anschein von Kulturbeflissenheit. Die Kreise, in denen du verkehrst, sind dir wichtig. Du brauchst den Applaus. Mittlerweile ist es für dich chic geworden, ein philosophisches Interesse zu heucheln. Es ist in Wahrheit ein Ablenkungsmanöver. Du willst etwas darstellen und immer wieder deine Langeweile betäuben. Die Welt der Musicals passt besser zu dir. Du liebst die schrillen Töne ohne Tiefgang. Stampfend und scheinbar selbstsicher läufst du durch die Welt. Die anderen sind deine Zuarbeiter, deine Entertainer, denn du lässt sie zappeln. Du hast Geld und somit die Macht, denkst du. Deine Scheinsicherheit lässt dich zunehmend unsicherer werden, denn in dir konntest du nicht für ein Fundament sorgen. Deine Dienstboten, deine Unterhalter langweilen dich und du bist ihnen überdrüssig geworden. Sie nicken alles ab, und das macht sie für dich uninteressant. Du willst den Widerspruch, doch du duldest ihn nicht. Du suchst die Kultur, doch du erträgst sie nicht. Manchmal kommst du mir vor wie ein Herrscher des Absolutismus, der die Stücke der Komponisten umschreiben ließ, weil er die Dichter und Komponisten ernährte. Der Künstler sollte die langen Abende ausschmücken und dem Herrscher eine gefällige, weichgespülte Kunst präsentieren. Der absolutistische Herrscher duldete keinen Widerspruch und keine aufrüttelnde Kunst. Der Weichspülgang verfremdete das Werk und so mancher genialer Denker musste sich dem Diktat des Herrschers unterwerfen. Somit war der Künstler nicht frei.

»Welchen Wert hat die verbogene Kunst? Soll dich die Philosophie, die Kunst, die Literatur amüsieren?« Du hast nichts verstanden und nun breiten sich neue Probleme in deinem Leben aus. Du willst dabei sein, aber nichts auf dich beziehen. Du willst bespaßt werden, aber du weichst den Inhalten aus. Die Autoren sind austauschbar und wenn Freunde nerven, werden sie abserviert. Du kannst es dir leisten, denkst du, weil du dir alles leisten kannst. Du bist die Königin, der Dreh- und Angelpunkt der Welt. Doch du schwankst, du stolperst immer öfter über dich, über deine Scheinansprüche. Selbst die Philosophie soll dir dienen, denn sie soll dich unterhalten. Der Philosoph soll zu deinem Freund und Helfer werden. Er möge dir Tipps geben, ohne dass du ihn anerkennst, denn du willst oben stehen. Du weißt alles, du kannst alles, du bist mächtig. Doch der Philosoph ist auf der Suche, er ist der Wahrheit verpflichtet. Er wird dir in einem persönlichen Kontakt nicht schmeicheln. Er wird sich nicht verformen, verbiegen und nicht brechen lassen. Der Philosoph bemüht sich um die Wahrheit, egal wie unbeliebt sie sein mag. Der Mainstream wird ihn nicht beeindrucken, denn dieser wechselt seine Farben wie ein Schmetterling. Du willst philosophieren, wenn dich die Inhalte nicht betreffen. Du willst den Schein wahren und dir einen Anschein geben. Du bist verschlossen. Du hast abgeschlossen. Du bist blockiert. Wer kann dich noch erreichen? Deine arrogante Aura verschreckt mich. Die Ignoranz vermittelt mir das Gefühl einer Machtlosigkeit, da das ehrliche Denken und Fühlen verbannt worden ist. Wer die Philosophie missbrauchen will, spielt ein besonders brutales Versteckspiel. Die Lüge passt nicht zur Philosophie. Der Lügner genauso wenig. Der Heuchler kann kein Philosoph sein und der Herrscher darf den wahren Denker nicht zerstören. »Halte dich von mir fern, du machst mir Angst. In deiner Aura kann ich nicht atmen, nicht philosophieren, nicht klar denken und fühlen. Bei dir kann ich kein Mensch sein. Es ist viel zu unsicher in deiner Gegenwart, denn du willst mich täuschen. Du verkörperst die Habgier und dein Auge ist besessen von der Kontrolle, der Bewertung, der Abwertung. In deiner Gegenwart darf niemand frei und »er selbst« sein. Du kannst diese Rolle der Hochnäsigkeit einnehmen, weil es dein Geldbeutel zulässt. Doch du bist sehr einsam, da sich dir niemand mehr anvertrauen wird. Du bist ein einsamer Kontrolleur und billiger Konsument. Wo du auftauchst, verbreitest du Angst und Schrecken. Entweder unterwerfen sich die Menschen vor dir oder sie flüchten. Du produzierst Flüchtlinge.«

»Kehre innerlich um und entdecke die Schönheit der Inhalte! Verschwende nicht länger dein Leben, indem du nur glänzen willst! Entfessel dich und durchbreche deine Blockaden!«

Jeder Mensch ist im Laufe seines Lebens gefordert, Blockaden zu lösen. Wir können froh sein, wenn wir die Ursachen unserer Blockaden erkennen können. Wir sind glückliche Menschen, wenn wir im Laufe unseres Lebens daran arbeiten durften, Blockaden zu lösen, um zu freien Menschen heranreifen zu können. Frage dich: »Wann und warum fühlst du dich unwohl? Wann kannst du nicht »du selbst« sein? Wer blockiert dich in deiner Entwicklung? Vor wem hast du Angst? Was kannst du tun, um unabhängiger zu handeln und zu denken?«

Die Unkenrufe

»Bringt das was? Hast du was davon?« Man kennt die Unkenrufe, die sich wie ein Strick um den Hals, die Hände und die Seele legen. Das scheinbar kritische Auge der Unkenrufer trägt das Dollarzeichen als Stempel vor sich her. »Geht es auch gut? Kannst du bestehen? Bringen deine Aktivitäten Ruhm, Ehre und Geld?« Diese Fragen stechen ins Herz und bedrohen die Psyche. Sie bohren sich in das Zentrum der Seele, in die Schaltzentrale der Kreativität. Sie infizieren denjenigen, der nicht die Kraft hat, diese Sichtweise auszuhebeln. Der Etablierte, der Wohlhabende, egal woher er das Geld bezogen hat, liebt es, den Kreativen zu beäugen. Der Spießbürger liebt es, alles zu kommentieren, auch das, wovon er überhaupt keine Ahnung hat. Es geht um die Selbsterhöhung. Wenn man sich mit einem Kreativen im Schlepptau selbst erhöhen kann, so greift man sehr gern darauf zurück. Wenn man seine eigene Hohlheit und Langeweile bekämpfen kann, ebenso. Der Eindimensionale liebt es, ein wenig schockiert zu werden. Er liebt es ebenso, mit der schrillen Kunst sich selbst einen alternativen Touch zu geben. Was man selber nicht verkörpern kann, möchte man über die Kunst darstellen. »Schaut alle her! Ich bin modern, mitten im Leben. Ich weiß, was in der Welt der Kunst, der Dichter und Denker geschieht!« Der Kunstgenuss soll von der Alltagstristesse ablenken. Nichts zerrt mehr an den Nerven, ist schmerzender als, alles zu besitzen und sich gegenseitig mit der Langeweile im eigenen Gehirn konfrontiert zu sehen. Ablenkung soll her, Spaß und Nervenkitzel sollen die eigene Ideenlosigkeit abfedern. »Bringt das was? Hast du was davon?« Immer wieder werden diese Fragen gestellt. Der Kreative fühlt sich unter Druck gesetzt. Doch er wird Wege finden, diese Fragen zu ignorieren, er wird Wege finden, die Eindimensionalen zu meiden. Sollte der Kreative zu Ruhm und Geld gelangt sein, werden sich die Fragen ändern. Niemand wird mehr diese scheinheilige Frage stellen: »Was hast du davon?« Da der wohlhabende Künstler in der materiellen Welt etwas darstellt, werden andere Aspekte vorgeschoben. Sollte es sich um einen kritischen Künstler handeln, sollte es um einen kreativen Menschen gehen, der der Wahrheit verpflichtet ist, so wird es eine andere Kritik hageln. Solange der Sockel, der Thron nicht erreicht ist, wird die Kritik besonders schmerzhaft ausfallen. Doch das gehört zu der kritischen Kunst einfach dazu, denn jedem kritischen Denker bläst der kalte Wind entgegen. Nur der Mutige, nur der inhaltsorientierte Denker hat Widerstand zu befürchten. Der stromlinienförmige schwimmt in der Masse der Angepassten. Derjenige, der inhaltlich nichts wagt oder sagen will, kann nicht angefeindet oder zur Verantwortung gezogen werden. Der doppeldeutige, der versteckte, der undefinierbare Künstler kann sich bedeckt halten und schweigen. Viele suchen im Künstler den Entertainer. Man möchte gut unterhalten werden. Man möchte etwas erleben, etwas konsumieren, an Gedachtem partizipieren. Kunst kann und darf unterhalten. Viele Menschen saugen an der Energie des Kreativen und können ihm nichts zurückgeben. Sie lieben den Kick und trauen sich aber nicht selbst in die Höhen des Genies, des Freien. Sie wollen das sichere Netz nicht abspannen. Sie lieben das Gruseln in der bürgerlichen Runde. Die eigenen Trampelpfade sind vorgegeben. Die Leitplanken des Lebens sind fest installiert und niemand wird an ihnen sägen wollen. »Wozu hat man Künstler? Diese können und sollen in die Abgründe sehen!« Nicht jeder Kunstkonsument ist bedenkenlos zu akzeptieren. Blutsauger, Verhinderer, Destruktive, sie alle können dem Kreativen schaden, denn sie verstehen nicht selten wenig, sind selber oftmals frustriert, können nicht frei denken und fühlen. Ihre Unkenrufe sind überall in der Gesellschaft zu hören. Sie warnen den Kreativen, künstlerisch zu arbeiten: »Das bringt doch nichts! Du blamierst dich! Mach etwas Ordentliches! Du landest in der Gosse! Das will doch niemand sehen, hören, lesen. Das alles braucht kein Mensch. Das ist Dreck!« Es gäbe überhaupt keine Kunst, wenn sich der Kreative auf diese primitive Ebene einließe. Der Kreative möchte und darf sich nicht von der Hohlheit der Ignoranten beeindrucken lassen. Er wird sich nicht von der Sichtweise des Spießbürgers fesseln lassen, er will überleben. Er hat mehr verdient und das Verdienen bekommt eine andere Dimension. Es ist die Sichtweise und das Verstehen, die Anerkennung seiner Kunst, seiner inneren Welt, die er durch Kunst nach außen trägt.

»Was bringt dir das?« Diese Frage kann beinahe beleidigend wirken, werden wir doch alle in diese Welt geworfen, müssen wir doch alle irgendwann gehen, sterben, endgültig diesen Körper und alle unsere gesammelten Güter, wenn wir welche haben, gehen lassen. Wir alle werden sterben! Wir alle müssen irgendwann gehen und gerade deshalb ist jeder Tag so unendlich kostbar. Die Sonnenstrahlen wärmen uns, wir müssen dafür nichts bezahlen. Muss alles etwas kosten? Ist nur das wertvoll, das teuer ist? Wir werden alle ins Leben geworfen und wir alle müssen gehen. »Lasst uns unsere Lebenszeit wertschätzen!« Auch der Reiche kann seinen Körper nicht wiederbeleben. Er kann nicht Gott spielen. Doch viele überschätzen sich. »Was bringt dir deine Kunst? Was bringt dir dein Malen, dein Schreiben? Kannst du genügend Geld verdienen? Bekommst du Anerkennung und Auszeichnungen?« Die Welt der Preise und des Lobes ist eine andere als die Welt der Phantasie, des Mutes und der Schaffenskraft eines Künstlers, die einer Vulkanexplosion gleichkommt. Diese Kraft, diese Schaffenskraft kann man nicht objektiv berechnen. Es sind sichtbar, lesbar und hörbar gewordene Innenwelten, die für spätere Generationen noch erlebbar bleiben. Es sind die Welten eines Künstlers, die Menschliches überliefern und anderen einen Eindruck eines Seelenlebens geben können. Große Kunst überlebt, große Kunst ist zeitlos und von unschätzbarem Wert. In ihr fließt das Salz der Tränen, des Schweißes, der Trauer, der Freude, der Hoffnung eines großen Herzens, einer großen Seele. Wir alle müssen gehen. »Lasst uns nicht von den Unkenrufern verunsichern!«

Die Kunst überlebt. Die Kunst wird es auch noch geben, wenn sich die Zeiten verändert haben. Wertvolle Kunst wird auch für die nachfolgenden Generationen einen großen Wert besitzen. Es ist der Wert des Inhaltes. Es ist der Wert tiefer Aussagen, die einen bleibenden Sinn beinhalten. Große Kunst leuchtet in dunklen Stunden. Große Kunst strahlt über die Jahrhunderte, über Grenzen hinaus. Sie hat einen bleibenden Wert.»Lasst uns den Sinn und die Schönheit der Kunst mit einem offenen Blick und einem offenen Herzen empfangen!«

Mein Kopf gehört mir

Du jammerst und du machst mir gleichzeitig Angst. Du erwähnst den Tod und in deiner Stimme schwingt der Ton des Fatalismus. Es stimmt, dass angesichts des Todes sich vieles relativiert. Es stimmt auch, dass es nicht sinnvoll ist zu horten und zum Geiz zu neigen. Die Leichtigkeit und Virtuosität im Bespielen der Lebensinstrumente kann nur gelingen, wenn der innere Klang der Freiheit mitspielt. Die Höhen der Genialität wollen erfühlt, in Freiheit erlebt werden. Mein Kopf gehört mir und ich möchte mir von dir in keinerlei Hinsicht Angst einpflanzen lassen. Mein Denken soll nicht blockiert werden, es soll nicht permanent um das Materielle kreisen und dennoch möchte ich nicht wie ein leichtsinniger Akrobat abstürzen. Mein Kopf soll mir gehören und deshalb möchte ich nicht von den Märchen der Konsumwelt zugedröhnt werden. Die weichgespülten Gesichter der Kreuzfahrttouristen können mir nichts geben.

Es spielen sich unmenschliche Begebenheiten auf dem Mittelmeer ab. Es ist ein Kampf ums Überleben. Es ist der Todesritt so vieler. »Wie viel Verdrängen kann es weiterhin geben? Wie lange sollen die Verdrängenden am Elend vorbeirauschen mit einem Schulterzucken der Ratlosigkeit?« Viele reden wirres Zeug, um in dem Fahrwasser der Bequemlichkeit weiter zu treiben. Viele schließen die Augen, wenn sie am Elend vorbeirauschen. Sie wollen nicht denken, nicht aufgeweckt werden. Sie wollen die Wirklichkeit nicht erfassen. Der Spaß soll nicht unterbrochen werden, während die immer gleichen Rechtfertigungen für ein oberflächliches Leben herhalten müssen: »Niemand kann etwas tun! Wir können nichts tun! Andere sind zuständig!« Wir kennen diese Ausreden. Viele Aussagen klingen nach einer Ohnmacht, andere nach einer Ratlosigkeit und wieder andere klingen nach einem pausenlosen Verdrängen. Während wir alle viel zu viel konsumieren, die Umwelt zerstören und immer wieder so viel Falsches tun, geht das Sterben weiter. Es dürfte nicht geschehen. Während wir uns um unseren Wohlstand sorgen, sterben Menschen in Not. Wir drehen uns wie ein Kreisel um uns selbst, um unsere Statussymbole, um lächerliche Artikel des Haushalts, der Spaßindustrie. Viele haben jedes Maß bereits verloren.

»Lasst uns denken, nachdenken! Lasst uns das Wichtige vom Unwichtigen unterscheiden! Lasst uns nicht länger ohne Visionen und ohne Verantwortungsgefühl leben. Wir sind stark. Wir können etwas tun, etwas ändern. Lasst uns nicht länger wegschauen! Unser Kopf gehört uns, unser Denken ebenso. Lasst uns nicht im Kreisel der Auswegslosigkeit und Ohnmacht fremdbestimmt und zappelnd vegetieren! Wir können hören, denken, planen und neue Wege gehen! Ich werde mich nicht länger beruhigen und fernsteuern lassen! Ich werde meine Ohren nicht länger auf Durchzug stellen! Mein Kopf gehört mir und es ist mir egal, wenn du mich auslachst, mich als Traumtänzer beschimpfst. Ich werde Widerstand leisten, ich werde in Zukunft öfter nein sagen!«

Lippenbekenntnisse

Du behauptest viel, wenn der Tag lang ist. Du versprichst noch mehr, wenn es Nacht wird. Du fühlst dich unschlagbar, wenn du viel sagst und angeblich noch mehr durchschaust.

»Doch wo bleiben die Konsequenzen aus deinem Wissen? Was ergibt sich für dich und deine Nächsten aus deinen Lippenbekenntnissen? Kann es sein, dass du dir in der Rolle des Wissenden gut gefällst, dass du dein Handeln und die Konsequenzen, die aus deinen Worten folgen müssten darüber vergisst? Wäre es zu mühsam und zu anstrengend, vielleicht sogar nicht deiner Karriere förderlich, wenn du über die bequemen Lippenbekenntnisse hinaus etwas unternehmen würdest? Könnte es sein, dass du in deinem Kopf einen Filter installiert hast, der alles durchsiebt, um Sicherheit zu garantieren?«

Diese Vorsichtsmaßnahme könnte man eine stromlinienförmige Karrieregarantie nennen. Deine Apelle sollen modern, zeitgemäß und hochaktuell klingen, deine Taten lassen alles vermissen. Du bist ein Mensch der Lippenbekenntnisse. Du kennst dich aus in der Welt der Worte. Taten sind nicht dein Ding. Grundsatzforderungen auch nicht, denn du willst nichts fundamental Neues erreichen. Deine Stromlinienform ist dir genauso heilig wie deine Karriere. Du schwimmst mit. Du machst mit. Du willst nicht auffallen, du willst dazugehören. Du schwimmst an den wahrhaft Tugendhaften vorbei. Manchmal kannst du sie mit deinen Worten beeindrucken. Du lachst, wenn die Ehrlichen, die Authentischen ausgesiebt werden. Insgeheim denkst du, dass sie nicht diplomatisch genug waren. Sie haben sich nicht geschickt verkauft und noch weniger auf ihre Vorteile Wert gelegt. Sie waren zu unangepasst, zu vorlaut, zu ehrlich. Sie haben nicht lange auf den passenden Moment gewartet. Sie waren eben nicht schlau, nicht gerissen genug und auch nicht geschäftstüchtig. Sie haben sich wahrhaftig um Inhalte bemüht. Du schwimmst immer weiter. Manchmal bist du getarnt, manchmal scheinbar engagiert. Du weißt, wie man sich verkaufen kann, ohne anzuecken und ohne etwas zu riskieren. Du bist der Mensch der Lippenbekenntnisse. Du bist nicht der Mensch der gelebten Tugenden.

Neue Spielplätze

Die Sensationsgier verführt. Sie verleitet Menschen zur Oberflächlichkeit. Der Mensch wird süchtig nach Neuem. Der Süchtige giert nach dem neuen Kick. Er kann sich kaum mehr in der Stille, in der Kontemplation erfahren. Er kann auch keine Stille ertragen. Er kann sich selbst nicht ertragen. Die innere Stimme wird übertönt, überhört. Sie könnte zu Qualen führen. Die Auseinandersetzung mit sich selbst wird vermieden. Die Abgründe voller Selbstanklagen, die unverarbeiteten Schieflagen, die nicht ausgelebten Konflikte, die Schuldgefühle aus den nicht geklärten Missständen könnten anklopfen und die Totenruhe stören. Es ist die Ruhe einer Starre, einer tiefen Angst. Man könnte auch von der Ruhe der Untoten, der Zombies sprechen. Nichts soll stören, das Lebendige soll nicht anklopfen. Alles, was sich in einer neuen Lebendigkeit finden möchte, stört. Ritualisiertes Verhalten wabert durch die Räume. Gebote, Verbote, Tabus. Jeder Betroffene wird sich unwohl fühlen, denn er spürt, dass das Unausgesprochene den Raum vergiftet. Angst bestimmt das Denken und Fühlen. Die perfekte Show soll über das Ungesagte hinwegtäuschen. Wenn sich die Blicke der Betroffenen treffen, so wird die Maske der guten Laune aufgesetzt. Es kann und darf auch die Verkleidung der Macht und des Wohlstands sein. Niemand wird sein Selbst zeigen. Es ist eine beklemmende Atmosphäre, in der die Oberflächlichkeit, die Unehrlichkeit, die Täuschung alles bestimmen. Sollte jemand Schwäche zeigen, in Armut verfallen oder aus einem anderen Grund angreifbar sein, so werden die Hyänen ihre Opfer schnell und konsequent ausspähen, in die Enge treiben und angreifen. Der in Not Geratene wird mit heuchlerischem Mitleid, scheinbarer Fürsorge und einem verlogenen Wohlwollen überzogen. Es gilt das unausgesprochene Gebot der Tabus. Es gelten Befehle, ohne etwas zu sagen. Grenzen und Mauern sind fest installiert, ohne sichtbar zu sein. Die nicht ausdiskutierten Konflikte längst vergangener Zeiten sollen nicht anklopfen, sie sollen diese Grabesstille nicht stören. Phasen der Ruhe müssen bekämpft werden. Jubel, Trubel, Heiterkeit soll her. Nichts Unangenehmes soll sichtbar, hörbar sein. Dem Verschwiegenen, dem Verdrängten, dem Tabuisierten soll kein Raum gegeben werden. Das große Verdrängen sucht sich neue Spielplätze. Diese Orte können überall dort gefunden werden, wo die Ablenkung tobt, die Oberflächlichkeit und der schnelle Vorteil sich bietet. Menschen werden ausgetauscht und fallengelassen, die Flucht einer notwendigen Aufarbeitung vorgezogen. Die Beliebigkeit, die Oberflächlichkeit nimmt den Menschen gefangen. Neue Orte in neuen Ländern. Neue Menschen an anderen Schauplätzen. Man redet gern und viel, doch es bleibt auf der Tratsch-Ebene, denn die Tiefe, eine wahrhaftige Auseinandersetzung, muss immer wieder gemieden, umgangen werden. Man ist der Wahrheit nicht verpflichtet. Die Verdrängung nimmt den ganzen Menschen in Anspruch: Neue Konsumtempel in immer anderen Städten. Die Ungeduld wächst genauso wie die Oberflächlichkeit. Neue Zufluchtsorte mit anderen Zuhörern. Die Getriebenen und seelisch Heimatlosen leben in einer Dauerflucht vor sich selbst und vor der wahrhaften Auseinandersetzung mit anderen.

»Wann willst du es noch einmal wagen, mit dir in einen ehrlichen Kontakt zu treten? Wann wirst du die Stille zulassen? Willst du noch einmal mit dir ins Gespräch kommen? Was verdrängst du? Was lässt dich nicht zur Ruhe kommen? Was ist deine Krankheit? Woran leidest du und was schaffst du, nicht auszukurieren? Was hält dich gefangen und lässt dich wie einen Kreisel rotieren?«

Der Schmerz in der Stille scheint dich zu schrecken. Die Gedanken in der Ruhe scheinen dich zu beunruhigen. Du lehnst die Ruhe ab. »Hast du stetig Angst vor der Begegnung mit dir?« Du wirfst dich ins Leben, doch es ist nur der Oberflächenkontakt zu einer Scheinwelt. Du hast Angst vor den Menschen mit Tiefgang. Du läufst wieder weg und suchst dir neue Spielplätze.

Du bist deine Supernova

Du warst lange der Maulwurf in den Katakomben. Du spürtest immer die Fähigkeiten, die in dir schlummerten. Sie klopften stetig an, sie wollten nach draußen, nach außen, an die frische Luft, zu den Menschen. In dir brodelte es. Du sprühtest immer voller Energie. Gleichzeitig warst du von deiner Angst zerfressen. Wenn du schlechte Tage hattest, hielten dich Selbstzweifel und Mutlosigkeit gefangen. Manchmal warst du unsicher, unbeweglich und angstbesetzt, doch du spürtest gleichzeitig, dass unendlich viel in dir schlummert. Dein Inneres sollte sichtbar werden, nach außen dürfen, zu den Menschen gelangen. Doch du wusstest lange nicht, wie du den Katakomben entkommen könntest. Du bewegtest dich viel zu lange auf den Pfaden der Angst, der Selbstzweifel, der Mutlosigkeit, die manchmal sogar zur Hoffnungslosigkeit auswuchs. Lethargie breitete sich aus, denn du warst ein Gefangener.

Doch die Zeiten haben sich geändert, du hast dich geändert. Im Licht der frischen Luft und der Atmosphäre freier Gedanken strömen nun Kraft und Mut in deine Seele. Du bist zum Vorbild für andere geworden. Sie erkennen deine Verwandlung und spüren deine Energie. Sie partizipieren gern an deiner Aura. Nun empfangen deine Mitmenschen von dir Kraft, Mut, Stärke. Die anderen hängen an deinen Lippen, sie erleben dich in deiner neuen Freiheit. Du konntest dich befreien. Manchmal wunderst du dich selbst über deine Kraft und alle Themen, die in dir schlummern. Dir sind Flügel gewachsen. Du schaffst es, dir Ziele zu setzen, du schaffst es, Ängste und Selbstzweifel zu besiegen. Du lässt es nicht mehr zu, ein Gefangener zu sein. Dein Credo lautet: »Lieber scheitere ich, als nicht alles zu geben, zu versuchen. Ich möchte nie wieder in die Katakomben der Unbeweglichkeit, der Angst und Hemmungen zurück. Ich will leben, nicht vegetieren. Ich möchte mein Inneres sichtbar werden lassen.« Du bist stark geworden und du lässt es nicht mehr zu, klein und unsichtbar zu werden. Nun bist du immer wieder aufs Neue über dich erstaunt. Deine Kraft ist grenzenlos und die vielen Talente, die in dir schlummerten, bahnen sich den Weg ans Licht. Es sind die Wunder, die dich in eine Verwunderung über dich selbst verwandeln. Du bist verändert, da du wieder an dich glaubst. Du staunst, du strahlst, du lachst. Dein Feuer flutet alle Räume. Es ist wunderschön, deine Stärke zu erleben. Wenn du singst, malst, schreibst, kannst du deine Inhalte nach außen tragen. Du staunst über dich, denn deine Innenwelt ist unerschöpflich. Dein Wissen, deine Neugier und dein frisches Selbstvertrauen lassen dir Flügel wachsen. Mit frischer Energie schwingst du dich in neue Höhen. In früheren Zeiten hattest du eine Ahnung von diesen Energien, an denen du nun immer wieder teilhaben kannst. Diese Kräfte durchströmen nun regelmäßig deinen Körper, deinen Geist. Du kannst diese positiven Kräfte besonders schätzen, da du solange in den Katakomben gelitten hast. Nun genießt du deine Freiheit. Als du schwach warst, wurdest du verspottet. Du wurdest belächelt und oft nicht ernst genommen. Die Menschen wollen sich mit starken Mitmenschen umgeben, sie wollen von ihrer Gesellschaft profitieren. In der Dunkelheit, in den Katakomben hast du unendlich gelitten. Das Gefühl des Ausgeliefertseins, der Schwäche, der Ratlosigkeit wird dir immer im Gedächtnis bleiben. Der Schmerz hat sich in deine Seele gebrannt, doch er konnte dich nicht auslöschen. Du hast überlebt, du bist ungebrochen, immer noch du selbst. Damals kanntest du den Weg in die Sonne nicht. Irgendwann ahntest du, dass dich die Angst, die Mutlosigkeit gefangen hielt. Es galt also, diese Ketten zu sprengen, um nach außen zu treten. Nun bist du voller Tatendrang und du wirst täglich kräftiger. Deine Ängste bauen sich stetig ab. Du bist zu deiner Supernova geworden. Du brauchst keine Rauschmittel, du kannst dich an dir selbst berauschen. Deine Strahlkraft leuchtet in der Dunkelheit und alle können dich sehen. Das ist ansteckend, das ist so unendlich positiv. Deine Helligkeit leuchtet den anderen auf ihrem Weg. Du bist zum Vorbild geworden, da du den Beweis verkörperst, dass man aus der Dunkelheit herausfinden kann. Deine Augen leuchten, sie sind getränkt von der Erfahrung. In ihnen spiegelt sich deine Unbeugsamkeit, deine Entschlossenheit. Dein Wille ist ungebrochen. Du wolltest überleben. Du wolltest niemals zur Hülle, zum Zombie werden. Du konntest dein Feuer, deine Flamme in dir bewahren. In dir brennen die Flammen der Leidenschaft für das spannende Leben. Du liebst das Leben in Freiheit und Selbstbestimmung. Diese Freude, diese Kraft ist ansteckend. Die kräftigen, mutigen Menschen zeigen den Weg aus der Dunkelheit. Die Supernovas bekämpfen die Dunkelheit der irdischen Existenz. Die Strahlkraft leuchtet den Weg für die anderen aus. Die neuen Impulse, die spürbar gewordene Energie gibt heftige Anstöße. Der Weg der positiven Impulse, der Anstöße kommt einer nie endenden Kettenreaktion gleich. Dieser Weg der positiven Energien kann von niemandem gestoppt werden. Die Dynamik wird schwungvoller, hochwertiger und aufgeladener. Die Supernovas leuchten und bleiben die Vorbilder, die ansteckenden Quellen der positiven Energie. Sie trotzen jeglicher Destruktivität. Sie trotzen den Diktatoren, den Gefängnisaufsehern und den Besserwissern, die das Negative prognostizieren, heraufbeschwören.

»Leuchtet hell und ungebrochen! So werden die Mitläufer erkannt und als Gefahr entdeckt werden können!«

Das Kreideschlucken

Es ist lange her, verdammt lange her, als ich dich das letzte Mal gesehen habe. Damals warst du noch wild und wenigstens manchmal »du selbst«. Doch das alles ist sehr, sehr lange her. Du hast dich verändert. Dein Schmuck und dein Auto deuten auf deinen Wohlstand hin. Dein Bauch ist füllig, deine Augen von tiefen Rändern umgeben. Du versuchst immer wieder, deinen Bauch zu verstecken, doch deine maßgeschneiderte Kleidung gibt dennoch einen Blick frei auf die Resultate deiner Kompensationsgelüste. Deine Unfreiheit, dein goldener Käfig erlauben dir wenige Spielräume. Du siehst traurig aus. Du sagst, dass du erfolgreich seist. Mir scheint, dass du den Erfolg eins zu eins mit deinem Geldbeutel gleichsetzt. Das Gespräch mit dir ist zähflüssig, da du dich unausgesprochen stetig verweigerst. Du verweigerst ein ehrliches Gespräch und deshalb verkommt die Kommunikation zu einem Small-talk. Deine Gestik, deine Mimik ist von einer Überheblichkeit geprägt, die das Gegenüber beeindrucken soll. Doch du überschätzt dich und du merkst nicht, dass du die anderen vergraulst. Wer hat schon Lust auf einen Angeber, auf einen selbstverliebten Menschen, der alle anderen übertreffen will? Nichts erinnert mehr an deine Feinfühligkeit von damals. Nichts erinnert an dein soziales Engagement vergangener Zeiten. Du hast Kreide geschluckt. Dein Denken ist stromlinienförmig und du willst auf keinen Fall anecken. Du suchst den Vorteil und meidest die angeblichen Fettnäpfchen. Nichts und niemand sollen deinen Wohlstand gefährden. Niemand soll dich in Frage stellen und deine Lebensausrichtung durchleuchten. Du bist über jede Kritik erhaben, denn du hast die Weisheit gepachtet. Das strahlst du aus und genau das ist so unangenehm, so abstoßend. Es ist unendlich wichtig für dich geworden, dass du als geschäftstüchtig wahrgenommen wirst. Du sprichst unaufhörlich von deinem Erfolg und meinst damit selbstverständlich deinen Wohlstand. Was ist aus dir nur geworden? Ein Angeber. Ein Mensch, weit entfernt von der Fähigkeit zu kommunizieren. Mir wird schwindelig, wenn ich mich in dich hineindenke. Alles schwankt unter meinen Füssen, wenn ich dich denken soll. Du bist schon lange nicht mehr »du selbst«, du bist sehr einsam, sehr isoliert und sehr oberflächlich. Es ist ein Trauerspiel, dich so zu sehen. Du betonst immer wieder mit anderen Worten, dass du erfolgreich seist und wer alles zu deinem Freundeskreis gehöre. Das Ansehen der anderen ist dir unendlich wichtig und gleichzeitig nimmst du nicht wahr, dass du die anderen verschreckst. Deine Antennen sind dir abhanden gekommen. Deine Empathie hast du verkümmern lassen. Du kannst nicht mehr frei und selbstständig denken. Du kannst nicht mehr »du selbst« sein. Du willst gefallen, du bist abgestürzt in die tiefe Grube des Gefallen-Wollens.

»Wer bist du? Wer warst du? Wer willst du sein?« Du hast Kreide geschluckt! Du bist angstbesetzt! Du bist fremdbestimmt.

»Kehre um und rette dein Selbst! Spüre in dich hinein und finde den Weg zu deinen wahren Leidenschaften! Wenn du es schaffst, zu dir Kontakt aufzunehmen, so werden die anderen wieder ehrlich mit dir sprechen.«

Gegenwind

Die Zeiten werden schlechter und die Menschen tanzen einen verzweifelten Tango am Abgrund. Du willst unbedingt mittanzen und dazugehören. Du willst niemals auffallen und auf keinen Fall verzweifelt aussehen. Die Macht der Werbeindustrie hat sich in dein Gehirn gefressen. Die schönen, aalglatten Menschen mit ihren Botschaften haben dir die Chance auf ein selbstbestimmtes Leben geraubt. Du hast das zugelassen. Dir war es wahrscheinlich nicht bewusst. Du willst um jeden Preis mithalten. Du willst nicht am Rand stehen und nicht leidend, arm oder verunsichert aussehen. Doch die Zeiten werden schlechter, deine Zeiten werden schlechter. Du verdrängst deine Schieflage. Es kündigen sich immer mehr Widersprüche an. Die Abgründe bekommen Konturen. Die Armut entzündet sich wie ein Lauffeuer. Niemand löscht gründlich und nachhaltig. Niemand möchte an die grundlegenden Ursachen herantreten. Die Stunde der gnadenlosen Wahrheit hat noch nicht für jeden geschlagen. Wer kann und wer will, schaut weg. Die Feuerbeschleuniger werden mächtiger. Ihre Taktik wird immer perfider. Diejenigen, die löschen wollen, werden ausgelacht und mit Spott überzogen. Der Verdrängungsmechanismus läuft auf Hochtouren. Keiner möchte sich als arm oder bedürftig outen. Diejenigen, die die Ursachen benennen und herausschreien, werden als Versager oder Utopisten beschimpft. Du willst immer noch dazugehören und ich werde den Eindruck nicht los, dass du keinen Gegenwind erträgst. Du wirkst schwächer als je zuvor. Das Verdrängen kostet stetig mehr Kraft. Du bist ängstlich, mutlos und immer kraftloser. »Willst du die Gründe des Elends nicht erkennen? Willst du dir die Zusammenhänge nicht bewusst vor Augen führen?« Du vermeidest jeglichen Gegenwind und genau dadurch wirst du immer schwächer. Dein Leben soll weiterhin in sicheren Bahnen verlaufen. Du willst nicht anecken und gerade deshalb wirst du alles verlieren. »Habe keine Angst vor dem Gegenwind, denn er härtet dich ab. Der Gegenwind stellt nicht die Ursache der Schieflage dar. Sträube dich nicht davor, an die Ursachen heranzutreten! Solange du lebst, kannst du in kleinen Schritten der Wirklichkeit, der Wahrheit näherkommen. Der Gegenwind wird deine Haut besser durchbluten lassen. Halte dein Selbst in den Sturm, du wirst erkennen, wie stark du bist!«

Nichts ist für die Ewigkeit

Du klammerst dich an deinen Ohrensessel. Alle Vasen und Aschenbecher stehen an ihren Plätzen. Du duldest keine Veränderung. Es macht dich wahnsinnig, wenn es sich jemand erlaubt, etwas zu verrücken. Es ist deine Ordnung, du bist die Ordnung. Dein Sicherheitsfanatismus kennt keine Grenzen. Deine Kontoauszüge sind dir so sehr ans Herz gewachsen, dass du sie immer wieder in den Händen halten und sie zur Beruhigung an einem sicheren Ort verstecken musst. Sie sind für dich überdimensional wichtig geworden. Dein Geld geht dir über alles. Was ist nur aus dir geworden? Es gab mal ganz andere Zeiten, in denen du dich leicht und beschwingt gefühlt hast. Damals konntest du die Menschen begeistern, heute schreckst du sie ab. Damals zogst du sie in deinen Bann, denn du hattest etwas zu sagen. Du nahmst am Leben teil, du warst mittendrin. Deine Spontanität war ansteckend und mitreißend. Heute planst du, zweifelst du, du verscheuchst die Menschen. Dein Sicherheitsdrang verdrängt alles Menschliche. Die anderen sind für dich zur Bedrohung geworden. Deine Wohnung, dein Hochsicherheitstrakt verträgt keine Menschen. Deine Burg, deine Festung wird von dir pausenlos überwacht. Du suchst die Sicherheit und du wirst immer unsicherer. Jeder Telefonanruf und jedes Schellen an deiner Haustür bringen dich in deinem festen Tagesplan durcheinander. Unvorhergesehene Besuche werden als Belästigung wahrgenommen. Du willst keine spontanen Überraschungen, überhaupt nichts Unvorhergesehenes in deinem Leben willkommen heißen. Spontane Unternehmungen kommen in deinem Leben nicht mehr vor. Du kontrollierst immer wieder dein Geldguthaben und deine Sicherheitsreserven, denn du bist in dir niemals zur Ruhe gekommen. Du bist unsicher, unerfüllt und unzufrieden. Dein Frieden ist kein realer, es deutet alles in deiner Umgebung auf eine Totenruhe hin. Es ist ein ungelebtes Leben. Dein Ordnungsdrang schnürt dich ein und es drängt sich immer wieder die Frage auf, wie es wohl in deinem Kopf aussieht. Wie können die Menschen dich noch ertragen? Wie sollen sie es in deiner Umgebung aushalten? Jede Spontanität und Kreativität wird vergrault, verscheucht und unterbunden. In deiner Nähe gibt es keine Freiheit und keine Leichtigkeit. Tonnenschwere Balken eines Kontrollwahns wabern durch deine Wohnung. Du liegst in Ketten. Du willst die anderen ebenso in Ketten legen. Alles, was frei atmet und denkt, stört dich. Selbst ein Hund ist dir zu wild, zu spontan und zu unberechenbar. Das Leben mit seinen Höhen und Tiefen ist dir ein Graus. Man könnte den Eindruck haben, dass du das irdische Dasein nicht akzeptieren willst. Du bäumst dich gegen den Lebensfluss auf und windest dich hin und her. Du kannst nicht loslassen, nicht lieben, nichts sähen, denn du willst für alles etwas bekommen und alles muss für dich berechenbar sein. Du hortest und stapelst, kontrollierst und grübelst, bis sich jegliches natürliche Leben verabschiedet hat. Dein über alles geliebter Rhythmus quält dich. Deine Geldanlagen ebenso. Du wolltest den Gewinn und niemals irgendeinen Verlust. Du willst viel abschöpfen, doch nichts investieren. Du willst amüsiert werden, doch die anderen dürfen nicht spontan sein. Dein Sicherheitswahn wird den anderen übergestülpt. Du erntest hinter deinem Rücken heftigen Spott und die Menschen suchen das Weite. Sie wenden sich von dir ab, weil sie deine Starrheit, deinen Starrsinn nicht mehr ertragen. Die Intoleranz führt zu schlimmen Verletzungen. Du hast es nicht geschafft, in deinem Leben lebendig zu bleiben. Dir war das Leben zu wild, zu unberechenbar. Der Lebensfluss sollte einbetoniert werden. Nun tritt er über die Ufer, in dem du gemieden wirst. Deine Uhren schlagen laut und das sind die einzigen Geräusche, die du noch zulässt. Du hast das Leben ausgeschlossen und bist zum geldzählenden Untoten geworden. Alle Menschen wurden zur Bedrohung, weil sie nicht so wollten wie du, wie du es dir ausgemalt hast. Du erträgst keine Kritik, keinen Widerspruch, keine Wildheit und bist somit zu einem Traumtänzer geworden. Doch dieser Tänzer dreht nur immer wieder die gleichen Schleifen. Immer und immer wieder im Kreis. Es ist ein Auf-der-Stelle-Treten ohne eine konstruktive Entwicklung. Es ist bedauerlich, tragisch und unmenschlich. Du hast den Rückzug angetreten und verweist auf deinen Ohrensessel, mitten in deiner Festung. Es sollte deine Burg sein, doch der Ort ist zum Gefängnis geworden. Der Rückzug sollte dich stützen, doch er hat dich zum Einsiedler werden lassen. Du wirst immer schwächer, schlapper und unfreier. Du siehst dich im Zentrum deiner Macht und bist in Wahrheit in einem Gefängnis. Du suchst nichts mehr und du forschest nicht mehr. Du hast verlernt, offen zu kommunizieren. Das alles hat die Freiheit in deinem Leben verscheucht. Bei dir gibt es keine Neugierde mehr, du bist lebendig begraben. Du hast in diesem Leben fälschlicherweise eine Ewigkeit gesucht, die es so niemals geben kann.

Der Friedensreiter

Niemand kann dich auf den ersten Blick erkennen. Du siehst unscheinbar aus. Deine Augen zeugen von einer großen Entschlossenheit und deine Taten folgen deinen Worten. Du drehst niemals deine Fähnchen nach dem Winde. Die Menschen können sich auf dich verlassen. Wie ein Seismograf nimmst du die Erschütterungen und Auffälligkeiten wahr. Deine Antennen sind feinfühlig, dein Verstand klar und du bist nicht käuflich. Deine Unbestechlichkeit ist etwas sehr Besonderes in Zeiten, in denen Menschen andere schon für etwas Geld verraten, fallenlassen. Das Geld bestimmt das Denken der meisten. Die Menschen werden häufig nach ihrem Kontostand beurteilt. Der Wohlhabende bekommt nicht selten zu Unrecht Recht. Du bist in diesem Dschungel eine unglaubliche Ausnahme und jeder, der dein Freund ist, kann sich glücklich schätzen. Jeder, der mit dir Inhalte teilen darf, weiß, dass es dir um Inhalte geht. Du willst nicht manipulieren und die anderen zu deinem Vorteil überreden. Das ist in diesen Zeiten selten geworden. Die Gier schleicht um die Häuser. Die Gier tötet. Die Gier lässt Millionen von Menschen verzweifeln. Du weißt um diese Umstände und deshalb wirst du nicht müde, die Missstände anzuprangern. Viele meiden dich. Sie wollen von dir nicht durchschaut werden, denn sie wissen um deine klaren Augen, deinen glasklaren Verstand. Du sprichst aus, was viele denken. Du sagst das, was viele nicht hören wollen. Es fehlt so vielen der Mut, Klartext zu sprechen, denn sie haben Angst um ihre Privilegien. Die Angst geht um in einer Zeit, in der die Armut immer öfter anklopft. Du witterst die sorgfältig verpackten Lügen und du erkennst die Widersprüche, weil du unabhängig denkst. In der Gegenwart derjenigen, die gefallen wollen, fühlst du dich unwohl, ja regelrecht bedroht, denn du musst jeden Satz durchdenken, durchleuchten, denn die Lüge ist nicht weit entfernt. Derjenige, der um jeden Preis gefallen will, ist verführbar, der, der den Vorteil sucht, ist käuflich und er kann dich verraten. Jeder Wahrheitsferne, der dem Vorteil frönt, ist nicht der Ethik verpflichtet und Gerechtigkeit ist ihm gleichgültig. Der immer gefallen will, fällt allzu leicht in die Grube der Fremdbestimmung. Er oder sie sucht den Vorteil und verpasst die Chancen freien Denkens. Es stellt sich für viele als zu mühsam dar, Klartext zu sprechen, und die Falle der Fremdbestimmung schnappt zu. Du weißt um die Verführbarkeit und Käuflichkeit. Du kennst das falsche Lachen und die unechten Komplimente der Schleimer, der Heuchler. Du weißt um die Verbiegungen der Menschen und kennst die Biographien der Verbogenen und der Gebrochenen. Der Dschungel der Lügen kann dich nicht aufhalten, denn du bist der Friedensreiter. Deine Aura verscheucht die Geschmierten. Dein klares Auge durchleuchtet die Vorteilsnehmer. Du bist über alle Maßen wichtig geworden in einer Welt der Korruption. Die Lügner wollen nicht erkannt und benannt werden. Sie laufen weg und verstecken sich hinter ihren Phrasen, ihren auswendig gelernten Sprüchen, Ausreden. Sie meiden die Helligkeit deiner Anwesenheit. Sie meiden die Klarheit und den Kontakt mit dir. Deine Courage ebnet den Weg des Friedens. Der Lügner wird in deiner Gegenwart zittern. Der Kriegstreiber wird sich um neue Scheinargumente bemühen müssen. Du bist der Friedensreiter, denn du durchschaust sie alle. Die Strategien werden sich ändern, die Vorteilssuche bleibt gleich. Der Verrat und die Verbrechen an der Menschlichkeit haben immer neue Fratzen. Die Söldner meiden dich. Du ortest die Fäulnis der Lüge. Du reißt die Masken ab. In deiner Gegenwart wird Frieden gestiftet, denn du benennst die Verbrechen. Die Widersprüche, Schieflagen und falschen Weichen verändern sich täglich. Es ist harte Arbeit, hinter die Kulissen zu sehen, doch du lässt nicht nach. Du bist der Friedensreiter, du suchst die Aufklärung. Du leuchtest die Ecken aus. Du spendest das notwendige Licht.

Die Mission

Ethik ist zeitlos. Die Mäntel der Vorteilssuchenden verändern stündlich ihre Farben. Die Geschäftstüchtigen nennen sich erfolgreich, wenn das Geld in Strömen fließt, wenn der Umsatz stimmt. Alle sprechen von Wachstum. Es soll die Lösung sein für alle Symptome einer schwächelnden Wirtschaft. Es hört sich einfach an, doch jeder, der nachdenkt weiß um die falschen Versprechen in schwierigen Zeiten. Es gibt keine einfachen, schnellen Lösungen. Vernunft,

Verantwortung, Mündigkeit können nicht gelebt und umgesetzt werden, wenn schnelle Lösungen und scheinbare Patentrezepte immer und immer wieder bemüht werden. Der Weg der Verantwortung kann niemals der Weg der übereilten Scheinlösungen sein. Der Weg der Ethik ist niemals der Weg der schnellen und faulen Kompromisse.

»Lasst uns unsere Demokratien beschützen und immer wieder neu beleben!« Sie fußen auf der harten, mutigen Arbeit von Couragierten. Es gibt keine Humanität und Gerechtigkeit ohne Mut. Es kann keine Demokratien geben ohne den scharfen Blick des Unerschrockenen, des Unkäuflichen. Wir brauchen die Mutigen, die sich nicht scheuen, unermüdlich für unsere Demokratie einzutreten. Unsere Mission ist die des Friedens, der Gerechtigkeit und der Freiheit. »Lasst uns nicht von dem Streben nach dem bloßen Materiellen absorbieren! Wir haben mehr verdient als den bloßen Konsum und das sinnlose Streben nach dem Immer-Mehr. Unsere Mission sollte die Nachhaltigkeit, die Gerechtigkeit und die Freiheit sein! Wir können nicht frei denken und frei handeln, wenn wir fremdgesteuerte Konsumenten sind, wenn wir am Tropf der Spaßindustrien hängen. Wir werden Süchtige, Abhängige und inhaltsleere Durchlauferhitzer, wenn wir die Weitsicht einer Ethik in unserem Leben außeracht lassen.«

Die Tugendferne

Du kannst nicht gerecht denken und handeln, wenn du nur den Vorteil suchst. Du kannst auch nicht die anderen »sie selbst« sein lassen, wenn du nur um dich selbst kreist. Human zu denken und zu handeln, bedeutet, den Egotunnel zu verlassen. Es bedeutet, über sich selbst hinauszudenken und zu fühlen. Ein Leben auf der Basis der Gerechtigkeit kann kein Leben in der Gefangenschaft einer Gier und in den Ketten eines Egoismus, einer Selbstgefälligkeit sein. »Du kannst die Wahrheit nicht denken, nicht leben, wenn du die Realität nicht sehen willst. Du kannst keinen Frieden finden, wenn nur dein Wille gilt. Du kannst die Realität nicht aufnehmen, wenn du sie bereits im Vorfeld verdrehst und nach deinen Wünschen verformst. Du wirst gewalttätig, wenn du anderen deinen Willen aufzwingst.« Augenhöhe sieht anders aus.

»Bist du in der Lage, anderen Menschen zuzuhören? Interessieren dich die anderen von Herzen? Nimmst du ihre Botschaften mit einem glasklaren Verstand auf? Erkennst du die Bedürfnisse anderer? Bist du bereit, dich zu mäßigen? Möchtest du die Ressourcen achten, die Umwelt bewahren, den Lebensraum für uns alle beschützen? Bist du der Gerechtigkeit verpflichtet oder bist du in der Gier einer Glitzerwelt, des schnellen Konsums verstrickt, die den regelmäßigen Kick und die immer neuen Auswüchse unterschiedlicher Industrien unterstützt? Bist du in der Lage dich freudvoll zu mäßigen?« Es wäre fatal, wenn du in dem Maßhalten einen quälenden Verzicht sehen würdest. Die Freiheit, die Gesundheit und die Seelenruhe basieren auf dem inneren Einklang mit uns selbst, weit entfernt von Gier und Vorteilsnahme. Niemand kann in Freude und Ausgeglichenheit leben, wenn Neid und Sucht nach dem Mehr das Leben bestimmen. Die Gelassenheit ist ein hohes Gut, die sich durch die Arbeit an uns selbst einstellt. Wir leben fremdbestimmt, egal wie viel Geld wir haben, wenn unser Herz und unser Verstand unruhig und ferngesteuert sind. Unsere Selbstbestimmung und unsere Mündigkeit sind und bleiben Arbeit, harte Arbeit an uns selbst. Voraussetzung ist eine selbstkritische Betrachtung unseres Lebens und der Werte, die ihm zugrunde liegen. Nur dann können wir frei denken, frei fühlen und selbstbestimmt handeln. Der Weg der Tugend ist der Weg der Befreiung!

Die Selbsterhöhung

Die Selbsterhöhung hat viele Gesichter: Verstecktes oder offenes Angeben, gespieltes, geheucheltes Lachen, Behauptungen ohne Fundament und das Glänzen-Wollen auf der materiellen Ebene. Das Hervorheben des eigenen Besitzes spiegelt den Tenor unserer Gesellschaftsform wider, wollen doch die allermeisten in Wohlstand und Sorglosigkeit leben. Wohlstand wird nicht selten eins zu eins mit einem gelungenen Leben gleichgesetzt. Dies beinhaltet bereits eine sehr einseitige Herangehensweise an das Leben. Viele Menschen scheitern auf dem Weg zum Wohlstand, andere scheitern mit ihrem bereits vorhandenen Überfluss. Nicht alle können mit dem Überangebot an materiellen Rücklagen vernünftig umgehen. Die Völlerei und das sich Gehenlassen auf den unterschiedlichsten Ebenen zeugen von einer nicht ausgereiften, nicht verantwortungsbewussten Persönlichkeit. Das Maßhalten, das mündige Planen und Beurteilen, die Lebenskompetenz fehlen, wenn sich der Mensch von sich selbst entfernt, wenn er nicht gelernt hat, zum eigenen, inneren Kern vorzudringen und somit auch nicht die Möglichkeiten vorweist, das Du zu erreichen. Das Sich-Verkaufen, Prahlen und Protzen kennt viele Gesichter. Das Gegenüber soll beeindruckt werden. Man erhöht sich selbst über den Besitz. Das Ego soll glänzen. Für einige Wohlhabende ist dabei jedes Mittel recht. Man leistet sich die unterschiedlichsten Zuwendungen: Andere Menschen sollen unterhalten, loben, schmeicheln und immer wieder das Ego bestärken. Bezahlte Zuarbeiter vermitteln das Gefühl einer Überlegenheit. Dabei ist diesen Menschen nicht bewusst, dass alle diese Personen nicht anwesend wären, wenn kein Geld fließen würde. Die Insignien der Macht sollen beeindrucken, regelrecht einschüchtern. Wer von den Bediensteten sich eine eigene Meinung erlaubt, fliegt nicht selten, es sei denn er oder sie ist ausdrücklich als Lebensberater angestellt. Es gibt kaum eine Kommunikation auf Augenhöhe, da alle Bekannten, Freunde und Verwandten nach dem Kontostand und der damit verbundenen Macht beurteilt werden. Das leicht Einsehbare wird über alle Maßen wichtig genommen, während andere Werte in den Hintergrund treten. Selbst die Bildung wird zum Statussymbol. Schulabschlüsse, Doktortitel werden nicht selten erworben, um sich selbst zu erhöhen, zu prahlen und Bildung wird zum Beeindrucken-Wollen benutzt. Was nichts kostet, ist scheinbar bedeutungslos. Man wird den Eindruck nicht los, dass sich viele Menschen durch die Steinhaufen um sich herum definieren. Mein Auto, meine Yacht, meine Kinder. Es ist fatal, wenn die eigenen Kinder wie Statussymbole vorgezeigt werden. Sie gelten nicht selten als Besitz, in den man schließlich investiert hat. Doch wir alle sollten wissen, dass Kinder zu Recht ein selbstbestimmtes, freies Leben anstreben. Manchmal drängt sich die Frage danach auf, wie hohl ein Mensch sein muss, wenn er sich pausenlos ablenken und bespaßen möchte, wenn er das Leben in einer gewissen Ruhe nicht mehr erträgt. Ohne den »Hofstaat«, das Geschmeide und die Statussymbole fühlen sich Prahler nackt. Das Beeindrucken-Wollen, verbunden mit einer gehörigen Portion Selbsterhöhung muss immer und immer wieder zelebriert werden. Die anderen sollen applaudieren, schmeicheln, zuarbeiten. Viele suchen die Gesellschaft mit dem Wohlhabenden, immer in der Hoffnung, es könnte etwas abfallen, man könnte irgendetwas vom Kuchen abbekommen. Wir kennen genug Schleimer, die sich um den Honigtopf scharen. Wer die Selbsterhöhung liebt und zelebriert, lässt die anderen gerne zappeln, an Fäden tanzen, schließlich will er eine Macht auskosten. Gefühle sollen beeinflusst, Menschen manipuliert und gefügig gemacht werden. Doch der Mächtige weiß schließlich oft nicht mehr, wer aus freien Stücken anwesend ist und wer den Vorteil sucht. Der Selbsterhöhte fühlt sich oft einsam, unverstanden, ungeliebt. Er lebt die Struktur des Sonnenkönigs und bleibt im Herzen völlig einsam. Der Selbsterhöhte liebt die Herrschaft und entbehrt nicht selten der wahren Liebe. Er oder sie hat nur die Unterwürfigen magisch angezogen, die Freien aber, die Selbstbestimmten in die Flucht geschlagen. Eine Partnerschaft auf Augenhöhe kam nicht in Frage, nun lebt man im Herzen isoliert. Das bereitet ungute Gefühle. Es sind die Gefühle eines unverstandenen Menschen, der keine Spiegelung erhalten kann, weil er sie nie geduldet hat. Die Zuwendung, die er bekommt, fliegt ihm nicht freiwillig entgegen, und somit befindet er sich in einer Suchtspirale der Herrschaft. Er oder sie will sich verzweifelt spiegeln und lässt gleichzeitig keine ehrliche Spiegelung zu. Es ist ein Teufelskreis. Sehr wohlhabende Menschen lieben es, ein paar Bröckchen Wohlstand zu verteilen, um andere nun wiederum in Schach zu halten. Da das eigene Denken um die Selbsterhöhung kreist, muss diese gepflegt und immer wieder realisiert werden. Wer nur die materielle Ausrichtung erworben, erlernt hat, wird mit dieser materiellen Schiene immer wieder ködern. Andere Unfreie werden an den Haken gehen. Die die Köder lieben, werden sich festbeißen. Der Selbsterhöhte lebt genauso unfrei wie der Geköderte. Niemand begegnet sich unter solchen Konstellationen auf Augenhöhe. Niemand wird einen herrschaftsfreien Diskurs wählen können. Alle Beteiligten haben keine Wahl. Entweder ködern sie selbst oder werden geködert.

»Wo bleibt die Selbstbestimmung, wo bleibt die Mündigkeit, die Unabhängigkeit?« Die materielle Welt wurde über die Welt der Inhalte gestellt. Die inhaltliche, nicht unmittelbar einsehbare Welt wurde unterdrückt, vernachlässigt. Das Zur-Schau-Stellen der äußerlichen Faktoren füllt den Raum und die Zeit aus. Inhalte lassen sich nicht unmittelbar im Sekundentakt vermitteln. Wer auf die äußeren Reize setzt, will schnell punkten. Inhalte lassen sich nur über ein authentisches Gespräch vermitteln. Doch dies kann mit einem Selbsterhöhten nicht gelingen.

Die Aura der Wahrheitsliebe kann nur bei einem Wahrheitsliebenden entstehen. Klartext wird nur der Starke und Unbeeindruckte sprechen. Der Mutige, der Mündige wird Widerstand leisten und nicht die Wahrheit verraten. Er wird sich auch nicht selbst verraten. Der Angeber ist nicht der Wahrheit verpflichtet. Der Selbsterhöhte macht pausenlos sich und anderen etwas vor.

Die leisen, ehrlichen Töne verflüchtigen sich in der Umgebung des Prahlers. Die bescheidenen Mahnungen der Dichter und Denker nerven den Selbsterhöhten. Er zitiert nur den Dichter, um sich wiederum zu erhöhen. Es gibt keine Wahrheitssuche um ihrer selbst willen. »Was interessiert eine Ethik, ohne Nutzen davon zu tragen?« Das Haben ist wichtig und nicht das Sein. Dies kommt einem krankhaften Zustand gleich. Es kann sich niemand wahrhaftig um eine ethische Lebensausrichtung bemühen, wenn die materiellen Ziele im Vordergrund stehen. Es kann sich auch niemand ernsthaft um das Allgemeinwohl der Menschen kümmern, wenn der eigene Bauch gefüllt wird. Ein Politiker, der nur auf die Wiederwahl setzt, wird kaum nachhaltige Entscheidungen treffen. Wir Menschen steuern dem Abgrund entgegen, wenn wir unser Leben den Egoisten anvertrauen. Es verdichtet sich der Eindruck, dass ein um sich Kreisender die Wirklichkeit nicht erfassen kann. Er oder sie verspürt keinerlei Interesse für die drängenden Themen der Menschen. Er oder sie wird sich nicht für irgendetwas engagieren, wenn dies keinen unmittelbaren Vorteil nach sich zieht. Wenn wir von eitlen Sonnenkönigen regiert werden, können wir nichts erwarten. Auch der feige Mensch wird nichts bewegen.

»Wir brauchen die Mutigen, die klar Denkenden, die über den eigenen Tellerrand hinausschauen wollen. Wir brauchen den Philosophen, den Ethiker, denn unsere Erde brennt!« Wir alle sind gefordert, wir alle sind aufgefordert, klar zu denken, mutig zu entscheiden und von dem Egotrip Abstand zu nehmen. Wir können als Menschheit nur überleben, wenn wir ethisch korrekt agieren. Dies ist ein globaler Anspruch, denn wir alle sitzen in dem Boot Erde. Wir sollten uns der Ethik des Menschseins zuwenden. Diese gilt überall, diese kann nur zum Erfolg führen, wenn möglichst viele miteinander auf Augenhöhe kommunizieren. Wer den anderen übervorteilen will, verstößt gegen das ethische Prinzip der Gerechtigkeit. Wer andere ausnutzen will, verstößt gegen die Humanität und gegen die Freiheit des anderen. Wer das Gegenüber unterwerfen will, ausnutzen und erniedrigen möchte, kann nicht tugendhaft, gerecht und im ethischen Sinne ausgereift handeln. Wer sich positionieren und selbst erhöhen will, verliert jede Chance auf ein ausgewogenes Miteinander. Die Arroganz ist das Gift jeglicher Kommunikation. Der sich selbst Erhöhende findet keinen Weg zum Du. Der ehrliche Austausch wird verhindert. Das Beeindrucken-Wollen schafft Misstrauen und eine nicht zu überbrückende Distanz. Die Prahlerei torpediert jegliche Nähe. Der Einzelne bleibt unverstanden und isoliert, wenn das Beeindrucken-Wollen im Vordergrund steht. Ob es das Ehepaar ist, dass sich gegenseitig dominieren will, der Freundeskreis, in dem jeder der Reichste und Schönste sein will, der Klassenverband, in dem es keine Solidarität gibt, egal, überall dort, wo nur die Ellbogen zählen, dort wird es keine friedliche Atmosphäre und keine ehrliche Kommunikation geben. Der heimliche Lehrplan heißt: »Ich will dich übertreffen, übervorteilen und ich bin besser, schöner und wohlhabender.« Dies ist keine Atmosphäre des Friedens, der Gerechtigkeit. Diese Denkrichtung schafft niemals Nachhaltigkeit. Das wahre menschliche Sein kann unter solchen Umständen nicht gedeihen. Wird die friedliebende Atmosphäre verhindert, werden die Treffen der ehrlichen Herzen und klaren Denkens gestört, kann eine ehrliche Auseinandersetzung nicht stattfinden. Das Herz kann sich nicht öffnen und der Verstand wird nur zum Kalkül perverser Ziele missbraucht. Überall dort, wo sich nur vorteilssuchende Masken begegnen, kann nichts Gutes gedeihen. Die Masken tanzen auf dem Maskenball des Untergangs. Der Verstand wird vor den Karren des Kalküls gespannt und es wird das absurde Ziel verfolgt, weiterhin in der Welt der Materie zu glänzen und rücksichtslos immer größere Profite zu realisieren. Die Lüge, die Intrige, die Täuschung führen in den Krieg. Eine gelungene Kommunikation, Weltpolitik und Friedensstiftung kann nur mit dem nötigen gegenseitigen Respekt umgesetzt werden. Wenn sich nur die Masken begegnen und diese den totbringenden Totentanz zelebrieren, so wird nur der Untergang aller angeheizt. Die Täuschungen haben vernichtende Folgen. Das Resultat: Vernichtung und Krieg. Auf dem Boden der Täuschung und der skrupellosen Ausbeutung kann kein Friede gedeihen. Keine Vorteilssuche, kein Egotrip werden jemals zum Frieden führen. Wir brauchen den Wahrheitsliebenden. Solange sich die Menschen gegenseitig blenden, täuschen und belügen, solange sie die Macht und den Vorteil suchen, solange kann die Welt nicht in einen Weltfrieden geführt werden. Ein Diktator ist schon einer zu viel. Jeder Egomane auf dem politischen Parkett ist brandgefährlich. Die Folgen und Konsequenzen aus den Taten der Mächtigen betreffen uns alle. »Lasst uns niemals wegschauen!«

Geld, Macht und Vertrauen

In einer Welt, in der der Mensch nach schnell einsehbaren äußeren Zeichen eines Wohlstandes, einer gewissen gesellschaftlichen Stellung in Schubladen eingeordnet wird, ist es schwer, inhaltlich, nachhaltig und logisch konsequent zu denken, zu handeln und andere von der Qualität ethischen Handelns zu überzeugen. Der Mächtige, der Wohlhabende kann eine Menge bewegen, vertuschen und verdrehen, da er in den unterschiedlichsten Situationen Menschen schmieren, durch sein Geld ködern und notfalls sogar hohe Kautionen zahlen kann. Der Wohlhabende bewegt sich somit außerhalb eines ethischen Bewusstseins, außerhalb eines ethischen Handelns, wenn er das Gesetz nicht achtet, somit straffällig wird, sich frei kauft und mit einem riesigen Gefolge hochkarätiger Anwälte zum Beispiel einer Haftstrafe entkommt. Kautionen, Juristen und Fürsprecher aller Art retten dem Mächtigen nicht selten den Kopf. Diese Vorgehensweise stellt für die Demokratien ein Problem dar, sollen doch alle Bürger dem Gesetz gleichgewichtig entgegentreten dürfen. Geld regiert die Welt, so lautet ein Sprichwort. Das Denken der Menschen kreist oft und gern um das Geld, da es überall tagtäglich in allen Lebenssituationen benötigt wird. Wir brauchen Geld und wir leben in der Gefahr, uns von der Aussicht auf einen Gewinn zumindest tiefenpsychologisch beeinflussen zu lassen. Wir alle können Verbogene werden, wenn wir uns ködern lassen und somit in Abhängigkeiten geraten. Wir können nur frei denken, ethische Kompetenzen entwickeln, wenn wir nicht gekauft, geschmiert sind. Dieser Tatbestand müsste somit auch für alle Politiker bindend gelten, da sie doch ethisch korrekt unsere Demokratie erhalten und uns auf keinen Fall in einen Demokratieabbau hineinsteuern sollten. Doch das Geld tobt in vielen Köpfen. Mit Geld kann der äußere Schein oft gewahrt bleiben und vieles kann vertuscht und überspielt werden. Die Grünanlagen können gepflegt und das Haus versorgt, die Kinder können mit viel Nachhilfe gefördert werden. Dennoch wissen wir, dass die Möglichkeiten des Geldes begrenzt sind. Wir spüren die Leere und das Misstrauen, wenn sich Gräben aus Widersprüchen auftun, wenn vieles dubios, widersprüchlich erscheint und wenn die Vorteile offensichtlich und deutlich erkennbar werden. Unsere Antennen melden Signale, wenn sich Menschen über ihr Geld positionieren wollen. Mit Blendern will niemand etwas zu tun haben, mit Heuchlern ebenso wenig. Doch in der Welt des schönen Scheins fallen nur allzu viele auf Blender herein. Der Mensch wird über die Medien manipuliert, der Mensch ist einem tagtäglichen Weichspülgang ausgesetzt. Die Bilder der Werbung steuern das Denken und Fühlen. Der Mensch wird geködert und manipuliert. Umso wichtiger ist es, eine inhaltliche Kompetenz zu erarbeiten. Bildung ist die Chance, um Mündigkeit und Kritikfähigkeit zu entwickeln.

»Wir dürfen niemals aufhören, uns zu bilden und die Welt verstehen zu wollen! Wir müssen die Fähigkeiten entwickeln, hinter die gepflegten Kulissen zu schauen! Wir sollten in der Lage sein, die Lügner zu entlarven!«

Unser aller Blick auf die Welt sollte tagtäglich trainiert werden! Unsere Antennen sollten ausgefahren bleiben, um die Welt zu beobachten und mit dem geschulten Auge sollten wir Manipulationen erkennen können! Unser Verstand und unser Herz müssen gleichermaßen auf Empfang stehen! Nur so können wir die Schieflagen erkennen. Unsere Vorsicht möge denjenigen gelten, die permanent nach Vorteilen suchen. Diese Menschen haben oft den Gesamtkontext der Existenz völlig aus den Augen verloren. Sie können die Welt nur bedingt erkennen. Sie kreisen um sich selbst, ihren Vorteil und sind nicht in der Lage, die Welt in ihrer Komplexität zu erfassen. Der Radius ihrer Aufnahme, ihrer Möglichkeit sich ein realistisches Bild der Gesellschaft, der Globalität zu erarbeiten ist so eingeschränkt, dass permanent Fehleinschätzungen erfolgen. Auch derjenige, der es in den Augen der bürgerlichen Gesellschaft zu etwas gebracht hat, sprich gut versorgt leben kann, ist nicht vor Fehleinschätzungen geschützt, im Gegenteil. Da es nicht mehr nötig ist zu kämpfen, sich anzustrengen, sich umfassend zu informieren, stolpern viele gutsituierte Bürger in die Falle der Manipulation. Ihnen entgehen die brutalen Schieflagen der Gesellschaft, da sie nicht unmittelbar betroffen sind. Solange sie nicht atomar verstrahlt werden, der Meeresspiegel nicht ihr Eigenheim bedroht, solange nicht viele Flüchtlinge jeden Tag an der Haustür schellen, bedeutet dies immer noch für viele, zu viele, dass alles scheinbar in Ordnung ist. Es werden Beruhigungspillen geschluckt und die eingeübten Verhaltensweisen abgespult. Die Gutgläubigkeit untermauert die Bequemlichkeit. Da sie von sich selbst ausgehen, ordnen sie auch die anderen der Kategorie Materie unter. Sie schließen von sich auf andere.

Überall wittern sie Verrat und Vorteilsnahme, wenn ihrem Denken nicht konsequent gefolgt wird, wenn etwas grundsätzlich in Frage gestellt wird. Ihr Denken ist von der Materie gefangengenommen und somit erschließen sich ihnen kaum mehr andere Kontexte. Sie haben eigene Normen geschaffen auf der Basis ihrer eigenen Fehleinschätzung der Realität. Ebenso verfahren Sie mit dem menschlichen Handeln. Ein um die Materie Kreisender kann sich selbst schlecht vorstellen, dass andere Menschen wahrhaftig an der Wahrheit, an der Gerechtigkeit interessiert sind. So ist es nicht weiter verwunderlich, dass diese geistig eingeschränkten Gefangenen es für ein Schauspiel, eine Spinnerei halten, wenn Menschen sich ernsthaft und mit allen Konsequenzen um die Wahrheit bemühen. Das Auge der Berechnung ist blind für das Bestreben nach Aufklärung. Das Auge der Vorteilsnahme kann die Wahrheitssuchenden im Dschungel der materiellen Überschätzung nicht erkennen. Die Scheuklappen sind schwarz und verstellen den Blick. Diese Behinderung führt zum Orientierungsverlust. Der Eingeschränkte bekommt häufig Angst, kann er doch die Realität nicht erkennen, nicht interpretieren. Die Orientierungslosigkeit führt zur Ratlosigkeit. Der Betroffene tritt anderen Menschen mit übertriebener Vorsicht entgegen, da erüberall die Vorteilsnahme wittert. Es wird das Misstrauen geschürt und ein vertrauensvoller Dialog gemieden. Die mentale und auch reale Aufrüstung basiert auf vielen Vorurteilen, Lügen und wachsendem Misstrauen.

Der um die Materie Kreisende besitzt nicht die Vorstellungskraft, dass andere wirklich und ernsthaft an einer inhaltlichen Auseinandersetzung interessiert sind und sogar die Welt zu einem gerechteren, friedlicheren Ort umgestalten wollen. Sie können die Kontexte nicht erfassen und die ethische Ausrichtung nicht denken. Es fehlt an allem, die Demokratie zu bewahren, denn die Demokratie ist ein gesellschaftlich erarbeitetes Ergebnis politischer Gerechtigkeit. Wer mit Scheuklappen durch die Welt jettet, schaut über die Erdteile und Weltmeere und übersieht dabei die Not und auch die Chancen auf eine Zukunft, eine Überlebenschance unseres Planeten. Diese Form der Blindheit führt zu einem verwerflichen Verhalten und die Spirale des Untergangs wird beschleunigt. Der Blinde wird zum Verräter der Demokratie an sich. Er wird zum Waffenhändler, zum Klimakiller, zum Kriegstreiber. Er kreist als Zombie um den Globus und bringt das Elend mit. Er lacht die Tugendhaften aus. Der Berechnende sät den Nährboden für Kriege, seelische Folter und andere destruktiven Auswüchse. Ein von der Materie Eingefangener kann sich nicht in den Menschen hinein versetzen, der sich der Wahrheit verpflichtet fühlt und seine Antennen stetig auf Empfang hält. Dem Berechnenden fehlt die Vorstellungskraft, dass Menschen wirklich aus sich heraus die wahrhaftige, inhaltliche Auseinandersetzung suchen. Eine ethische Ausrichtung kann nicht gedacht und entwickelt werden, wenn das Denken so eingeschränkt ist, dass ein Zugang zur Ethik fehlt. Der um die Materie Kreisende ist in seiner Wahrnehmung so eingeengt, dass er ferngesteuert und einseitig Verhaltensmuster bedient, die weiterhin um die Materie kreisen, egal, was dies für Folgen für die Menschheit hat. Störenfriede werden diskriminiert und verachtet. Die Blindheit führt zu groben Fehlern, zu Vernachlässigungen äußerst wichtiger Lebensbereiche. Es führt auch zu Fehlbeurteilungen von Menschen, Gesamtkontexten.

Der materiell Orientierte wird zum Verräter, zum Feind derjenigen, die nicht müde werden bedingungslos und kompromisslos den Demokratieabbau anzuprangern. Der Hass auf die Wahrheit-Liebenden, auf die Freien, auf diejenigen, die sich nicht vor den Lügenkarren spannen lassen, wächst, während das eigene Leben immer fader und widersprüchlicher wird. Wenn die Verwerfungen offensichtlicher werden, Lügengebäude zusammenfallen, sich die Weggenossen angewidert wegdrehen und es einsam wird, kann auch ein geheucheltes Stoßgebet nicht mehr ernst genommen werden. Die Folge ist ein privates Elend. Der ewig Korrupte möchte zwar eine Chance auf Rehabilitation, doch solch ein gefallener Engel wird sie selten bekommen. Das jahrelange Lügen und Täuschen hat offenbart, dass die Skrupellosigkeit den Charakter beherrscht. Er hat bewiesen, dass er der Materie verfallen ist. Er oder sie hat bewiesen, dass die Augen nicht frei sind. Sie können die Wirklichkeit nicht erfassen. Die Dollarzeichen in den Augen haben die Sehkraft eliminiert. Das Geldstreben, der Machtpoker führen zu jeglichem Vertrauensverlust, der irreparabel das Ende bedeutet.

Der Schein, der Kommerz, die Unmenschlichkeit

Was hat der schöne Schein mit Unmenschlichkeit zu tun? Wir leben in der Welt der Medien. Die Menschen werden für Shows und Serien, Talkshows und Filmen zurechtgemacht, in Posen verdonnert und wohlportioniert angeboten. Fachleute, Psychologen könnten nun detailliert einzelne Shows analysieren und herausarbeiten, was die jeweilige Sendung mit uns Menschen macht, was sie aus uns Menschen macht. Was wird an uns herangetragen? Welcher heimliche Lehrplan wird vermittelt? Der Medienkonsument wird beeinflusst und selbst der gebildete Medienkonsument kann sich nicht von Manipulationen freisprechen. Jeder sieht und hört täglich Botschaften, Aufforderungen und versteckte Hinweise auf Bereiche seines Lebens, die Spuren hinterlassen. Man hat den Eindruck, dass die einfachsten Botschaften am leichtesten unser Unterbewusstsein erreichen, sich festsetzen und uns in eine bestimmte Richtung lenken. So wie die Hosenform uns mal mit und mal ohne Schlag verkauft wird, so ändern sich optische Richtlinien und Ausdrücke eines Geschmacks, der Trend, Mode, Zeitgeist genannt wird. Der Konsument möchte mit der Zeit gehen, er will den gesellschaftlichen Anschluss nicht verlieren, nicht als unmodern und altbacken gelten. Die Konsumfalle schnappt zu und somit auch der Zwang, noch mehr Geld für noch mehr Konsum zu investieren. Wer kennt das Sprichwort, die Aufforderung? »Arbeite um zu leben und lebe nicht um zu arbeiten!« Dies kann in einer Konsum-Turbo-Gesellschaft kaum noch gelebt werden, da entweder das Bewusstsein oder der Reflexionshorizont, sprich die Bildung verbunden mit einem kritischen Bewusstsein, fehlt. Der Sog der Konsumgesellschaft nimmt die Menschen immer mehr in Beschlag. Die Medien diktieren, wie wir auszusehen haben. Die Medien diktieren zu einem großen Teil, was wir zu denken und zu fühlen haben. Es werden Trends gesetzt, die uns einnehmen. Diese Trends sind zu einem großen Teil meilenweit entfernt von einer menschlichen Realität, man denke nur an den Hungerwahn, angefeuert durch Mode und Modellshows. Diese Sendungen zu den besten Sendezeiten, verbunden mit den immer wiederkehrenden, leicht variierenden Werbungen, nisten sich wie ein Virus in die Gehirne ein. Hier wird nicht nur pausenlos der Konsumrausch befeuert, sondern es wird ein unrealistisches Menschenbild entworfen. Die Gier nach Äußerlichkeiten wird angetrieben und das Vernachlässigen anderer wichtiger Lebenskomponenten immer wieder gerechtfertigt. Spaß, Konsum, Eitelkeit werden angepriesen. Eine stille Arbeit an sich selbst, verbunden mit der wahren Kreativität und der Arbeit an der selbstbestimmten Persönlichkeit treten in den Hintergrund. Von Selbstkritik ganz zu schweigen. Der Einzelne soll leicht konsumierbar sein und den Ansprüchen der Shows gehorchen. Diese Leute präsentieren sich selbstbewusst, elitär und über das Alter, das Leben an sich erhaben. Sie werten, werten ab und vermitteln den Anspruch einer Objektivität über Äußerlichkeiten, Persönlichkeiten. Das ist gefährlich und wirklichkeitsfremd. Der Mensch wird reduziert und somit nicht gesehen, falsch beurteilt. Das ist ein Problem für die Psyche, für die gesamte Persönlichkeit. Doch es ist nicht nur eine Gefahr für diejenigen, die bei den Shows mitmachen, sich anmelden und irgendwann ausgesondert werden, sondern alle sind in Gefahr, die sich mit diesen Shows unkritisch bespaßen und sich den Virus der Fremdbestimmung einfangen. Sie sind Verbreiter des Virus, meistens ohne es dies bewusst wahrzunehmen. Sie sind krankhaft Infizierte, Leidende, die das Leid weitertragen. Einige wenige profitieren von diesem Leid. Sie bewerben ihre Produkte, lassen Menschen zu Abhängigen werden, bilden irgendwelche Vorstellungen aus über Bilder, wie Menschen zu sein haben, geben Richtlinien darüber, wie sie zu lachen, zu gehen und zu denken haben. Das alles ist ein menschenunwürdiges Spiel auf Kosten der Zuschauer. Menschen verschulden sich, Menschen verformen sich, Menschen verlieren sich. Der Mensch kann so nicht ausreifen, verantwortlich handeln. Er bleibt auf einer primitiven Stufe verhaftet stecken. Es ist nicht die unschuldige Stufe eines kindlichen Bewusstseins, sondern die fehlgeleitete Stufe einer nicht ausgereiften Persönlichkeit, die in der Oberflächlichkeit des materiellen Denkens stecken bleibt. Einigen Personen mag dies kindlich erscheinen, doch diese Stufe der Persönlichkeitsentwicklung kann nicht mit den Kategorien naiv, kindlich abgehandelt werden. Es verbirgt sich eine ausgeklügelte, eindimensionale Schläue dahinter, die die Spirale des Immer-Mehr befeuert. Die Sucht nach mehr und mehr entspricht unserer kapitalistischen Gesellschaftsstruktur und eckt auch deshalb nicht großartig an. Einige Ärzte warnen ab und zu vor schwerwiegenden Folgen eines Magerwahns, Lebensberater und Psychologen warnen vor der Schuldenfalle, vor der Fremdsteuerung. Doch die Sendungen und Shows, die um unsere Hülle kreisen, kreisen in den Köpfen der Menschen. Die Medienkonsumenten sind von den oberflächlichen Ansprüchen infiziert. Es wird die Individualität verbal eingefordert und die genormten, schlanken Körper mit den aalglatten Gesichtern werden gezeigt und gefeiert. Die wahre Meinung der Menschen interessiert niemanden. Die Widersprüche können von vielen Zuschauern nicht erkannt werden. Sie bleiben angestachelt und vom Habenwollen infiziert zurück. Sie möchten der glatten Welt des Konsums genügen, etwas vom Kuchen der Spaßindustrie abbekommen. Es werden immer wieder neue Wünsche geweckt. Es werden neue »Vorbilder« in den Köpfen installiert. In vielen Fernsehshows wird ein sehr einseitiges Bild von den Menschen eingefordert. Sie sollen unterhaltend, lustig, spontan rüberkommen. Sie sollen gefallen, gut reagieren, sportlich und pfiffig die Zuschauer unterhalten. In einer scheinbaren Leichtigkeit sollen Themen kurz und bündig abgehandelt werden. Leicht abrufbare Inhalte, Tipps und Termine werden angepriesen. Die Ablenkung soll den Alltag versüßen, während scheinbare Vorbilder sich in die Köpfe der Menschen schleichen. Viele Kandidaten und Kandidatinnen der Talkshows wollen sich nicht den Mund verbrennen, sie wollen gefallen, sie rutschen ab in eine Beliebigkeit. Sie unterwerfen sich dem Mainstream und möchten gleichzeitig selbstbewusst wahrgenommen werden. Die Schere tobt in den Köpfen vieler Menschen. Die individuelle, tieferliegende Persönlichkeit kann gar nicht zum Tragen kommen, wenn das Gefallen-Wollen immer wieder im Vordergrund steht. Die ehrliche, wirklich schonungslose Auseinandersetzung ist nicht erwünscht, sie könnte die Formate gefährden. Jeder kritische Denker, der die konsequente Wahrheit und Meinungsfreiheit wünscht, kann die vielen Gesprächsrunden in Gefahr bringen. Der Zuschauer bekommt immer wieder den Eindruck, dass um den heißen Brei herumgeredet wird, dass unbequeme Wahrheiten verschwiegen, gemieden werden. Themen werden kurz angesprochen und wieder verworfen. Lösungen werden scheinbar gesucht und ebenso vertagt oder vergessen. Man zeigt eine innere Betroffenheit, Unzufriedenheit, ohne konsequent die Verwerfungen zu analysieren. Es fehlt an Klarheit und konsequenter Analyse. Die Wahrheit ist unbequem, der Wahrheitssuchende sowieso. Das Geschäft mit der Unterhaltung soll weiterlaufen. Die Zuschauer sollen nicht vergrault werden. Sensationsgier wird mit der Unterhaltung gekoppelt. Der Voyeurismus soll bedient werden. Die Zuschauer schlucken immer wieder die Pillen, die zur Beruhigung, zur Unterhaltung und Entfremdung dienen sollen. Wer täglich bewusstlos diese Pillen einwirft, wird zu einem weichgespülten Konsumenten. Das System der Fremdbestimmung, des Weichspülgangs hat zugeschnappt. Das System der leicht eingängigen Botschaften hat den Menschen verschluckt. Die Persönlichkeit wird vollständig in ihrem Denken und Fühlen manipuliert und absorbiert.

Wir rocken das

Deine Augen strahlen. Du hast den Tiefpunkt überschritten. Du hast gekämpft und dich nicht von der Materie, deinem Körper und der Sorge um das Geld zerstören lassen. Deine innere Flamme war in Gefahr, sie flackerte wild hin und her und jeder, der sich auskennt, konnte sehen, dass sie sich kurz vor dem Erlöschen befand. Die Situation war kritisch, gefährlich und dein Zustand war unberechenbar. Dein innerer Kern blieb unversehrt. Dein Herz und dein

Verstand blieben lebendig. Du warst immer »du selbst« und dein Charakter verformte sich nicht. Die Kostbarkeit deines Selbst konnte erhalten bleiben. Deine Empathie, dein Kern blieben lebendig. Du mutiertest nicht zu einem frustrierten, ausgehöhlten Zombie. Somit stand dir die Welt weiterhin offen. Dies ist mit keinem Geld zu bezahlen. Der Selbstverlust bedeutet nämlich den Totalausfall. Der ausgehöhlte Zombie kann nicht selbstständig denken und entscheiden. Er entbehrt der Mündigkeit. Du hast gelitten, Geld verloren, doch nicht dich selbst. Nun hast du die schlimmsten Zeiten überwunden und die neuen, frischen Blätter deines Selbst können wieder sprießen, zur Entfaltung kommen. Es beginnt ein neuer Frühling und deine Lebenswurzeln sind stärker und gefestigter denn je. Deine Erschöpfung ist gewichen und du kannst neu beginnen.

»Wir rocken das!« Diesen Satz kann nur ein ungebrochener Mensch aussprechen. Diesem Satz kann nur ein mutiger, lebensbejahender Mensch folgen. Es ist das Credo eines Überlebenden, der in die tiefsten Schluchten des Daseins geschaut hat und sich immer wieder fürs Leben entscheidet. Es ist der Satz eines Überlebenden, der seine Persönlichkeit retten konnte. Wenn sich alles verdunkelt, wenn die schönen Stunden weniger werden, zählt der Mut, der Wille zu überleben. Du weißt, dass die Hoffnung, der Mut, die innere Lebensflamme überleben müssen. Das Leben ist lebenswert, solange du dein Selbst bewahren konntest. Das Leid geht und du bleibst. Dein Mund sieht immer noch wunderschön aus, denn er trägt nicht die Züge eines Zynikers. Dein Mund und dein Lachen spiegeln deine Lebensfreude wider. Du weichst dem Leben nicht aus, du nimmst es immer wieder an, wirfst dich hinein, obwohl du oft gelitten hast. Du hast das Leben genossen und das Leid angenommen. Du erwartest nichts Falsches vom Leben, denn du kennst die Stürme, die Wellen und Orkane. Du nimmst alles an und schwimmst kräftig weiter, denn du konntest dein Selbst retten. Die Hoffnung und der Mut sind dir geblieben, du bist nicht verbittert. Nun kannst du andere mit deinem Mut anstecken. Von ferne schallt der Satz:

»Wir rocken das!« Du strahlst und reißt die anderen mit. Du bist ein lebendiges Mahnmal.

Der Entfremdete

Unsere Demokratien können nicht von Entfremdeten erhalten werden. Wenn sich ein tieferliegender moralischer Anspruch in einer Gesellschaft auflöst, wenn kaum noch ethische Grundsätze in den Chefetagen gelebt werden, wenn Konkurrenzdenken und Vorteilssucht den Menschen einnehmen, zerstören wir unsere Lebensgrundlagen. Es tobt der Sturm der Vernichtung über die Erde. Der Profit, der globale Kommerz ignoriert den Hunger, die Umwelt und den Menschen an sich. Lügen, Verschleierungstaktiken, ein grobes Vorteilsdenken kann niemals mit einem ethischen Bewusstsein zusammenpassen. Das müsste jeder Klardenkende, jeder gebildete Mensch wissen. Unsere Demokratien verkommen zu Bananenrepubliken, wenn die Menschenrechte, die demokratischen Grundpfeiler immer mehr abgesägt werden. »Wir müssen umdenken, umkehren und der unmoralischen Bauernschläue, der Korruption und dem Demokratieabbau keinerlei Spielraum mehr überlassen. Wir brauchen die Mutigen, die ethisch Orientierten, die Ungezähmten, die eigenständig und klar Denkenden. Wir brauchen die Tugendhaften, die unsere Demokratien stärken! Wir dürfen den Entfremdeten, den Marionetten, den Ferngesteuerten das Ruder niemals überlassen!«

Deine inneren Filme

Du kannst dankbar sein, wenn du viel erleben durftest. Dein Leben schenkte und schenkt dir neue außergewöhnliche Momente. Im Alter wirst du davon zehren, wenn deine inneren Filme reichhaltig und emotional aufgeladen sind. Diese Filme sind Nahrung für deine Seele. Du kannst sie immer und immer wieder ansehen. Du kannst die Erfahrungen zurückholen und die Momente deines Daseins vor deinem inneren Auge ablaufen lassen. Dein Erlebtes, deine Emotionen, deine Erkenntnisse kann dir niemand wegnehmen. Du trägst die inneren Filme in dir und sie können in dunklen Stunden dein Leben ausleuchten. Dein Lebenstisch war reich gedeckt und angesichts des Todes kannst du die wertvollen Menschen deutlich erkennen. Sie konnten das Wichtige vom Unwichtigen unterscheiden. Es sind die Warmherzigen, ehrlichen Menschen, die dir nichts vorgemacht haben. Es sind diejenige, die dich geliebt und respektiert haben, die dich nicht verbiegen wollten. Du schaust zurück und dein innerer Blick konzentriert sich nun auf das Wesentliche. Äußerlichkeiten verschwimmen, sie treten in den Hintergrund. Du weißt nun sehr genau, wo es liebevoll zugegangen ist und du spürst noch immer die Liebe, die Wärme, die dir ohne Vorbehalte entgegengebracht wurde. Du bist dankbar, dass du Liebe empfangen durftest. Dein Denken und dein Fühlen konzentrieren sich in deinem hohen Alter auf das Wesentliche. Deine inneren Filme spielen eine bewegende Rolle für dich, hast du doch durch dein Leben, deine Erfahrung das Leben schrittweise mehr und mehr begreifen können. Du weißt genau, dass hinter jeder Lebenstür eine neue Tür aufgeht und dass es so weiter geht, bis du endgültig abtreten musst. Deine inneren Filme strotzen vor Lebendigkeit, und im Rückblick weißt du sehr genau, wer es ehrlich mit dir gemeint hat. Die Äußerlichkeiten treten in den Hintergrund und so kann dein inneres Auge alles viel besser erkennen. Auch angesichts des Todes liebst du das Leben, denn die Kostbarkeit des Augenblicks wird nun unbezahlbar. Die Lebenszeit kann durch nichts ersetzt oder übertroffen werden. Jeder Moment ist kostbar. Die Jugendlieben, die Reisen speisen deine inneren Filme. Du bist unendlich dankbar für das Erlebte. Nun genießt du den Duft der Rosen an deiner Hauswand. Dein Wirkungskreis ist kleiner geworden, doch dein Filmangebot in dir bleibt unerschöpflich. Deine inneren Filme versüßen dir das Alter und du genießt die Zeit, die dir noch bleibt. Du bist dankbar, immer noch voller Liebe und das Leben bleibt ein Geschenk bis zum letzten Atemzug.

Jeder muss abtreten

Als du ein kleines Kind warst, sahst du die Gräber deiner Verwandten. Der Tod war schon damals für dich unbegreiflich. Die Toten lebten weiter in der Erinnerung der Angehörigen. Du hörtest gebannt zu, wenn die alten Geschichten erzählt wurden. Kein noch so spannendes Märchen konnte mit den Geschichten des gelebten Lebens mithalten. Dir war klar, dass du die Gene deiner Vorfahren in deinem Körper trugst, denn du wurdest nicht selten mit ihnen verglichen. Darauf warst du stolz, denn diese Vergleiche gaben dir die Gewissheit über deine Wurzeln. Du wolltest immer mehr darüber erfahren, woher du kamst und welches Blut in deinen Adern pulsierte. Wenn über die Verstorbenen gesprochen wurde, waren sie im Raum, mitten unter den Lebenden, sie wurden durch die Erzählungen lebendig und somit waren sie über die Zeit erhaben. Diese Zeitlosigkeit beschäftigte dich. Später solltest du dieses Gefühl beim Lesen längst verstorbener Philosophen wiedererlangen können. Es war die Überwindung der Zeit. Die Toten lebten in den Erzählungen und waren somit wenigstens für einen Augenblick über den Tod erhaben. Die Zeit, der Tod und die Inhalte, in der und für die ein Mensch gelebt und gekämpft hat, beschäftigten dich. Nachdem das Geld, das Erbe der Verstorbenen verteilt war, sprach man nur noch über die Worte, die beeindruckenden Taten. Das Entscheidende, das übrig blieb und überlebte, waren somit die Werte, die ein Mensch vertrat und in seinem Umfeld vermitteln konnte. Das war es, was die Zeit überdauerte. Die Erinnerungen blieben und die Wirren des Alltags tobten weiter. Die Ängste der Lebenden rührten niemals an den Erinnerungen. Das Auf und Ab des Lebenskampfes löschte die Erinnerungen niemals aus. Menschen erinnern sich gern an werthaltige Worte und Taten. Der Mensch sucht die Orientierung, er will wachsen und in den frühen Kulturen wurde die Weisheit über das Wort vermittelt. Die Toten wurden in der Erinnerung anders wahrgenommen, denn die gewichtigen Sätze, die sie zu ihren Lebzeiten sagten, bekamen nun eine andere Dimension. Der Schmerz des eigenen Lebens öffnete nun die Augen für das Leid der Verstorbenen. Die eigenen Augen, Ohren und die eigene Seele waren nun empfangsbereit für die Inhalte der längst Gegangenen. Wir Menschen müssen eigene Erfahrungen sammeln, um andere Menschen zu verstehen. Der Mensch braucht die eigene Erfahrungswelt, um die der anderen überhaupt teilen zu können. Wir alle müssen selbst zu erfahrenen Menschen werden, um andere begreifen zu können. Der Schmerz lässt uns reifen. Die Freude lässt uns neue Flügel wachsen, die Hoffnung lässt uns überleben. Der Mut lässt uns in neue Dimensionen vorstoßen. Die Menschheit braucht die Mutigen! Die Verstorbenen bleiben in der Erinnerung und aus ihrer Lebensgeschichte können wir viel Wertvolles ableiten. Wir können erkennen, was wir tun oder auch besser unterlassen sollten. Die Taten und Worte der Verstorbenen sprechen zu uns, mahnen und befeuern uns. Wir alle müssen gehen. Das Leben ist ein Geschenk an uns.

»Lasst uns das Leben bewusst gestalten und die Weisheit der längst Verstorbenen nutzen! Wir müssen alle abtreten und angesichts des Todes ist das Leben doppelt kostbar.«

Zwischen den Fronten

Du warst zwischen die Fronten geraten. Deine Traumatisierung ist für dich kaum zu ertragen. Du wolltest dir das Leben nehmen. Nun brauchst du dringend Hilfe. Du bist kein schwacher Mensch, denn du hattest die Kraft, bisher zu überleben, obwohl du gezwungen wurdest, in die tiefsten Schluchten des Daseins zu schauen. Das alles kann niemand unbeschadet überstehen. Deine Bedürftigkeit ist aus der Gewalt entstanden. Man hat dir Gewalt angetan. Die Kriegsherde gibt es immer noch und sie werden weiterhin von den Desorientierten befeuert. Viele verdienen an den Waffengeschäften. Andere ziehen für ihr vermeintlich richtiges Denken in den Krieg. Wieder andere nutzen die Nischen der Wirren, um ihren destruktiven Charakter auszuleben. Die Brutalität und Desorientierung kennt keine Grenzen. Du bist zwischen die Fronten geraten und zu einem Leidenden geworden. Du bist traumatisiert und die Zahl der körperlichen und seelischen Opfer steigt in jeder Minute eines jeden Tages. Es werden täglich neue Bedürftige dazukommen. Du wolltest dir das Leben nehmen, weil du die Schmerzen nicht mehr ertragen konntest. Die Bilder des Krieges verfolgen dich Tag und Nacht. Du glaubtest nicht mehr an dein seelisches Überleben, deine Hoffnung schwand. Schwer verletzt hast du dich ans Ufer gerettet. Du bist verletzt. Deine Seele leidet, deine Wunden eitern. Du bist dem Tod durch Ertrinken, dem Tod durch Waffengewalt und Psychoterror entkommen. Dein Überlebenswille konnte neu belebt werden, deine Lebensflamme wurde gerettet. Die Hoffnung auf Heilung konnte dein Bewusstsein erreichen. Du lebst, du bist ein wertvoller Zeitzeuge, du kannst mit deinen Schilderungen die Menschen erreichen. Du steckst deine Finger in die Wunden dieser Welt und deshalb lebst du gefährlich. Die Mächtigen, die an den Kriegen verdienen, lieben diese Zeitzeugen nicht. Du willst den Menschen zu mehr Bewusstsein verhelfen und die Spirale der Gewalt beenden. Die Mächtigen, die ihre Waffen verkaufen wollen, hassen die Menschen mit einem ethischen Bewusstsein. Die Geschäfte der Destruktiven laufen weiter, oft unbemerkt und dennoch angeheizt durch viele Politiker der Jetztzeit. Neue Krisenherde werden in der Welt entfacht. Waffengeschäfte werden täglich weiterhin abgeschlossen. Viele Machthaber kreisen um ihre Wiederwahl, sie haben schon lange aufgegeben oder niemals angefangen, sich um den Frieden wahrhaftig zu kümmern. Sie schüren eher noch die flammenden Krisenherde. Sie waren nicht in der Lage, ein ethisches Bewusstsein zu entwickeln. Es sind armselige Kreaturen. Sie nehmen das Wort Frieden sehr gern in den Mund, denn es ist immer Wahlkampf, mal mehr und mal weniger. Es sind Sprechblasen, Versprechungen, heiße Luft, ohne Folgen. Die Konsequenzen sind Gewalt und Tote, Traumatisierte, die niemand will. Sie sind zwischen die Fronten geraten und auf der Flucht. Sie werden hin und hergeschoben, abgeschoben, niemand will sie wirklich versorgen und die Verantwortung übernehmen. Die Verantwortungslosen verursachen täglich den Tod, das unmenschliche Leben so vieler. Diese Verantwortungslosen sind armselige bemitleidenswerte Figuren ohne ethisches Bewusstsein. Du bist traumatisiert und ein ungeliebter Zeitzeuge. Man will dich loswerden, denn du bist zum Leidenden geworden. Du nervst diejenigen, die unbehelligt und ohne Probleme ihr Leben genießen wollen. Du kostest Steuergeld, so sagen sie, und sie wollen dich nun ein für allemal loswerden. Sie wollen ihr Leben ungestört feiern. Du hast dem Tod und den Verbrechen ins Auge gesehen und bist in der Lage, der Wahrheit ans Licht zu helfen. Nun könntest du zum Botschafter des Friedens werden. Allein die Tatsache, dass du die Folterungen mit eigenen Augen gesehen hast, macht dich für viele, die wegschauen wollen zu einem unbeliebten Mitbürger. Sie wollen deine Geschichte nicht hören und deine Filme nicht ansehen. Das Leben soll gefeiert werden und die Leichen stören. Der Spaßfaktor soll erhalten bleiben, aber die Zeitzeugen der Verbrechen könnten die Stimmung verhageln. Die Ohren stehen mal wieder auf Durchzug, während das Töten vorrangeht. Allein schon das Weggucken ließ aus vielen Ländern dieser Erde einen Kriegsherd werden. Der Virus der Gewalt, des Hungers, der Krankheiten und Seuchen konnte sich weiter ausbreiten. Die westliche Menschheit soll spenden, während sie mit neuen Waffen aus Krisen Kriege produziert. Es kommt einem ungebremsten Tornado gleich. Im Auge des Tornados sitzen die destruktiven Beschleuniger. Die Reichen und Schönen werden bereits empfindlich gestört. Die Gewaltspirale dreht sich immer schneller und die Auswirkungen werden deutlicher, sichtbarer und rücken weiter vor in die Nähe der Verursacher. Der Bumerang kommt zurück. Die Folgen der verwerflichen Taten der Kriegsbeschleuniger, die Folgen der Gewalt, des Wegschauens erreichen die Schönen und Reichen, die Demokratien der westlichen Welt. Die Kähne der Flüchtlinge dümpeln über das Mittelmeer. Die Touristenorte, die kulturellen Highlights werden von Flüchtlingen umlagert. Man versucht, sie täglich zu verstecken, doch es kommen immer mehr. Touristenrouten müssen verändert werden. Flüchtlingscamps vergrößert und neu gegründet werden. Niemand will die Leidenden sehen. Die Wohlhabenden bangen um ihren Reichtum, Spaß und ihre Ungestörtheit. Sie bangen um ihr altes Leben. Touristenorte geraten in das Kreuzfeuer von Terroristen, Hungernde auf überfüllten Kähnen werden von den Kreuzfahrtschiffen überholt. Die aus den Fugen geratene Welt wird sichtbar, hörbar, unübersehbar. Viele Gutsituierte wollen ihre Ohren weiterhin auf Durchzug stellen oder ihr Gewissen durch Spenden beruhigen. Sie bemitleiden sich gern selbst und trauern um längst vergangene Zeiten, in denen die Welt scheinbar sicher war. Das Selbstmitleid trieft vor ignorantem Denken. Der sich selbst Bemitleidende trauert seiner Ungestörtheit nach. Die Zeiten des Dolce Vita ohne Störung und bitteren Beigeschmack haben sich längst verabschiedet. Das Denken bleibt dennoch weltfremd, da eine innere Umkehr und ein konsequentes Bewusstsein fehlen. Die Gewaltspirale dreht sich weiter und der Zirkus der Spaßindustrie öffnet jeden Tag neu seine Pforten. Die Perversion wird immer offensichtlicher. Überall lauern Störungen, peinliche Situationen, denn die Welt befindet sich in einer immer brutaler werdenden sozialen Verwerfung. Die Leidenden haben sich auf den Weg gemacht. Sie hatten in ihrer Heimat nichts mehr zu verlieren. Sie mussten dem Elend, dem Krieg, dem Hungertot entkommen. Sie überwinden Zäune, Gräben und Meere, nichts und niemand wird sie aufhalten. Ein Hungernder, ein Verzweifelter muss sich retten, er muss sich bewegen, irgendwo hinwenden, solange er oder sie noch ein wenig Kraft hat. Die Schieflage des Bewusstseins, die Ignoranz der Bewusstlosen, lässt den Denker‌iden beinahe verzweifeln. Während die Menschen ohne Bewusstsein um sich selbst kreisen, bist und bleibst du ein unversorgter Traumatisierter. Deine

Therapeuten wurden wegrationalisiert, weil die Kassen angeblich leer sind. Viele Superreiche zahlen keine Steuern. Die Gewaltspirale dreht sich weiter. An den Kriegen wird verdient, der Waffenhandel floriert und immer mehr Menschen werden zu Flüchtlingen. Die Ignoranten dürfen weiterhin asozial leben. Sie schimpfen über die Opfer der Kriege, die die Flucht angetreten haben. Sie wollen nicht genervt und gestört werden. Sie wollen weiterhin gefährlichen Blödsinn reden und die Schuld bei den Schwachen suchen. Die Verdrehung der Wirklichkeit ist augenscheinlich. Die Konten der Waffenverkäufer bersten. Wer an Kriegen verdient, sein Geld genießen will, wird sich stille Orte suchen müssen, die nicht von Flüchtlingen frequentiert werden. Sie suchen sich andere Konten, andere Inseln und die scheinbar unverdorbene Natur. Alles soll ungestört weiterlaufen. Sie kennen keine Ethik, nur ihren dicken Bauch. Sie wollen ihr blutiges Geld genießen.

»Schau dir die Ursachen der Kriege, der Gewalt und des Hungers genau an! Was führt zu der Ausweglosigkeit so vieler Menschen? Man muss das Ganze als solches im Blick haben, um Zusammenhänge zu erkennen und diese Frage wahrheitsgetreu zu beantworten. Ehrliche Antworten fördern dein globales Bewusstsein!«

Solange du fit bist

»Genieße dein Leben, genieße deine Freiheit, solange du fit bist!« Du schaust zu den Bäumen und du bewunderst die Natur, die sich in jedem Frühling vor deinen Augen neu entfaltet. Tränen laufen dir über deine Wangen, denn du weißt, dass du diesen Anblick nicht mehr lange genießen darfst, denn deine Zeit ist abgelaufen. Deine dir verbleibende Lebenszeit ist nun umso kostbarer und du saugst den Anblick deiner Umgebung in dich auf, so als ob du alles für immer abspeichern wolltest. Doch dir ist sehr bewusst, dass sich deine Festplatte in deinem Gehirn mit dir gleichzeitig auflösen wird.

Du bist dankbar für dein Leben. Du bist mutig, weil du versuchst, den Tod zu denken und du spürst, dass es dir niemals gelingt. Das Werden und Vergehen bleibt immer noch ein Geheimnis. In dir hat sich eine Gelassenheit entwickeln können, da du so viele Höhen und Tiefen gemeistert hast. Du warst der Surfer auf den großen Wellen des Lebens und du hast sogar immer wieder die großen Brecher gesucht. Du wolltest dich spüren, deine Kraft erleben und in den Gefahren dich selbst beweisen. Nun bist du mutig, da du dem Tod ins Auge siehst. Dir bleibt noch etwas Kraft und Zeit, um deine letzten Wanderungen und Reisen zu unternehmen, du feierst deinen Abschied gebührend. Deine Augen schlucken die Farben und dein Verstand will das Leben ganz und gar denken, doch du spürst, dass du an unbekannte unüberwindbare Grenzen stößt. Der Lebenskreislauf ist und bleibt ein Geheimnis. An der Klippe kann deine Nase nicht genug bekommen von der Brise, der Frische und in diesem Moment denkst du an die Unsterblichkeit, denn du möchtest endlich eins werden mit der Natur. Du hast sooft gekämpft und dich immer wieder aus dem Sumpf der brutalen Wirklichkeit befreit. Viele Lebensschlachten musstest du bestreiten, obwohl du immer den Frieden wolltest. Deine Friedfertigkeit wurde nicht selten als Schwäche oder Dummheit ausgelegt. Deine Armut war oft bedrohlich für dich, denn die Menschen trieben dich vor sich her, sie achteten dich nicht in den schweren Stunden. Du musstest erkennen, dass viele nur den Besitz sehen wollen. Nun gehst du schnell und trotzig über den Sandstrand und schaust über das Meer bis zum Horizont. Das Meer wird es immer noch geben, wenn du dich aufgelöst hast, und du atmest die Brise ein. Sie beruhigt dich und sie gibt dir Kraft. In diesem Moment liebst du das Leben und du kannst sogar das Sterben annehmen, denn du fühlst dich kräftig genug und bereit, endgültig loszulassen. Du weißt, dass das Loslassen ein Akt der Stärke ist, denn du hattest schon so manche kleine Tode erlebt, als du Menschen für immer gehen lassen musstest. Du kennst diesen Schmerz des Gehenlassens. Diese brutalen Abschiede in den unterschiedlichen Lebensvariationen haben dich als Lebensschüler vorbereitet, ohne dass du jemals abgestumpft wärst. Du bist immer noch der sensible Lebenssurfer. Tief in dir spürst du die Unendlichkeit und du willst auch nichts mehr festhalten. Deine Kraft ist so groß, dass du nur noch den Augenblick spüren willst, während du die Unendlichkeit denkst. Die Uhren haben ausgedient, es beginnt nun eine andere Dimension, die mit dem kleinkarierten Zeittakt nichts mehr zu tun hat. Der Minutentakt der Stechuhren der Berechnung irgendwelcher Profit-Einheiten erscheint dir immer absurder. Vielleicht muss man dem Tod sehr nahe sein, um die Existenz ohne diese absurden Einteilungen denken zu können. Der Mensch möchte alles einteilen und berechnen, begreifen und sich ein Bild machen und nicht selten gerät er in die Gefangenschaft irgendwelcher Denkmuster aus Profit und Scheinsicherheiten. Doch auch in dem schönsten Mausoleum wird ein Skelett liegen. Der Mutige traut sich ohne den doppelten Boden an die Höhen der Existenz heran und spürt, dass die Unendlichkeit und alles das, was wir Menschen nicht begreifen können, eine andere Dimension aufweist.

Wir sollten demütig sein und die Welt bewahren wollen, wir haben schon zu viel in unserer Gier angerichtet. Du bist nun endgültig bereit, in die Unendlichkeit abzutauchen. Dein Lebenstisch war immer reich gedeckt, denn du hast alles versucht, gewollt. Nun willst du nichts mehr. Du lässt alles los. In dir breitet sich ein Wohlgefühl aus, eine tiefe innere Befriedigung. Du hast Leben gespendet, zum Kreislauf der Natur beigetragen und so viele Menschen erleben dürfen. Du läufst voller Kraft den Strand entlang und in diesen Minuten kann dir niemand deine Krankheit ansehen. Die Sonne brennt auf deiner Haut und das gibt dir das Gefühl einer Sicherheit. In diesem Moment bist du wieder einmal völlig angstfrei. Deine Seele und dein Körper schmerzen nicht. Es sind die Minuten eines beinahe paradiesischen Zustandes. Jetzt liebst du das Werden und Vergehen und du willst nichts festhalten, denn du bist stark und mit dir im Reinen. Nun kannst du gehen.

Unversehrtheit und Mündigkeit

Manchmal fragst du dich, was deine Unversehrtheit mit deiner Mündigkeit zu tun hat. Diese Lebensbereiche kannst du oft nicht gleichzeitig denken, denn du fühlst dich in der Komplexität des Lebens überfordert. Am liebsten würdest du deine Verantwortung das eine oder andere Mal abgeben. Du ertappst dich dabei, dass du andere für deine Schieflagen verantwortlich machen willst. Dabei geht dir wertvolle Zeit verloren. Es ist deine Lebenszeit, in der du deine Verantwortlichkeit trainieren musst.

»Nimm dein Lebensruder in die Hand und begreife, dass du jeden Tag aufs Neue um dich kämpfen musst. Du darfst nicht nachlassen und niemals aufgeben! Schau dich an und versuche zu verstehen, was und wer dir nicht gut tut. Wer legt dir Steine in den Weg? Wer schwächt dich?«

Deine Unversehrtheit ist die Voraussetzung zur Chance auf Selbstbestimmung, auf Mündigkeit. Wenn du kräftig und selbstbewusst sein darfst, so kannst du für dich sorgen, für dich entscheiden und frei denken. Wenn du in Freiheit leben und denken kannst, so wirst du selbstständig Entscheidungen treffen. Das alles bedeutet Arbeit, Arbeit an deinem Selbst. Dein Körper und deine Seele brauchen Nahrung, tägliche Unterstützung, die Reinigung von den Giften jeglicher Destruktivität. Nur der gesunde, aufgeklärte Geist kann es schaffen, mündig zu denken und zu handeln. Nur der freie, selbstbestimmte Mensch kann sein Lebensruder in die eigene Hand nehmen. Nur ein frisches, waches Gehirn kann die komplizierten Anforderungen des Lebens begreifen, die Kontexte erkennen. »Erarbeite dir deine Mündigkeit, denn sie bedeutet Freiheit und Unabhängigkeit. Der freie Mensch ist der Garant unserer Demokratie. Der freie Denker wird nicht zum verblendeten Mitläufer.« Es ist anstrengend, verantwortlich zu sein. Es ist so aufreibend, ein mündiger Bürger zu werden. Die Gier ist der Feind der Mündigkeit. Die

Gierigen lieben keine Mündigen. Die Herrschsüchtigen hassen die Denkenden und Mündigen. Die Dominanten wollen weiterhin ihre Märchen erzählen und sie wollen ihre Vorteile, ihre Pfründe sichern. Der Denkende, Mutige wird abgeschmettert und ausgelacht. Niemand kann sich weiterentwickeln, wenn er die Schuld und die Ursachen bei anderen sucht. Auch im kleinen Rahmen können wir mutig, mündig und verantwortlich handeln, Tag für Tag. Dir geht kostbare Zeit verloren, wenn du immer die anderen mit Vorwürfen überziehst. »Nimm dein Lebensruder in die Hand und lasse nicht nach, um dich und für dich zu kämpfen! Deine Unversehrtheit bietet die Voraussetzung dazu, dass du mündig leben kannst. Nur wenn du kräftig und ungebrochen genug bist und bleibst, kannst du mündig, selbstbestimmt entscheiden.« Du brauchst den Durchblick, den Klarblick. Dein Körper und deine Seele brauchen Nahrung und Unterstützung in schweren Zeiten, denn sie müssen immer wieder von den Vergiftungen gereinigt werden. Du brauchst die Aufklärung, um mündig zu handeln. Dein frisches Gehirn wird die Fallen erkennen. Dein klarer Verstand kann die Kontexte des Lebens denken.

»Erarbeite dir deine Mündigkeit, denn sie bedeutet Freiheit und Unabhängigkeit! Erarbeite dir deine Mündigkeit, denn sie wird dir helfen, kein Verbogener zu werden. Deine Mündigkeit ist dein Schutz, deine Chance auf Unversehrtheit.«

Die schnell abrufbaren Inhalte

Bequemlichkeit und Denkfaulheit, wo führen sie hin? Immer wieder suchst du nach den schnell abrufbaren Inhalten. Du willst die schnellen Lösungen, Patentrezepte und immer wieder irgendwelche Richtlinien. Am liebsten hast du es, wenn Autoritäten dir dein Leben in sicheren Bahnen und Anleitungen vorkauen. Gleichzeitig wehrst du dich, wenn andere über dich das Sagen haben wollen. Du lebst in Widersprüchen. Deine Bequemlichkeit führte zur Denkfaulheit. Deine Autoritätshörigkeit beförderte dich geradewegs in die Unfreiheit. Nichts davon ist dir wirklich bewusst, denn den unbequemen Gedanken weichst du wieder aus. Du lebst in vielen Widersprüchen, du läufst in Schlangenlinien. Ein freier, mündiger Geist ist nicht zu erkennen. Du bist ängstlich und du willst immer wieder die Absolution irgendwelcher Autoritäten. Wo soll das hinführen? Je älter du wirst, umso widersprüchlicher entscheidest du. Man kann weder ein Konzept, noch eine Ethik, noch tieferliegende, logische Strukturen erkennen. Du lässt dich treiben, obwohl du krampfhaft den Vorteil suchst. Du lässt dich treiben, weil du den Vorteil suchst. Das fällt nicht sofort auf, da die Gier vieler den Alltag bestimmt. Dein Selbst ist dir zu anstrengend geworden, da es Wege anmahnt, die dir immer wieder zu mühsam erscheinen. Das Kümmern um Nachhaltigkeit und Werte erscheint dir oft sinnlos, zu unbequem, denn du willst vorwärtskommen in einer Welt, in der die schnellen Vorteile zählen. Dein Sicherheitsdenken lässt dich ins Schleudern geraten, da du keine eigenen Wertmaßstäbe entwickelt hast. Du willst die schnell abrufbaren Inhalte, und Menschen gehen dir gegen den Strich, die mal länger reden oder analysieren wollen. All diejenigen, die die schnellen, bequemen Lösungen parat haben, sind gern gesehene Kaffeekränzchengäste. Wenn alle nicken und freundlich zustimmend lächeln, ist dein Tag in Ordnung. Du rufst gerne diejenigen an, die dir die schnellen Lösungen anbieten. Manchmal wird dir bei deinem Lebenstempo schon schwindelig. Du rast durch dein Leben und die kurzen, einfachen Raster sollen dir helfen. Immer wieder suchst du nach Trampelpfaden und ausgetretenen Wegen, die dir als sicher und bequem erscheinen. Du willst ans Ziel, du kennst keine Geduld und keinen Tiefgang. Du glaubst, dass du planst, und willst dein Glück erzwingen. Menschen, die dir den Ball des Lebens zurückwerfen, die dir die Verantwortung an dich selbst zurückgeben wollen, stören dich. Tipps und leicht eingängige Kost sollen dein Leben versüßen, leichter gestalten. Es muss doch für alles die schnelle Lösung geben. Es muss doch den rechten Weg geben und es müssen die passenden Formeln, die rechten Gebete und Absicherungen irgendwo zu finden sein. »Doch wo bleibt das Verstehen? Wo bleiben die eigene Erfahrung und das gewachsene Betrachten der Wirklichkeit? Wo und wann kann die eigene Urteilsfähigkeit heranreifen? Kannst du zu dir selbst finden und dir einen eigenen Standpunkt erarbeiten, wenn du nach schnellen Lösungen gierst und die Mantras der anderen nachplapperst? Ist dir dein eigenes Selbst zu anstrengend geworden, da sein Wachstum nach Arbeit ruft? Kannst du deine eigene Stimme noch wahrnehmen in deiner Umgebung der oberflächlichen Tipps und Termine?«

Du bist zum Lebensflüchtling geworden. Flüchtige Eindrücke, überflüssige Kontakte, schnelle Ratschläge und ein voller Terminkalender. Du suchst nach Vorkostern für dein Leben, denn du willst nicht reinfallen, dich nicht verletzen, nichts wirklich wagen. Andere sollen deine Lebensroute ausleuchten. Du wirst immer schwächer, abhängiger und fehlgeleiteter. Die unbequemen Denker hast du verraten und verscheucht, während du die Menschen der flotten Sprüche anhimmelst. »Wo sind deine Lebensantennen geblieben?«

Die Kröte im Verließ

Die Kröte war durch ein großes Gitter gerutscht und in Gefangenschaft geraten. Das Kellerverließ war sehr tief und sie konnte es nicht wieder durch eigene Kraft verlassen. Der Hauseigner fütterte die Kröte. Er beobachtete diese täglich und sie wuchs ihm ans Herz. Er konnte ein Tier, eine lebendige Kreatur beobachten und dies nahm ihm ein wenig die Einsamkeit in dunklen Stunden. Dieser lebendige Mitbewohner wurde gefüttert und mit frischem Wasser versorgt. Der Kröte fehlte somit an nichts, außer an Freiheit. Diese wurde immer fetter, behäbiger und apathischer. Ihre Muskeln verkümmerten. Die Kröte schaute manchmal hinauf zum Licht, doch ihre Augen wurden immer empfindlicher, sie nahm nur noch Schatten war. Ihre Sehkraft ließ Tag für Tag mehr nach. Das Verließ war klein und dunkel und die Natur, die Tiere und ein natürliches Umfeld schienen meilenweit entfernt, obwohl es direkt vor dem Verließ üppige Wiesen und Felder gab. Vielleicht konnte die Kröte die Gerüche der Freiheit wahrnehmen. Das Verließ gab ihr die Sicherheit, nicht gefressen zu werden und somit hatte sie die Aussicht auf ein langes Leben. In dem Gefängnis würde sie niemals verhungern oder überfahren werden. Die Jahreszeiten wechselten. Manchmal versuchte die Kröte, selbst Fliegen zu fangen. Sie lag auf der Lauer und streckte ihren Hals Richtung Gitter, dem Licht entgegen. Es waren die letzten Versuche, ein selbstbestimmtes Leben zu führen. Manchmal saß sie stundenlang auf der Lauer, so als wolle sie sich selbst beweisen, dass sie noch zu etwas nütze war. Sie lebte mit der Erfahrung, gefüttert zu werden, sie lebte mit der sicheren Gewissheit, abhängig zu sein. Sie konnte der Gefangenschaft nicht aus eigener Kraft entkommen und sie wurde schwächer und schwächer. Sie war ihrem Gönner ausgeliefert. Die natürlichen Gefahren des Lebens waren weit entfernt. Die natürlichen Freuden ebenso. Die Genüsse der Freiheit waren unerreichbar und sie dämmerte vor sich hin. Im Verließ würde sie niemals schwimmen oder weite Strecken laufen können. Sie war auf die Gnade ihres Versorgers angewiesen. Die Kröte verkümmerte immer mehr und sie bewegte sich nur noch selten. Sie verspürte kaum mehr den Impuls, selbstständig Fliegen zu fangen. Die Fettleibigkeit machte ihr immer mehr zu schaffen. Vielleicht hatte sie sich schon aufgegeben. Sie unterließ es nun auch, an den Wänden empor zu klettern, da alle Versuche schon vor längerer Zeit gescheitert waren. Manchmal drehte sie sich im Kreis und es war ein schrecklicher Anblick, sie so zu sehen. Die Kröte verkümmerte zusehend. Sie verlor jeden Antrieb. Jeder Mensch, der einen Bezug zu Tieren aufbauen kann, wird diesen schrecklichen Anblick nicht vergessen können. Der eigene Antrieb, überhaupt noch irgendetwas zu tun, löste sich völlig auf und die Kröte erlebte als einzige Aufregung eines jeden Tages nur noch ihre Fütterung. Fette Regenwürmer wurden durch das Gitter geworfen. Der Hausbesitzer wollte die Kröte niemals hungern lassen. Er sorgte akribisch für das Tier, während seine Freunde ihn kritisierten. Sie drängten darauf, sich von der Kröte zu trennen. Er selbst konnte es zunächst nicht umsetzen. Sein Herz hing an dem Tier. Es war zu einem engen Mitbewohner geworden. Der Hausbesitzer rang mit sich und er wusste, dass die Kröte litt. Er selbst hatte sich an das Leben des Tieres im Verließ gewöhnt, er selbst hatte Trost und Geborgenheit durch das Tier empfangen und so manche einsame Stunde war weniger einsam und schmerzhaft geworden. Dennoch entschied er sich, dem Tier seine Freiheit zu geben, zu gönnen. Er hatte die Kröte, so gut es ging, umsorgt, ihm Sicherheit und Schutz gegeben. Er hatte sie aber in all der langen Zeit nicht in die Freiheit entlassen. Dem Hausbesitzer war klar, dass diese fette Kröte, sein geliebtes Tier nun unzähligen Gefahren ausgeliefert sein würde. Die Vögel würden leichte Beute haben. Er hatte die Kröte zu lange beschützt und somit unbeweglich werden lassen. Er hatte die Kröte seinen Freunden gezeigt, sie vorgeführt. Er hatte sie beschützen wollen und sie lichtempfindlich werden lassen. Vieles war ihm anfänglich nicht bewusst gewesen. Mit der Zeit hatte er die Kröte liebgewonnen und genau in dieser Zeit war das Tier fast erblindet, schwach und unbeholfen geworden. Die Fürsorge hatte aus dem Tier ein schwaches Lebewesen werden lassen und es bestand nun die berechtigte Sorge, ob es überhaupt noch in Freiheit überlebensfähig war. Der Hausbesitzer zögerte nicht mehr lange, denn er wollte dem Tier ein lebenswerteres Leben geben. Er setzte die Kröte in einen Bachlauf und sie tauchte unter und schwamm davon. Er sah zu, wie das Tier mit seinen dünnen Beinen strampelte und sich unbeholfen, leicht paddelnd bewegte. Es war ihr Schwimmstil nach langer Gefangenschaft. Eine große Sorge überfiel den Hausbesitzer, denn ihm war nun vollends bewusst, dass er die Kröte viel zu lange nicht freigegeben hatte. Schuldgefühle breiteten sich aus. Ob sie überleben würde? Die unbeholfenen Schwimmzüge mit den dünnen Beinchen schockierten ihn. Das Tier hatte keine Erfahrungen sammeln dürfen. Es konnte sich nicht ausprobieren, nicht stark und unabhängig werden. Seine Instinkte waren noch vorhanden, denn es hatte auch im Verließ nach Fliegen geschnappt. Die Muskelkraft und das Augenlicht hatten extrem gelitten. Die Fettleibigkeit zeugte von einem ungesunden Lebensraum. Das Verließ hatte es zu einem schwachen Lebewesen werden lassen. Es war auf den Grund des Bachlaufs getaucht. Der Besitzer konnte die Kröte nicht mehr sehen, doch er wusste, dass die Vögel der Umgebung sie entdecken würden, wenn sie sich nicht schnellstens versteckt. Er nahm Abschied vom Bachlauf und von der Kröte und ging langsam und traurig nach Hause. Sein Innerstes wurde jedoch nach kurzer Zeit friedlich und beinahe glücklich. Er wusste, dass die Kröte schwimmen, frei springen und Fliegen fangen würde. Er wusste, dass sie dies versuchen würde. Er wusste auch, dass sie nun wieder neue Lebenskräfte entwickeln könnte. Er war nun nicht mehr in der Lage, die Kröte zu sehen, doch vor seinem inneren Auge schwamm sie nun durch die Natur. Es stellte sich bei ihm ein tiefes Gefühl einer inneren Befriedigung ein. Er hatte es richtig gemacht und er wusste, dass ein Tag in Freiheit für die Kröte bereits unendlich kostbar sein würde. Die Kröte wurde nie mehr gesehen. Sie war in der Gefangenschaft zu einer schwachen Kreatur geworden. Sie hatte die Freiheit nicht leben dürfen und wurde voraussichtlich somit in Freiheit ein Opfer der Unfreiheit. Sie hatte nicht gelernt in Freiheit zu leben. Sie durfte nicht lernen in der Freiheit zu überleben. Ihre Muskelkraft war kaum trainiert worden und ihre Instinkte waren fast vollständig verkümmert. Das Leben in Unfreiheit und Apathie, hatte aus der Kröte einen behäbigen, unselbstständigen Zombie werden lassen. In den Zeiten der Unfreiheit waren die Gefahren weit entfernt. Unter den scheinbar absolut sicheren Lebensbedingungen gab es keine Genüsse eines selbstbestimmten Lebens. Dennoch durfte sie einige Momente eines freien Daseins genießen und somit erleben, was Freiheit bedeutet. Ihr Körper wurde am Leben gehalten, während sie in vieler Hinsicht verkümmerte. Niemand hatte sie jemals wiedergesehen, doch vielleicht konnte sie kräftig werden, vielleicht hatte die lange Zeit der Unfreiheit ihren Tribut gefordert. Niemand weiß es.

Verstrickungen

Tunnelblick, ein Um-Sich-Kreisen, eine eingeschränkte Wahrnehmung. Schlechte Voraussetzungen für ein selbstbestimmtes Leben. Du rast auf der Überholspur genau gesetzten Zielen entgegen und verpasst dich immer wieder selbst. Du kannst auch dein Gegenüber nicht korrekt wahrnehmen, weil du es in Schubladen packst. Es sind die Schubladen, die helfen sollen, das Leben sicher und wohlgeordnet funktionieren zu lassen. Während du ordnest, planst und berechnest, läuft alles aus dem Ruder. Du verletzt die Menschen durch deine Ansprüche und Fehleinschätzungen. Du kannst dein Umfeld nicht erfassen, da du alles nach deiner Planung unhinterfragt umsetzen willst. Du hast viele Pläne, genaue Vorstellungen, doch du beobachtest dein Umfeld nicht genau, du schaffst es nicht hinzusehen. Man hat den Eindruck, dass du die Fakten nicht wahrnehmen willst, die deinem vordergründigen Vorteil im Wege stehen. Vielleicht willst du nicht hinsehen, weil du erkennen müsstest, dass die anderen andere Pläne haben. Andere Entwürfe der Wirklichkeit stören dich und du wirst ungehalten, launisch, aggressiv. Die Welt soll so aussehen, wie du sie in deinem Kopf entworfen hast. Du kannst den Moment nicht genießen, das Leben nicht fließen lassen.

Du willst alles planen, berechnen, schnell vorwärts kommen, dabei trittst du auf der Stelle. Die anderen spüren deine Starrheit und Überheblichkeit, denn du kannst nicht angemessen auf sie reagieren. Viele fühlen sich durch dich unter Druck gesetzt und nicht um ihrer selbst willen geliebt. Sie spüren, dass du auf deinen Vorteil aus bist und ihn unbedingt durchsetzen, verfolgen willst. Du kreist um dich selbst und heuchelst ein scheinbares Interesse. Dir fehlen Empathie und ein wohlwollendes Auge. Arbeit, Fehlinformationen, Kaufgelüste, du rast immer schneller. Das Haben-Wollen hat dich im Griff und es bezieht sich sogar auf die Tagesabläufe anderer. Dein hektischer Stillstand deutet auf eine Fehleinschätzung der Welt hin. Da du anderen deine Vorstellungen aufdrängst und mit einer schlechten Laune reagierst, wenn es nicht so gut läuft, wie du es dir wieder einmal in deiner Phantasiewelt ausgedacht hast, verscheuchst du die Menschen. Sie laufen weg, sie suchen das Weite, irgendwelche Nischen und Fluchtpunkte. Sie müssen das Weite suchen, denn in deiner Gegenwart würden sie ihre Würde verlieren. Die Bedürfnisse der anderen interessieren dich nicht von Herzen. Die Interessen, Leidenschaften ebenso wenig. Du brauchst Zuarbeiter, Dienstboten und unterwürfige Gesellschafter. Der Respekt vor dem Du ist dir fremd. Es wird einsam um dich, denn die Menschen flüchten. Dies ruft neue Wutzustände in dir hervor. Die anderen entziehen sich deiner Macht. Die Fehlinterpretationen in Hinblick auf deine Umgebung verwirren dich. Du kannst die Wirklichkeit nicht erkennen, da du alles durch die Brille des Vorteils siehst. Du kannst die Menschen nicht deuten, da du sie verbiegen willst.

Auf dieser Erde gibt es nicht das uneingeschränkte Paradies, in dem du der Mittelpunkt, die Krönung der Schöpfung und die Perfektion an sich, bist. Rechthaberei, Selbsterhöhung und Gier verscheuchen die Menschen, ihre Lebensfreude und stehen jeglicher Erkenntnis im Weg. Somit stehst du dir im Weg. Du willst in deinem hektischen Stillstand alles erreichen und rast an dir und anderen vorbei. Deine innere Unruhe treibt dich an und lässt dich nicht zu der notwendigen Erkenntnis, Erfahrung und Einsicht kommen. Diese wäre aber wichtig, um die Umwelt wahrzunehmen, anzunehmen und zu erleben. Du wirst ihr deinen Stempel aufdrücken, notfalls mit viel Druck, der starken Gegendruck erzeugen wird. Die Arbeitswut, unkontrollierte Kaufgelüste, das Verdrängen treiben dich pausenlos an. Dir fehlen Kontemplation und der Mut, die Stille zu suchen und zu empfangen. Du willst alles haben, dir alle erdenklichen Vorteile sichern. Du willst die totale Sicherheit und den allumfassenden Genuss. Inhalte stören dich bei deinen Vorhaben. Menschen, die auf Inhalte hinweisen, ebenso. Du willst Spaß, regelmäßige Freizeit und einen berechenbaren Terminkalender. Deine

Termine werden abgehakt und niemand darf dich aufhalten, stören oder von irgendetwas abhalten. Während du planst, Termine abarbeitest, läuft das wahre Leben an dir vorbei. Du hast keinen Blick für andere und du übersiehst ihre Bedürfnisse. Eigentlich kreist du nur um dich, deine vordergründigen Belange und Genüsse, die von einer Fremdsteuerung erzählen. Du hast keinen Kontakt zu dir. Dein innerer Kern ist dir fremd geblieben. Das alles bedeutet für dich einen unglaublichen Stress. Es ist der Stress eines Menschen, der alles haben und bestimmen will. Du willst immer ganz vorne liegen und du hast den Eindruck, dass dich andere überholen. Alles soll wie geschmiert, wie ein Uhrwerk laufen. Die anderen sollen deine Entwürfe umsetzen. Dein Kopf schmerzt, du verbreitest Hektik, Unruhe. Du empfindest dich als Schmerz. Du verlierst den Kontakt zur Welt, denn du hast keine Zeit mehr, dir die Welt anzusehen. Dir fehlt die Ruhe, der freie Blick. Deine vielen Termine versperren dir den Blick aufs Leben. Du meinst, dass du sehr viel in kürzester Zeit schaffen musst, um ganz vorne dabei zu sein. Dieser Anspruch verbaut dir den Zugang zum Leben. Je krampfhafter du alles erreichen willst, desto mehr entfernen sich die Menschen von dir. Du bist dein eigener Gefangener. Alles muss erledigt werden, sagst du, während du mit deinem Autoschlüssel spielst. Du brauchst viel Geld für deine Freizeit und deshalb musst du noch mehr arbeiten. Du verzettelst dich. Du rast durchs Leben. Wer sind deine Vorbilder? Die Schönen, die Reichen, diejenigen, die den Turbogang eingelegt haben? Du willst alles, alles gleichzeitig. Du willst alles haben und dein Stresspegel steigt. Deine verbalisierten Ziele klingen nicht außergewöhnlich in der schnelllebigen, hektischen Zeit. Doch die Ziele widersprechen sich, sie passen nicht zueinander. Die gesamten Ansprüche passen nicht in ein Leben. Familie, Spaß, Urlaub, Geld, einen sicheren Job. Dein Mann soll dir zuarbeiten. Hast du ihm in den letzten Wochen zugehört? Du widersprichst dir und du änderst gefährlich oft den Kurs. Du müsstest mehrmals leben, um alle deine Vorhaben zu realisieren. Dein Blick ist trübe, denn du schaust nicht klarsichtig in die Welt. Vieles wird verworfen, während neue Ziele formuliert werden. Du wechselst stetig den Kurs. Deine jugendliche Gelassenheit hat sich nun vollkommen verabschiedet. Du läufst beinahe panisch durch die Straßenschluchten. Das Habenwollen hat dich fest im Griff. Deine Augen bekommen keine Ruhe, keine Zeit, sie dürfen nicht genau hinsehen, du kannst nicht richtig hinsehen. Gitterstäbe verstellen dir den Blick. Du sitzt im Gefängnis. Du bist nicht frei. Die Gefangenschaft des Getrieben-Seins hat dich unfrei, hektisch und oberflächlich werden lassen. Du bist zum Sklaven deiner vielen Vorhaben, Pläne und Bedürfnisse geworden. Doch du kannst nicht genießen. Du nimmst dir die Sicht, das tiefe Fühlen, das Mitempfinden. Dir fehlt ein klares Bewusstsein, dir fehlt die Empathie, das Verstehen-Wollen. Menschen werden abgewertet, in Schubladen gepackt, gemieden. Unbequeme Denker werden ausgelacht, Schleimer angehimmelt. Du duldest nur den Applaus. Dir fehlt der Klarblick auf dich selbst und während du durch die Welt rast, kannst du nicht weltoffen denken. Deine Gier und Genusssucht stehen dir im Weg. Dir fehlt der globale Anspruch, denn du willst das Elend nicht sehen.

»Suche den Kontakt zu Dir! Versuche, dich in der Globalität zu denken und im Gesamtkontext zu erfassen!« Ein fundierter Inhalt, die Wahrheit und die Gerechtigkeit gilt es zu suchen, zu denken und zu erkennen. Die Ethik gilt es zu leben. Frage dich: »Was und wer hält mich gefangen? Warum ist meine Sicht nicht klar? Warum kann ich Inhalte nur schwer erfassen? Höre in dich hinein und öffne dein Herz! Finde den Anschluss an dich selbst, so findest du auch den Weg zum Du!«

Die scheinbar schnelle Lösung

»Warum hast du so wenig Geduld? Warum suchst du nach einer sofortigen Lösung? Warum preist du sie zuallererst anderen an?« Wenn etwas nicht gleich funktioniert, schnaufst du wütend und läufst davon. Du willst vorankommen. Dein Lebensritt ist zu einem Höllenritt ausgeartet. Die Scheinwelten haben dich fest im Griff. Dein Leben soll wie eine Seifenoper oder eine für dich gelungene Unterhaltungsshow funktionieren. Doch Inhalte wollen durchdacht und erarbeitet werden. Das Können wächst nicht auf den Bäumen. Alles braucht Zeit und alles was, erarbeitet werden muss, kostet Energie, Übung, Geduld. Doch das nervt dich. Du suchst den täglichen Kick auf dem Silbertablett. Du wirkst fahrig und unruhig, nervös, und deine Vergleiche mit irgendwelchen Shows und Sternchen am Himmel der Showbranche machen deutlich, dass du noch nicht begriffen hast, wie diese Welt der schnellen Showeinlagen funktioniert. Du hältst dies für das reale Leben, doch es werden dir nur zusammengeschnittene Häppchen serviert. Du klopfst coole Sprüche, aber du willst nichts Kompliziertes hören. Das Leben soll dir zu Füßen liegen und dir dein Weiterkommen zu Füßen legen, obwohl du immer noch nicht weißt, was du willst. Es soll alles schnell vorrangehen und deshalb suchst du die Unterstützung bei den Wohlhabenden. Du hast irgendwie mitbekommen, dass Beziehungen eine entscheidende Rolle spielen und mit ein bisschen Vitamin B soll alles funktionieren. Was soll funktionieren? Es ist dir nicht klar, weil du dir über dich nicht im Klaren bist. Du tanzt auf vielen Festen, weil du gesehen werden willst. Dein Höllenritt im Egotunnel wirkt langsam aber sicher bedrohlich, weil du kaum noch in der Lage bist, Inhalte zu verfolgen. Mittlerweile bekommt man sogar den Eindruck, dass Inhalte dich generell nerven, da sie dich von Wichtigerem abhalten könnten.

»Kannst du noch aufmerksam zuhören? Achtest du noch auf die leisen Töne? Bist du noch aufnahmebereit und konzentriert?« Du läufst schnell weg, drehst dich um und verschwindest, wenn du nicht augenblicklich einen Vorteil für dich verbuchen kannst. Du wirkst angestrengt und kannst dennoch nicht die Inhalte aufnehmen. Du filterst pausenlos deine Umgebung und siebst alles durch. Dabei gehen die entscheidenden Inhalte an dir vorbei, da dein Sieb nur die oberflächlichen Scheinvorteile auffängt. Die schnell abrufbaren Inhalte ohne Tiefgang landen in deinem grobmaschigen Netz. Alles andere wird entsorgt, und die Menschen, die es gewagt haben, etwas tiefer Liegendes zu äußern, werden nie wieder angesprochen. Viele wollen nicht länger deine Marionette sein. Du rast in deinem ganz speziellen Egotunnel immer weiter. Es ist die Überholspur deines Lebens ohne ein Weiterkommen.

Du willst umschwärmt werden, und die Denkenden haben es schon lange aufgegeben, mit dir ins Gespräch kommen zu wollen. Du denkst und sprichst funktional, aber das ist keine Voraussetzung für eine gehaltvolle Kommunikation. Die Wut steigt in dir hoch, wenn du dich unbedingt durchsetzen willst. Es ist die Wut einer Ohnmacht, die auf einer inneren Leere basiert. Der Egotunnel ist zu einem Gefängnis geworden. Er versperrt die Sicht und bildet Pfropfen in den Ohren. Es ist eine Sackgasse, bei der die kostbare Lebenszeit verplempert wird. Alles wird am Geld bemessen. Die Zeit soll gut genutzt werden, denn alles soll etwas bringen. Es soll unterm Strich grundsätzlich etwas herauskommen und du willst mittlerweile nur noch dann aktiv werden, wenn sich unmittelbar ein Vorteil einstellt. Die Realität rast an dir vorbei und deine Scheuklappen werden immer größer. Dein Umfeld fühlt sich ausgenutzt und unverstanden, denn du willst nicht zuhören, sondern die Menschen manipulieren, sie sollen dir zuarbeiten. Dein Blick giert nach dem Vorteil und du kannst die Minuten, Sekunden und deine schönen Momente im Hier und Jetzt nicht mehr angemessen wahrnehmen und erst recht nicht mehr genießen. Die wertvollen Menschen sind zu anstrengend und deine Kommunikation beschränkt sich auf den kleinsten gemeinsamen Nenner.

»Wie lebt es sich damit, wenn sich die anderen permanent unverstanden fühlen, wenn du sie zu Marionetten umfunktionieren willst?« Du bist zum Befehlshaber mutiert, ohne eine Linie vertreten zu können. Eine inhaltliche Autorität hast du dir nicht erarbeitet.

Du setzt auf die Wiederholung, den sanften oder heftigen Druck je nach Lage und Stimmung. Die Menschen weichen dir aus. Niemand hält es lange mit dir aus, denn normalerweise will kein gesunder Mensch nur Befehle ausführen. Alle gehen deinen Übergriffen aus dem Weg und es wird einsam um dich. Du bist gefangen in dem Wahn des Dompteurs, des Puppenspielers, der die anderen an Fäden zappeln lässt. Du bist im Sog deines Wollens verhaftet und es ist bei dir zu einer Art Sucht geworden. Du verwechselst nicht selten das Leben mit der Filmwelt, denn du willst pausenlos Regie führen. Du setzt die Liebe mit dem Gehorsam gleich und Gefühle mit der Unterwürfigkeit. Die anderen sollen dich glücklich machen, aber sie interessieren dich nicht. Sie sind deine Unterhalter und Bewunderer. Wenn sie nicht mehr funktionieren, »schießt du sie ab«. Es wird von Jahr zu Jahr einsamer um dich, denn du wirst älter und die anderen können es nicht mehr mit dir aushalten. Sie wollen auch gesehen werden. Sie haben Pläne und Vorlieben, die nicht in dein Konzept passen. Eigentlich passt nur das zu dir, was du kurzfristig wünschst, was du willst. Auch der beste Charakter wird keine Chance bei dir bekommen, wenn er nicht deine Wünsche erfüllen will oder kann. Dein Tunnelblick ist nicht frei für die Bedürfnisse anderer. Irgendwann verhallen deine Befehle. Es kommt nichts mehr zurück. Du wirst isoliert. Es bläst dir nur noch ein kalter Wind entgegen. Es ist der Wind deiner eigenen Kälte, deines unmenschlichen Klimas. Dein Filter der Vorteilsnahme, dein Egotunnel, deine Ungeduld und die vielen Missernten der letzten Jahre haben eine emotionale Eiszeit zur Folge. Nun suchst du die Schuld wiederum bei den anderen und verbaust dir so auch noch das letzte bisschen Lebenszeit, was übrig blieb. Nun kannst du die Liebe, die Kunst, die Hingabe der Menschen nicht mehr sehen. Dein Tunnelblick lässt dich vollends erblinden. Die Wellen des Lebens schwappen nicht mehr an dich heran. Dein Herz und dein Verstand sind an der Berechnung gescheitert. Sie haben dich als Mensch verkümmern lassen. Die Gier hat aus dir einen unglücklichen Menschen werden lassen. Du giertest nach schnellen Lösungen und bist erblindet.

Der Peitschenhieb

Heute fühlst du dich mal wieder sehr unausgeglichen, unbestätigt und ein wenig gelangweilt. Dein Umfeld wird es ausbaden müssen. Du hast dich nicht im Griff und deine Laune stürzt ab, gerät außer Kontrolle. Dein Selbst rebelliert und du weißt ganz genau, dass deine nächste Shoppingtour nicht helfen wird, helfen kann. Du fühlst dich einsam, leer und unverstanden. Deine Freunde haben dich oft verraten, sie tratschen viel zu viel und du vertraust kaum jemandem. Wenn es dir nicht gut geht, sind sie mit der Kritik schnell dabei, und wenn du Erfolge zu verzeichnen hast, werden sie neidisch. Du fühlst dich unverstanden und hilflos. Der Klimbim in deiner Wohnung stört dich und die Pflichttermine ebenso, die dich und die anderen nicht weiterbringen. Das Gerede und das Marionettentheater stehlen deine Zeit, deine Kraft, denn du siehst voraus, dass du am nächsten Tag all die bösen Blicke und versteckten Anfeindungen verarbeiten musst. Du willst dir eigentlich diese psychischen Vergiftungen schon lange nicht mehr antun. Du denkst nach und fragst dich, wer es noch ehrlich mit dir meint, und du erschreckst bei dem Gedanken, dass es höchstens zwei Personen sind, denen du noch traust. Es ist sehr einsam um dich geworden, obwohl deine Bude recht oft voll ist. Dein Kopf brummt, deine Laune kann sich nicht verbessern und die vielen Tricks, die du immer angewandt hast, helfen nicht mehr. Der Alkohol ist schon lange nicht mehr dein Freund und dein Shoppingwahn hat dir nie Befriedigung geben können.

Du musst ausmisten. Du musst anfangen, klarer zu denken. Du must mit Freunden sprechen, die deine Vorstellung aushalten, die dich aushalten. Es wird ein langer, schwerer Weg, denn die Schieflagen betreffen dein ganzes Leben. Doch du willst dich wieder in dir selbst wohl fühlen. Du willst es mit dir einfach so, ganz entspannt, ohne viel Ablenkung erleben. Die Qual des Getrieben-Seins soll sich verabschieden.

»Vor wem läufst du weg? Wer lässt dich in dir selbst nicht zur Ruhe kommen? Welche Fehleinschätzungen über die Welt lassen dich nicht zu einer tiefen Befriedigung vordringen?«

Damals liefst du dem Geld hinter her, später der Anerkennung deines Umfeldes. Du hast dich verbogen, du wolltest gefallen. Der Kontakt zu dir selbst brach ab. In dir konntest du keine Heimat, keine Ruhe, keine Sicherheit finden. Es liegt viel Arbeit vor dir und dir wird deutlich, dass du alleine die Reise zu dir selbst antreten musst. Du kannst die Puppen nicht mehr tanzen lassen. Du willst keine Peitsche mehr gebrauchen, denn die Achtung vor »dir selbst« wird die Achtung der anderen nach sich ziehen. Dein Geld wirst du nun sinnvoll einsetzen. Du wirst stark werden und so hast du es auch nicht mehr nötig, andere zu schmieren. Du wirst nicht mehr als launischer Angstverbreiter durch die Welt laufen. Dann kannst du deine Peitsche weglegen.

Der Kick, die Dröhnung, die innere Leere

Dein Handy hat dich im Griff und du fühlst dich ungeliebt, wenn du nicht pausenlos Anrufe oder Nachrichten bekommst. Du gierst nach der Bestätigung und dem Kick, der dein Ego stützen soll. Deine Hand scheint am Smartphone festgewachsen. Wenn du gezwungen bist, dein Handy wegzulegen, wirst du ungehalten, denn eine unkontrollierbare Unruhe steigt in dir hoch. Du weigerst dich oft, in Alltagssituationen dein Handy zur Seite zu legen. Dann kannst du sehr schnell aggressiv werden. Du brauchst über alle Maßen viel Bestätigung, denn deine Unsicherheit quält dich. Die vielen Nachrichten sollen dir Liebe und Wärme zuspielen. Du gierst nach Beachtung, nach Aufmerksamkeit. Du willst geliebt sein. Deine Entzugserscheinungen machen aus dir einen nervösen Hektiker. Du nimmst das in Kauf, denn es ist zur unhinterfragten Realität geworden. Deine Emotionen fahren Achterbahn, denn du bist süchtig, bedrohlich abhängig. Es ist ein schlimmer Zustand. Da du das Steuer deines Lebens nicht mehr in den Händen hältst, wird dir dieser Zustand nur selten bewusst und die Qualen lassen dich zu einem Leidenden werden. Du stehst immer unter Strom, denn du gierst nach Nachrichten, nach Bestätigungen. Nur so fühlst du dich gewollt, geliebt und lebendig. Die damit verbundenen Stimmungsschwankungen sind kaum noch auszuhalten. Du brauchst dringend Ruhe, Abstand und freie Zeit zum Denken. Deine Stimmung ist abhängig von deinen Handynachrichten und dein Kontrollverlust lässt dich schwitzen, leiden und oft schlaflos sein. Dir fällt es immer schwerer, klar zu denken und dich auf Zusammenhänge zu konzentrieren. Die Stimmungsschwankungen sind für dein Umfeld kaum noch erträglich. Müsstest du nicht zwanghaft dein Smartphone kontrollieren, könntest du Ruhe und Entspannung zulassen. Es würde dir besser gehen. Deine Nerven liegen blank, denn deine Hormone spielen verrückt. Du bist in schlimmen Zwängen gefangen. Deine Emotionen fahren Achterbahn. Du bist zum Getriebenen deiner Kommunikationshelfer geworden. Was dich einst beglückte, hat nun eine schreckliche Wirkung auf dich. Du hast die Kontrolle verloren. Es kam schleichend. Du brauchst Nachrichten, Anrufe und du fühlst dich abgeschoben und ungeliebt, wenn Pausen entstehen. Deine Konzentration gerät in den Keller, deine Laune ebenso. Wenn du auf Menschen triffst, wirkst du fahrig und teilnahmslos wie ein Junkie auf Entzug. Du gierst nach Nachrichten. Dein Gehirn braucht die Dröhnung und die Hormoncocktails, die ausgeschüttet werden, wenn du Nachrichten bekommst. Sie sind zu deinem Trost, zu deinem Kick und zu deinem Lebenselixier geworden. Du starrst auf dein Handy und du bist oftmals teilnahmslos, unfreundlich. Du verschreckst die netten Menschen, denn sie fühlen sich von dir nicht respektvoll behandelt. Es macht dir immer mehr Mühe, den Gesprächssequenzen zu folgen. Dein Smartphone sollte dir die Kommunikation ermöglichen und steht nun einer persönlichen Begegnung im Weg. Es ist traurig, dich so zu sehen. Deine Angespanntheit und Fahrigkeit erschreckt dein Umfeld. Dein Gehirn braucht die Glückshormone, die Dröhnung. Es ist ein Teufelskreis, denn du schreckst die Menschen um dich herum ab. Mittlerweile fühlst du dich nur noch lebendig, wenn dich Nachrichten erreichen. Nur so fühlst du dich wichtig, geliebt und emotional aufgehoben. Du bekämpfst eine innere Leere, einen unerfüllten Zustand, eine bedrohliche Langeweile. Die Kommunikation von Angesicht zu Angesicht macht dir Angst. Nervosität und Gereiztheit breiten sich aus, wenn du mal nicht erreichbar sein kannst. Deine Symptome werden schlimmer und schlimmer. Es sind Entzugssymptome. Eine stille, erfüllte Zeit konntest du schon lange nicht mehr erleben, da dein Kopf, dein Blick nicht mehr frei sind. Du lebst in der Gefangenschaft kreisender Gedanken. Im Zentrum stehen die Nachrichten, die Mitteilungen, mit denen dein Kopf pausenlos konfrontiert wird. Um dich tobt das Leben, doch du nimmst daran nicht mehr teil. Das wirkliche Leben rast häufiger an dir vorbei. Du ziehst dich immer mehr zurück, und deine Welt hat sich stärker auf dein Smartphone konzentriert. Die reale Begegnung mit Menschen flößt dir stetig mehr Angst ein. Du bist aus der Übung gekommen, und die Welt der Menschen aus Fleisch und Blut ist dir fremd geworden. Es war ein schleichender Prozess, bei dem deine Unsicherheit wuchs. Deine ehemaligen Interessen sind für dich irrelevant, und die Sorge ist durchaus berechtigt, zu denken, dass deine Phantasie nachgelassen hat. Dein geliebtes Malen macht dir keinen Spaß mehr. Zum Lesen fehlen dir das Interesse, die Konzentration und der Antrieb. Es mangelt dir an innerer Ruhe, an Gelassenheit und vielleicht sogar auch schon an Ideen. Dein Gehirn giert nach den Hormonausschüttungen, die sich beim Handyklingelton einstellen. Du brauchst die Ablenkung und Bestätigung. Autofahrten werden zur Bedrohung von Leib und Leben, denn du kannst nicht abschalten, du kannst dein Handy und dein Smartphone nicht mehr abschalten. Du hast Angst, etwas zu verpassen. Die Angst vor der Stille und der Einsamkeit müssen ständig betäubt werden. Deine Angst vor der Begegnung mit deinem Selbst steigt. Es ist ein Kampf gegen Verzweiflung und Depression. Die mögliche Konfrontation mit »dir selbst« darf auf keinen Fall stattfinden. Du bist süchtig und unkonzentriert, dein Selbst ist in allergrößter Gefahr.

»Gehe auf Entzug und vertraue deiner Kreativität! Dein Leben wird wieder abwechslungsreich und spannend, wenn du kein Süchtiger mehr bist. Du wirst den Menschen wieder zuhören können. Begegne den Menschen wieder von Angesicht zu Angesicht!«

Wann sind wir da?

Kinder vergessen die Zeit um sich herum, sie tauchen ein in die Welt des Spiels. Wenn sie nicht fremdgesteuert leben, agieren müssen, können sie sehr ausdauernd basteln, toben, malen. Wenn sie still sitzen sollen, Anweisungen und Erwartungen erfüllen müssen, so sieht die Sache schon ganz anders aus. Das vorher optimal motivierte Kind kann schnell ermüden, sich langweilen, vor allem in Lernsituationen, bei denen der Lernstoff abstrakt und trocken ist. Analog kann man in der Lebenswelt der Kinder beobachten, dass die Kleinen zum Beispiel schnell fragen: »Wann sind wir da? Wann sind wir endlich fertig?« Die Ungeduld tritt ein, wenn sich ein Kind langweilt oder nicht mehr genügend Geduld aufbringen kann, etwas zu Ende zu führen. Wir Menschen wollen uns mit unseren Tätigkeiten identifizieren können, wir lieben es, Handlungen zu vollenden, die uns liegen, für die unser Herz schlägt. Kinder äußern sehr direkt ihren Unmut und dafür sollten wir sie umso mehr lieben, denn sie weisen uns häufig in die richtige Richtung. Wir Erwachsenen haben leider verlernt, auf unser Herz zu hören. Die Kinder sagen ganz deutlich: »Wann sind wir da?« Sie wollen aus einer ungeliebten Situation heraus und benennen dies hartnäckig. Sie wollen nicht ausharren und in der Warteschleife stecken bleiben. Sie lieben Lösungen, Veränderungen, wann immer es nötig ist. Davon könnten wir lernen, wenn es darum geht, wieder mehr Kontakt zu unseren vielleicht verdrängten Wünschen herzustellen. Wir Erwachsenen rödeln uns gerne zu mit Tätigkeiten, die angeblich sein müssen, die wir aber emotional ablehnen. Wir machen gute Miene zum bösen Spiel, und das tut unserem Leben nicht gut, es ist nicht gesund. Der andere Aspekt im Leben der Kleinen und Erwachsenen ist die Notwendigkeit zu lernen, dass wir niemals ganz und gar ankommen, ankommen können. Wir alle müssen uns tagtäglich regenerieren, pflegen, den Körper und den Geist fordern, in Bewegung halten. Wenn wir die Chance auf ein langes Leben haben, werden wir akzeptieren müssen, dass wir nach unserer Lebensblüte stetig weiter abbauen. Wir können lange gesund bleiben, doch wir müssen irgendwann gehen, sterben. Insofern kommt niemand endgültig an und niemand kann alles für immer bewahren, horten, pflegen. Wir alle segeln auf dem Fluss des Lebens, mal länger und mal kürzer. Umso wichtiger ist es, sich mit seinem Leben, mit seinen Aufgaben identifizieren zu können. Wir haben es verdient, unser Leben zu lieben, doch dafür müssen wir viel Mut aufbringen, unsere Wünsche zu äußern, zu denken und sie keines falls zu verwerfen. Wir dürfen keine fremdbestimmten Zombies werden. Wir sollten uns nicht schmieren und einsperren lassen. Von den Kindern können wir viel lernen. Sie spielen mit denen, die sie mögen. Sie achten dabei nicht aufs Geld oder gesellschaftliche Vorteile. Wenn sie sich Freunde suchen, so wählen sie sie nach ihrem Herzen aus und können sicher sein, dass ihnen ihr Spiel Freude bereitet. Sie wechseln auch die Freunde, wenn die Interessen nicht mehr konvenieren, denn nur so können sie sich weiterentwickeln, mit anderen wachsen und reifen. Ein Kind, das sich entwickeln darf, wird Freude am Leben haben. Sollte der Virus des Konkurrierens sich im Gehirn einnisten, so verformen sich die Antennen. Markenschuhe werden wichtiger als spontane Abenteuer, der Blick auf das eigentliche Leben wird verfremdet. Plötzlich spielen Preise, Markenartikel und andere Äußerlichkeiten eine Rolle und die Hülle tritt in den Vordergrund. Die Welt des schönen Scheins dominiert. Dort endet nicht selten die Selbstbestimmung. Das Streben nach mehr dominiert das Denken und Fühlen. Die Ziele sind nicht inhaltlich gefüllt, sondern materiell. Der

Blick verschiebt sich und das scheinbare Glück soll nun ein begehbarer Kleiderschrank, ein makelloser Körper oder ein fettes Bankkonto werden. Süchte lassen nicht lange auf sich warten. Alles kreist somit ums Haben, Haben-Wollen. Sie bleiben dieser Struktur verhaftet, da sich nur die Mode ändert. Wie sollen wir aussehen? Was sollen wir konsumieren? Die Fremdsteuerung kennt keine Grenzen. Kinder möchten sich entdecken, sich ausleben und kreativ sein. Sie wollen spontan entscheiden und mit den selbst gewählten Kindern im Hier und Jetzt die Zeit verbringen. Ihre Antennen sind noch aufnahmefähig und funktionstüchtig, sie spüren sich sehr deutlich. Solange die Erwachsenen sie nicht verformen, sondern ihre Talente fördern, werden sie Ungeahntes schaffen können. Kinder entdecken gern Neues, probieren viel aus und wachsen immer wieder über sich hinaus. Kein Erwachsener sollte diese Lebenskraft ausbremsen. Der Hochmut vieler Erwachsener wirkt schädlich. Sie haben die Weisheit gepachtet und wollen das Kind lenken, autoritär beeinflussen, wobei das autoritäre Handeln gern mit viel Spielerischem verdeckt und vertuscht wird. Viele Erwachsene maßen sich an zu wissen, was für das Kind am besten sei - ein fataler Irrtum.

Wir Menschen können erblühen, wenn man uns lässt. Wir Menschen können unser kreatives Potential entfalten, wenn man uns entscheiden lässt. Wir können hoch motiviert lernen, aktiv das Leben gestalten. Wir können unser Leben lang neugierig und vom Leben berauscht bleiben, wenn wir das tun dürfen, wofür unser Herz schlägt. In diesem Lebensrausch brauchen wir keine Drogen. Wir Menschen werden niemals ankommen. Der Lebensfluss zeigt uns neue Ufer, Häfen, Abenteuer. Wenn wir sehend, hörend und denkend bleiben, werden wir das Leben immer neu entdecken. Irgendwann müssen wir alle gehen. Wir sollten demütig sein und das Leben als Geschenk annehmen. Wir sollten nicht über andere bestimmen wollen. Der Reichtum liegt in unserer Menschlichkeit und nicht auf unserem Konto. Wir kommen niemals an und wenn das

Leben selbst zur Freude wird, fragen wir auch nicht mehr: »Wann sind wir da?«

Die Scheinvernunft

Wenn du zu einer Talkshow eingeladen bist, ziehst du ein edles Hemd und deine Hornbrille an. Du möchtest reflektiert, gebildet erscheinen. Deine Haut wirkt fahl und du schaust bedächtig. Während deiner Gesprächssequenzen legst du den allergrößten Wert auf Zitate und Jahreszahlen, denn du möchtest deinen Bildungsstand dokumentieren. Namen, Begriffe und Epochen sind dir geläufig, denn du kommst einem wandelnden Lexikon gleich. Das alles soll deine intellektuelle Autorität untermauern, denn das Bild, das du in der Öffentlichkeit abgibst, ist dir extrem wichtig. Es ist zu beobachten, dass du hektische Flecken bekommst, wenn deine persönliche Meinung gefragt ist. Man kann sogar den Eindruck bekommen, dass du dir zu den wichtigen menschlichen Themen keine eigene Ansicht erarbeitet hast. Vielleicht wolltest du immer gefallen und deinen Gönnern niemals Kontra geben. Stromlinienförmig hast du an deiner Karriere gearbeitet. Es war für dich einfach zu erkennen, wer dir nützlich sein könnte. Es ist traurig und schade, dass unsere Gesellschaft von dir keinen Anstoß bekommen kann, denn du möchtest nicht anstößig sein. Wenn du diskutierst, feilst du an deinen Gesprächsbeiträgen und alle sollen den Eindruck vermittelt bekommen, dass dir das Thema am Herzen liegt. Doch neue Aspekte lässt du vermissen, denn du lehnst dich niemals aus dem Fenster, du willst nicht anecken. Die Vernunft sollte die Inhalte überprüfen. Der Vernünftige muss sich eine eigene Meinung erarbeiten, erkämpfen. Seine Mündigkeit liegt in der Fähigkeit, Kraft seines Intellektes Inhalte zu überdenken und jederzeit Fehleinschätzungen zu benennen. Ein mündiger Mensch darf nicht nachlassen, seine Standpunkte zu überdenken. Er wird die Tendenzen in der Gesellschaft verfolgen. Der mündige Bürger wird seine Vernunft gebrauchen, und sein Wissen ist keine Dekoration, kein Beiwerk, um zu glänzen. Unsere Demokratie braucht die mündigen, aufgeklärten Bürger, die auch anecken, sich nicht verbiegen lassen wollen. Die sinnvolle Vernunft sollte sich auch an der Alltagstauglichkeit messen lassen können. Sie befähigt den Bürger, für die Demokratie einzutreten, sie zu beschützen. Der Intellektuelle, der um sich kreist und nur seine Vorteile sieht, kann nicht reinigend sein. Er oder sie kann nicht die Demokratie erneuern. Wer nur als Intellektueller glänzen will, hat die Nützlichkeit der Bildung verfehlt. Die Schöngeistigkeit mag beeindrucken, unterhalten, doch eine fundierte Ethik sollte gelebt werden. Wir brauchen die Menschen, die vernünftig und ethisch handeln, die den Mut aufweisen, für demokratische Grundwerte einzutreten. Die Bildung bleibt somit kein Selbstzweck und sie verkommt nicht zu einem abgehobenen, elitären Fachwissen. Es ist nicht vernünftig, seine Bildung nicht für den Menschen zu nutzen. Es ist nicht sinnvoll, sich nicht mit der eigenen Bildung für vernünftige Verhältnisse einzubringen. Das Abrufen von Wissen reicht nicht aus. Wissen will sinnvoll genutzt werden. Die Vernunft kann den Frieden bewahren, den Diktator entblößen, den Lügner entlarven, gesellschaftliche Schieflagen anprangern. Die Vernunft kann für Aufklärung und Gerechtigkeit sorgen. Die Mündigkeit und die eigene Aufklärung führen zu einem durchdachten Handeln.

»Wir brauchen nicht den Blender und den, der um sich kreist. Die Gesellschaft braucht die Mutigen!«

Die innere Leere

Feiertage, freie Zeit, die Angst wird groß, sie wächst von Stunde zu Stunde. Die Angst vor der inneren Leere wird übermächtig und du musst dir etwas einfallen lassen. Dein Partner kann dir auch nicht helfen, denn ihr ödet euch an. Die Stille in der freien Zeit ist unerträglich geworden, seit ihr beinahe allen Konflikten, die euch betreffen, aus dem Weg geht. Der Teppich ist riesengroß, und es wird ihm weiterhin eine Menge untergefegt. So soll es weitergehen, denn ihr scheut jeglichen Konflikt. Die Sprachlosigkeit, die sich daraus entwickelt hat, schmerzt. Die Stille wird immer unangenehmer. Sie muss gefüllt werden. Die Ödnis würde zu offensichtlich, wenn die Ablenkungen fehlten. Freie Zeit wird somit zum Stress, denn jeder Tag will gründlich organisiert sein. Die Uhr tickt gnadenlos, wenn ein Termin ausfällt. Die Stunden schleppen sich durch den Tag und die Interessenlosigkeit wird offensichtlich, wenn das Programm aus irgendwelchen Gründen nicht wie geplant abgerufen werden kann. Viele Menschen helfen immer, denn in der Meute hat man das Gefühl, dass alles richtig läuft. Die Einsamkeit zu Zweit ist schmerzhaft, und die Einsamkeit allein ebenso.

»Was quält dich und was führt zu diesen Schmerzen?« Der Alltag hatte zu einer Entfremdung beigetragen. Er hatte eine Anpassung erfordert, die schleichend Besitz vom deinem Ich ergriff. Die Passionen wurden vernachlässigt und somit das Selbst. Das Innere konnte nicht regelmäßig zum Bewusstsein vordringen und die Berufswelt, die privaten Klübchen, forderten eine ebenso immer stärker wirkende Anpassung. Der innere Vulkan versiechte. Die Abhängigkeit von der Bespaßung, irgendwelcher Belustigungen durch die Umgebung, Freizeitangebote und Gruppenevents wuchs. Die Fremdbestimmung hatte der eigenen Kreativität immer mehr Zeit, eigene, tieferliegende Impulse weggenommen. Nun wurde die Freizeit als quälend empfunden. Der Planer muss gefüllt werden, denn die Angst vor der drohenden Ödnis wird größer.

Es müsste eine innere Umkehr stattfinden, um selbstbestimmt und motiviert aus dem eigenen Selbst kreativ werden zu können. Wahre Gespräche erfordern Mut. Selbstbestimmte Lebenswege ebenso. Eine individuelle Freizeitgestaltung, die von den Freizeitindustrien unabhängig funktioniert, bedarf eines selbstbestimmten Handelns. Wenn ein Mensch den Anschluss an seine inneren Leidenschaften wieder herstellen kann, so wird er sich wohl fühlen. Er wird sich auf freie Stunden, Tage und Wochen freuen, da er selbstbestimmt tätig werden kann. Die Zeit wird verfliegen und der Kreative wünscht sich sogar noch viel mehr Lebenszeit.

Das Leiden begann mit der Entfremdung vom Selbst. Es begann mit der entfremdeten Arbeit, mit den fremdbestimmten Ansprüchen. Das alles hat zu einer inneren Leere, zu einem Leidensdruck geführt. Dieser will nun täglich betäubt werden. Es ist zu einem Lebensstress geworden, die inneren Schmerzen zudecken zu wollen. Die Entfremdung vom Selbst kann in einem konstruktiven Selbstfindungsprozess aufgelöst werden. Es erfordert Mut und Kraft, zu seinen verleugneten Leidenschaften zu stehen. Die so hoch gepriesene Pflichterfüllung muss überdacht werden. Man sollte den Tunnel einer fremdbestimmten Pflichterfüllung verlassen. Die Anpassung, die zu einer inneren Leere führte, kann niemals der richtige, erfüllende Weg bleiben. Wer im Konsumstress sein Selbst betäuben muss, ist mit sich nicht gesund umgegangen. Er oder sie hat nicht auf sich gehört. Man hat anderen das Ruder überlassen. Aus Bequemlichkeit und Vorteilssuche, Angst oder anderen ungesunden Triebfedern wurde verlernt, den Anschluss an sich selbst zu suchen und immer wieder zu erneuern. Viele Fremdbestimmte werden, solange das Geld reicht, sich bespaßen, immer wieder ablenken lassen und betäuben. Manchmal folgen aus Pleiten, Krankheiten und Scheidungen Einsichten, die dazu führen, eine innere Umkehr zu wagen. Doch es findet auch die innere Umkehr statt aus dem drängenden Bedürfnis ganz allein aus sich heraus oder durch den Anstoß eines konstruktiven Gespräches. Die Wege sind immer andere. Die individuellen Bedürfnisse und Lebensausrichtungen ebenso. Entscheidend ist, dass die Fremdbestimmung möglichst nachhaltig aufgelöst werden kann. Erst dann können die eigenen Energien frei fließen. Eigenständige Gedanken werden wieder anklopfen. Das Leben wird spannend auch ohne die pausenlose Fremdsteuerung. Nun steht der eigenen Kreativität nichts mehr im Weg.

Lebenstabus

Du siehst ängstlich und verklemmt aus und man kann den Eindruck gewinnen, dass dein Leben aus den Fugen geraten ist. Dabei hast du doch immer so viel Wert auf dein wohlgeordnetes Leben gelegt. Deine Richtlinien wurden stets befolgt und neue hinzugefügt. Du warst sehr eifrig in der Übernahme von Ratschlägen, Geboten und irgendwelcher Gesetzmäßigkeiten, von denen du nicht den Ursprung kanntest. Irgendwie reihten sich Scheinargumente an Argumentationsketten. Viele deiner Vorhaben sollten nicht gut sein, Unheil bringen und dem Weiterkommen im Weg stehen. Gern saugtest du alle klugen Ratschläge auf und so stellten sich dir immer mehr Hindernisse in den Weg deines Denkens und Fühlens. Vieles geriet somit zum Tabu. Dringende Themen fielen ins Abseits, denn das angepriesene Ausklammern von menschlichen Bedürfnissen in der Kommunikation, führte immer mehr in die Isolation. Die Diplomatie wurde zur Sprachlosigkeit. Die Tabuisierung beherrschte den menschlichen Umgang und schließlich das eigene Denken. Ich darf nicht über Geldprobleme sprechen. Die Sexualität geht niemanden etwas an, und die Beziehungskrise muss ebenso verheimlicht werden. Die Scham wird übergroß, wenn die Tabus das Denken und Sprechen beherrschen. Freies Denken, Reden und Handeln kann mit Verklemmung, Tabuisierung nicht stattfinden. Der zwischenmenschliche Austausch stockt. Er droht sogar ganz abzureißen, da die Tabus das Denken und Handeln beherrschen.

»Was darf man wann wem sagen? Worüber kann man frei sprechen? Was ist gesellschaftlich erlaubt, was ist mir erlaubt? Darf ich ohne Schuldgefühle das eine oder andere denken? Bin ich egoistisch, wenn ich eigene, selbstbestimmte Wege gehen will? Was darf ich als Frau wollen? Welche Normen oder Glaubenssätze engen mich ein? Kann ich zu meinen sexuellen Vorlieben stehen? Wie werde ich angesehen, wenn ich mal nein sage?«

Der Alltag verkommt zum Spießrutenlauf, wenn Gebote, Verbote und Tabus das Leben, das eigene Denken maßregeln. Ausweichen, abtauchen, sich anpassen und immer wieder sich selbst mit anderen vergleichen. Es ist die tödliche Dosis für ein freies Selbst. Nur keine Fettnäpfchen betreten und nur nicht anecken, so verkommt das Leben zu einem Einheitsbrei, einem von Tabus gezeichneten Rinnsal. Das Leben versickert und kann nicht dynamisch fließen. Es bietet sich ein trauriger Anblick eines verpfuschten Lebens, das die Tabuisierung nicht verkraftet hat.

Die verbotene, unbequeme Frucht

Du flutest jeden Raum, egal wie deine Stimmung ist. Deine Melancholie ist genauso ansteckend wie deine Euphorie. Wir brauchen solche Menschen. Es sind die wenigen, die noch übrig geblieben sind in der Welt der Masken. Der genormte, stromlinienförmige Mensch soll kaufen, viel arbeiten und sich nicht beschweren. Er soll funktionieren und vor allem nicht frei denken. Er darf und will nicht in Fettnäpfchen treten. Wir alle wissen, dass sehr viele alles tun, um einen Vorteil zu erhaschen. In der Welt des Geldes ist alles möglich und wem kann man da noch trauen? Du bist anders, ganz anders und deshalb kannst du den Menschen direkt in die Augen sehen. Auf viele wirkst du unheimlich, denn deine Aura vermittelt Klarheit im Denken, im Fühlen und im Sprechen. Du lässt deine Gefühle zu und deine Intuition funktioniert noch. Dein dynamischer Gang zeugt von deinem Selbstbewusstsein. Du hast dich nicht kaufen lassen und unterworfen. Du bist ein Dorn im Auge der Angepassten. Einige ängstigen sich, wenn du den Raum betrittst, denn sie fürchten sich vor deinem Klarblick. Die Gefesselten und die Herrscher wollen nicht entlarvt werden. In der schnelllebigen Zeit radeln sie oft und gern davon, wenn sie auf einen Mutigen treffen. Der Unbequeme könnte zum Alptraum werden, wenn man mit ihm Zeit verbringen soll. Er könnte Wunden aufreißen, Fragen stellen und die kostbare Maske abreißen. Doch die verbotenen, unbequemen Früchte unter uns ziehen uns in unseren Bann, wir lieben sie, denn ihr Lachen, Weinen und Denken leuchtet in der Dunkelheit der Anpassung. Wir alle wollen gesehen werden, so wie wir sind, und wir wollen nicht pausenlos als billige Konsumenten eingestuft werden. Unsere Sehnsucht gilt den echten Gefühlen und wir lieben die Authentischen. Wir wollen an wahren Gefühlen partizipieren. Der Konsum füllt uns nicht aus. Die verbotene, unbequeme Frucht leuchtet und schaut in die Abgründe. Dies ist kein Widerspruch. Der Leuchtende muss in Abgründe sehen, denn diese gehören zum Leben. Wir lieben den Verbotenen dafür, da er uns den Weg weisen kann, ohne uns irgendetwas zu befehlen, denn der Unbequeme liebt die Freiheit. Er lässt andere frei atmen und zeigt, dass die Freiheit gelebt werden kann. Die Herrschsüchtigen werden innerlich kochen, wenn der Leuchtende an ihnen vorrübergeht und als ein lebendiger Beweis für die Freiheit stehen kann. Niemand fürchtet mehr die verbotene Frucht als der Hinterhältige, Berechnende, der andere an Fäden zappeln lässt. Die verbotene Frucht ist ansteckend, ansteckend selbstbestimmt, und wenn Menschen mit ihr in Kontakt treten, so werden die Samen der Selbstbestimmung Früchte tragen. Der Herrschsüchtige wird vor Wut schnauben und sich einmal mehr vornehmen, dem Selbstbestimmten auszuweichen. Der Sog der Masken auf den Straßen des Konsums beeinflusst unser Denken, unser Fühlen. Die Mutigen, verbotenen Früchte sind umso kostbarer, wir brauchen sie. Sie leuchten in der Dunkelheit der Fremdbestimmung.

Die Zweifel an dir

Du warst es gewohnt, von klein auf in Frage gestellt zu werden. Du ertappst dich immer wieder dabei, wie du dich von außen betrachtest, wie du dich kritisch ansiehst. Dir entgeht kein Fehler, du bist überkritisch und dadurch verletzlich. Die anderen haben ein leichtes Spiel, denn sie können dich sehr schnell verunsichern. Du deutest die Blicke der anderen und dabei unterlaufen dir permanent Fehler. Dein eigener überkritischer Blick verunsichert deine Wahrnehmung. Dein Auge auf dich ist nicht wohlwollend, denn zu lange hatte man dich kritisch und nicht schätzend angesehen. Diese Zeit hat abgefärbt und nun hast du diesen kritischen Blick auf dich übernommen. Das tut dir nicht gut und es ist an der Zeit, den Blick auf dich selbst zu verändern. Du brauchst einen anderen Blick auf dein Selbst und somit auch auf die Welt, denn du schneidest viel zu schlecht ab im Vergleich mit den anderen. Wenn du deinen Mitmenschen zusiehst, erscheinen sie dir oft federleicht, unbelastet und agil. Du selbst fühlst dich oft belastet, da die inneren Abwertungen wie Tonnen an dir hängen. Du kannst dich selten in die Höhen schwingen, die dir entsprechen, da die Klänge der Kritik nachhallen. Deine Melancholie und tiefe Traurigkeit ist immer da, weil du die Überdosis Kritik mit dir herumschleppst.

In der Gegenwart derer, die es gut mit dir meinen, fühlst du dich unbeschwert und leicht, ja regelrecht euphorisch. Du blühst auf und kannst alles zeigen, was in dir steckt. Frei und unbekümmert kannst du deine Inhalte vermitteln, denn du weißt, dass dir die Worte nicht im Mund umgedreht werden. Die Zweifel verschwinden in diesen Stunden. Du darfst du selbst sein. Alle Selbstzweifel schmerzen nicht und die unbelastete Eigendynamik kann wirken. Sie ist ansteckend, du bist ansteckend positiv. Deine Energie kann frei fließen und somit beschwingst du das du. Frei, federleicht schwebst du durch den Raum, wenn es die Menschen gut mit dir meinen. In solchen Momenten kennst du kein Leiden. Doch die tonnenschweren Klötze der Abwertungen holen dich immer wieder ein. Du wurdest zu lange zu ausdauernd in Frage gestellt. Dein Selbstbild bleibt verzerrt, doch du wirst an diesem Problem arbeiten, arbeiten müssen. In der Gegenwart der dich Quälenden hältst du es kaum aus. Die Zweifel der Zweifler, derjenigen, die dich in Frage stellen, verwunden dich immer wieder aufs Neue.

»Sei ehrlich zu dir! Nenne die Namen der Zweifler! Wer stellt dich in Frage? Schütze dich! Rette dich! Suche die Unterstützung der Konstruktiven! Du bist es wert, geachtet zu werden.«

Der doppelbödige Herrscher

Der doppelbödige Herrscher dominiert, indem er sich beherrschen lernt. Er beeinflusst die anderen, indem er seine wahren Gefühle nicht preisgibt. Er schiebt die Menschen wie Schachfiguren hin und her. Um zu dominieren, muss die Inszenierung immer wieder aufs Neue gelingen. Die wahren Gefühle werden verheimlicht. Der Herrscher beherrscht sich, um in einem weiteren Schritt die anderen zu beherrschen. Er oder sie übt sich im Schauspiel. Nichts soll auf Schwächen hinweisen. Emotionen könnten einen Einblick gewähren. Die unvermittelten Gefühle, die spontanen, emotionalen Bekundungen würden etwas über das Wollen und wahre Denken preisgeben. Die Maske könnte abfallen. Ein verletzbarer, entblößter Herrscher müsste um seine Macht bangen. Seine Dominanz, seine allumfassende Einflussnahme wäre in Gefahr. Der Mächtige will sich nicht in die Karten schauen lassen. Er oder sie versteckt sein wahres Gesicht. Er will sich nicht in sein Herz schauen lassen und fragt lieber die anderen aus. Er sammelt Informationen, die immer dazu dienen, andere zu beherrschen. Der Herrscher lenkt, er manipuliert und versteckt sich hinter seiner Maske. Die Menschen sollen ihm weiterhin dienen, und wenn jemand abtrünnig werden will, so wird der Herrscher seinen Geldbeutel zücken. Es ist das altbewerte Spiel eines doppelbödigen Zombies. Er wird sich isolieren, egal wie viel Menschen ihn umgeben. Er kann niemandem trauen, da keiner freiwillig anwesend ist. Er selbst verheimlicht seine Gefühle und erfährt somit keine Spiegelung. Nur der Mutige traut sich, ehrlich zu sprechen und dem Herrscher ein Feed back zu geben. Mit Drohungen, Streit und Geld legt er die Menschen in Ketten. Er wird sich die schönsten Mäntel umwerfen und seine wahren Gefühle nicht zeigen. In seinem Herzen wohnt die Schwäche, in seinem Verstand die Hinterhältigkeit. Er spürt sich in seiner Destruktivität und bleibt isoliert. Die armen Kreaturen umschwärmen ihn, weil sie Abhängige sind. In diesen Beziehungsstrukturen, der Dominanz und Abhängigkeit lässt niemand gern in sein Herz schauen. Das Leben wird fremdbestimmt. Würden die Menschen nicht so ihr Leben gefährden, vergeuden, wegwerfen, so könnte der Zuschauer dieses Affentheater unberührt ansehen. Doch das wahre Leben ist keine Aufführung und jeder, der in den Fängen eines doppelbödigen Herrschers steckt, hat sein Leben verwirkt.

Der Verwundete

Das Trauma hat sich tief in die Seele gefressen. Der Verwundete hat alles gegeben, was ihm noch möglich war, obwohl ihn seine Wunden schmerzten. Er war und ist intelligent, wissbegierig und fleißig, doch er konnte sich in der Vergangenheit nicht ausreichend schützen. Man hatte ihm sehr viel angetan, doch er wollte leben, sich niemals aufgeben. Seine Disziplin war vorbildlich, doch ein Verwundeter sollte sich auch um seine Wunden kümmern. Ein Verletzter darf die Traumata nicht unbehandelt lassen. Die Wunden schmerzen und sie werden unglaublich groß, wenn sie ignoriert werden. Der Verwundete gewöhnt sich an den anhaltenden Schmerz. Doch wie lange wird er oder sie überleben können? Jeder Traumatisierte braucht Zeit, sich um sich selbst zu kümmern, um zu begreifen, was mit ihm geschehen ist. Freie Zeit, um in die Schluchten der Seele zu sehen, bleibt eine Notwendigkeit. Das Bewusstsein lässt nicht alles zu, denn es besitzt Schutzmechanismen. Vieles gerät in die Verdrängung, anderes in die Verdrehung. Das Leben wird nicht selten schön geredet. Es fehlt oft die Kraft, wiederholt in die Schluchten der Seele zu schauen. Der Schmerz und die Trauer über das Erlebte und Erlittene sind oft unbeschreiblich groß. Nicht selten wird die Flucht angetreten. Die Schmerzvermeidung kennt viele

Schattierungen. Wunden bleiben häufig unversorgt. Lebenslügen bleiben bestehen. Leidensprozesse durchziehen das Unterbewusstsein und erreichen manchmal den Verstand, die Vernunft, das Empfinden. Der Verwundete ist mit seinem Elend konfrontiert und kann es dennoch häufig nicht einordnen. Die Seele schmerzt und führt zu einer tiefen Erschöpfung. Die eigene Begabung kann deshalb häufig nicht zur vollen Blüte gelangen. Mut, Hoffnung und der immer noch vorhandene Antrieb können den Weg aus der Krise bewirken. Die Leuchtkraft des Selbst kann entfacht werden. Der Verwundete braucht Zeit, um sich seiner Verwundungen zu stellen. Er braucht Mut, sich die Wunden anzusehen. Er braucht Hilfe, um sich der Ursachen bewusst zu werden.

Alle Talente schlummern tief im Selbst. Wenn er oder sie das Trauma überwunden hat, so wird die Leuchtkraft deutlich. Sie war verschüttet, zugedeckt, sie konnte nicht sichtbar werden. Der Verwundete konnte nicht strahlen, sich nicht zeigen. Er oder sie war im Leidensprozess gefangen. Alle Passionen, Talente und individuellen Wünsche konnten nicht nach außen treten. Jeder Verwundete braucht Zeit und Menschen, die ihn befähigen, das Trauma aufzuarbeiten. Der Genesene kann seine Strahlkraft entfalten.

»Lasst uns nicht den Mut verlieren! Lasst uns den Blick aus der Perspektive der Hoffnung niemals aufgeben! Lasst uns die letzte Kraft zusammennehmen, um die richtigen Schritte zu gehen!« Es werden die rettenden Wege aus der Dunkelheit des Traumas sein. Ein Geheilter kann die Flamme der Hoffnung den anderen weiterreichen. Ein Genesender birgt die Schätze der Erfahrung in sich. Er oder sie kann den Weg aus der Dunkelheit ausleuchten. Die Erfahrung ist unendlich kostbar. Der Mensch lebt, leidet, geht weiter, sucht nach Lösungen. Das alles macht diese Existenz aus. »Lasst uns genau hinsehen und aus dem Schmerz lernen!«

Das Loslassen

Du bist älter geworden und schaust an dir herunter. Dein Körper hat sich verändert. Du bist stark genug, diesen Prozess anzunehmen, ohne dich jemals zu vernachlässigen. Es ist der natürliche Alterungsprozess, der nun immer deutlicher sichtbar wird. Diese offensichtliche Veränderung spricht zu dir. Sie weist dich auf die Zeit hin, auf den Lebensfluss, auf das Werden und Vergehen. Du bist ein Teil des Großen und Ganzen. Dein Gesicht gefällt dir immer noch, obwohl es tiefe Spuren deines Lebens trägt. Du hast viel erlebt und das kann jeder deutlich sehen. Du hast in die Abgründe des Lebens gesehen, das kann jeder erkennen, der sich die Mühe macht, genau zuzuhören. Wenn man deinen Erzählungen lauscht, wird es hörbar, dass du in die dunkelsten Ecken der Existenz gesehen hast. Dir war es immer wichtig, genau hinzusehen, nichts auszublenden. Dir lag die Realität am Herzen. Dir waren diejenigen suspekt, die mit Scheuklappen durchs Leben jetteten. Das große Verdrängen traf dich mitten ins Herz und du wolltest alles dafür tun, niemals ein Verdrängender zu werden. Du wolltest niemals blind, verblendet und abgestumpft durchs Leben rasen. Die vielen Vorteilsbedachten lachten dich immer wieder aus. Sie kritisierten dich, beschimpften dich und ließen dich ihre Arroganz spüren. Du wusstest, dass du sie nur mit Äußerlichkeiten beeindrucken konntest, denn zu Inhalten hatten sie keinen Hebel. Sie rasten durchs Leben und wollten den Spaß. Deine Erfahrungen sind abgespeichert und selbst dir nicht immer bewusst. Sie haben dich reifen lassen, sie konnten dich nicht auslöschen. Du bist nicht abgestumpft, nicht verhärtet, nichts konnte dein Selbst zerstören. Deine Sensibilität und Gutmütigkeit hat sich nicht in Härte und Berechnung verwandelt. Der Schmerz war oft überwältigend, doch er konnte dich nicht brechen, du hast dich aus den Tiefen herausgearbeitet. Die stetige Arbeit an dir selbst hat dir Flügel wachsen lassen und so konntest du immer wieder neue Horizonte entdecken. Das Leben blieb lebenswert. Du wolltest dich niemals brechen lassen und deshalb musstest du so manchen Abschied schmerzlich feiern. Schon in jungen Jahren erkanntest du, dass jeder Mensch ein Anrecht auf seine Entfaltung erhalten sollte. Der Mensch ist kein Mittel zum Zweck und die Würde kann sich nur in der Freiheit und Selbstbestimmung erschließen. Niemand sollte in Ketten gelegt werden. Der Respekt vor dem du zeigt sich in der Akzeptanz des Wollens. Du beobachtetest die Flüchtigkeit der Liebe, wenn sie eingefangen werden sollte. Die Natur verschwendet sich. Das Kommen und Gehen, der Lebenskreislauf bleibt trotz aller Berechnungen ein nicht allumfassend planbares Rätsel. Das Sicherheitsstreben der Menschen wird täglich erschüttert. Wir wollen durch unsere Kunst, durch unsere Kultur und Überlieferungen das weitergeben, was für uns von Bedeutung ist. Unsere Erkenntnisse sollen nicht verblassen und der Vergessenheit preisgegeben werden. Der Mensch möchte alles Wertvolle erhalten und somit der Vergänglichkeit trotzen. Vielleicht möchte der eine oder andere von uns in seinem Werk unsterblich werden. Der Mensch plant und verfolgt Ziele und muss dennoch erleben, dass genau diese Pläne nicht immer aufgehen. Wir alle sind den Wellen, den Stürmen ausgesetzt. Die Orkane toben und die Natur produziert umso mehr Nachkommen einer Spezies, wenn diese vom Aussterben bedroht ist. Wir alle durchleben Höhen und Tiefen. Wir sehen in finstere Abgründe und das Klammern, Drohen und Befehlen wird niemals helfen. Das Leben tickt anders. Gedanken können genauso wenig kontrolliert werden, wie Gefühle, wie Stürme und Flüsse. Die Kraft der Liebe erschüttert viele und so kann man beobachten, dass die Verletzten nach der Enttäuschung die Sicherheit in der Distanz suchen. Der Mensch will sich schützen, doch es gibt auch keine Sicherheit im Rückzug oder in der keimfreien Isolation. Das ist eine Fehleinschätzung. So tickt nicht das Leben. Das krampfhafte Klammern und Festhalten-Wollen können nicht helfen, nichts konstruktiv aufbauen. Wir Menschen können nichts hundertprozentig berechnen und vorhersehen, kontrollieren und auch nicht lenken. Die Gefühle, Stürme und Flüsse bahnen sich ihren Weg. Die Wissenschaften geraten stetig an ihre Grenzen und die vielen Fehlkalkulationen zeigen die Fehlerhaftigkeit menschlichen Handelns. Wir können versuchen, unser Bestes zu geben, doch wir sollten in Demut erkennen, dass wir dem Lebensfluss nichts vorschreiben können. Jeder einbetonierte Fluss tritt irgendwo über die Ufer und ein in Ketten gelegter Mensch giert nach der Freiheit. Der Eingesperrte sucht nach einer Gelegenheit zu flüchten, sich zu befreien. Der Unterdrückte kann sein Gefängnis oft nicht erkennen und im Unterbewusstsein brodelt es heftig. Der Gebrochene vegetiert an seinem Inneren vorbei. Die Stärke des Menschen wird im Loslassen sichtbar. Der Weise, der Erfahrene weiß um die Kostbarkeit des Loslassens. Der wahrhaft Liebende weiß um die Notwendigkeit des Loslassens. Die Liebe lässt sich nichts befehlen und sie lässt sich nicht kaufen, nicht erzwingen. Das Freilassen zeugt von einer großen Hingabe. Durch die Liebe kann der Mensch seine Isolation überwinden. Die Freiwilligkeit zeugt von der Qualität einer Liebe. Durch die Liebe kann der Mensch über sich hinauswachsen und Unglaubliches bewegen. Die Kraft der Liebe ermöglicht es uns, nicht immer um uns zu kreisen. Wir richten den Blick auf das du. Wir können uns im du spiegeln, erfahren. Wir können durch die Liebe die Selbstgefälligkeit überwinden. Der Egoismus kann besiegt werden. Das Loslassen ermöglicht den Zugang zum du. Es durchbricht Blockaden. Der Weg zu einer wahren, authentischen Begegnung kann umgesetzt werden. Die Qualität liegt in der Begegnung auf Augenhöhe. Wer dem anderen nichts befiehlt, wird in der Freiwilligkeit empfangen können. Wer den anderen nicht eingrenzt, wird über den Tatendrang des Partners staunen. Wer andere nicht in Ketten legt, kann sie wachsen und gedeihen sehen. Wer den anderen liebt, wird ihm die Freiheit schenken. Wir alle können unsere Pflänzchen setzen und auf das Gedeihen hoffen. Wir sollten mit unserer Fürsorge das Wachstum nicht behindern und die zarten Pflanzen nicht platttreten.

»Lasst uns unser »Um-uns-selbst-Kreisen« durchbrechen! Das Loslassen ebnet den Weg zum du. Wir sollten dem Feuervogel niemals die Flügel stutzen!« Alles sucht sich seinen natürlichen Weg. Gefühle kann man nicht in ein Glas sperren und das Wasser verschwindet vor deinen Augen. Es sucht sich seine Bahnen in den Schluchten der Ewigkeit.

»Lasst uns geschmeidige Segler werden! Lasst uns zu großen Surfern des Urmeers werden! Lasst uns dabei wohlwollend zuwinken! Verbannt das Auge der Kontrolle! Verwandelt es in ein liebendes! Ich lasse dich los, weil ich dich liebe. Ich will für dich stark sein!«

Der tägliche Spagat

Normen, Pflichten, Erwartungen und das alles angereichert mit Angst und Hoffnungen, dies bedeutet für uns alle Stress. Emotionale Verstrickungen, eventuelle Affären, Beziehungskrisen, dies alles führt zu Überforderungen und quälenden Gedanken. Unser Gehirn, die Schaltzentrale unseres Selbst arbeitet hart, ist im Dauereinsatz. In unserer Schaltzentrale funktioniert Unglaubliches und dennoch läuft vieles schief. Auch wenn wir uns noch so anstrengen, so unterlaufen uns allen immer wieder Fehler. Wir können es niemals schaffen, alles bewusst zu denken, Tag für Tag, Woche für Woche, rund ums Jahr. Wir tappen immer wieder in Fallen. Niemand kann es bewerkstelligen, alles bewusst zu erfassen und glasklar zu durchdenken. Wir haben manchmal den Eindruck, dass wir unser Leben bewusst lenken können, wenn Gewohnheiten, Sicherheiten, Rituale suggerieren, dass alles wie geschmiert und bestens geplant, reibungslos abläuft. Regelmäßige Abläufe suggerieren uns, dass wir sicher im Lebenssattel säßen. Feste Strukturen entlasten unser Gehirn. Der Mensch sucht die Entlastung und fällt nicht selten in die Grube der Monotonie und Bequemlichkeit. Bequeme Trampelpfade können uns täuschen, fehlleiten und sie können uns verkümmern lassen. »Schütze und lebe deine Flexibilität und Lebendigkeit!« Ritualisierte Alltagsstrukturen halten uns oft davon ab, frei und selbstbestimmt zu entscheiden. Stress und Hektik verwirren den Einzelnen. Wir sind häufig überfordert. Die Schnelllebigkeit, der Zeitmangel, der Druck von außen auf das Selbst, kann uns verführen, in Fallen zu tappen. Die Entscheidungsfreiheit kann uns entgleiten, wenn ritualisierte Alltagsstrukturen übermächtig werden. Wenn uns die Hektik auf nicht zeitgemäße Trampelpfade zurückgreifen lässt, so ist Vorsicht geboten. Wenn wir aus einer Überforderung heraus uns neuen Wegen verschließen, so werden wir handlungsunfähig. Ängste bestimmen das Leben eines Überforderten. Unser Gehirn, unsere Schaltzentrale sucht nach der Entlastung. Sie sehnt sich nach der Ausgeglichenheit, der Ruhe und dem Gleichklang. Regelmäßige Abläufe suggerieren uns Sicherheit und geben uns eine Struktur in der hektischen, schnelllebigen Zeit.

Doch die Gewohnheit birgt die Gefahr der Bequemlichkeit, und die geistige Enge und Faulheit können in die Sackgasse führen. Trampelpfade, ausgetretene Wege, die nicht durchdacht und überprüft werden, bergen die Gefahr der Unfreiheit und Unmündigkeit. Nichts ist schon automatisch gut, weil man es immer so gemacht hat. Nichts ist logisch, weil man oft in dieser Form argumentiert hat.

Freiheit ist Arbeit. Freies Denken ist die Grundvoraussetzung für ein selbstbestimmtes, verantwortliches Leben. Sich frei zu äußern, setzt Mut voraus, vor allem dann, wenn die eigene Meinung nicht die gängige ist. Die Qualität einer Entscheidung basiert auf ihrer Freiwilligkeit. Die Freiheit kennt nicht das Netz einer endgültigen Sicherheit. Die Erarbeitung eines Standpunktes bedeutet, sich zu informieren und sich mit den Fakten immer wieder neu zu konfrontieren. Die Erarbeitung eines Standpunktes beinhaltet die Arbeit am Selbst im Austausch mit dem Du über die Welt. Die ethische Kompetenz setzt die individuelle, freie Entscheidung voraus, denn alles, was unter Druck, Zwang und Not entschieden wird, entbehrt der Freiwilligkeit. Der freie Wille ist somit die Grundvoraussetzung einer ethischen Ausrichtung. Ein Bedrängter oder schlimmstenfalls Gefolterter kann nicht frei entscheiden. Wir alle sind gefordert, uns unsere Standpunkte zu erarbeiten. Wir sind angehalten, unser Selbst zu stärken, um freiwillige Entscheidungen aus unserer Stärke heraus zu treffen. Ein freies, mündiges Selbst ist das Ziel. Der Mündige kann immer wieder die Stärke aufbringen, nein zu sagen. Er ist eher gewappnet gegen Manipulationen und Indoktrinationen. Starke Menschen sind die Voraussetzung für eine starke Demokratie.

»Lasst uns zu selbstbestimmten Bürgern heranreifen! Lasst uns unsere Mündigkeit bewahren! Lasst uns niemals zu bequem werden, selbstständig zu denken! Lasst uns nicht vom Dschungel des Alltags verschlucken! Lasst uns nicht im tagtäglichen Spagat zwischen Normen, Erwartungen und fremdbestimmten Anforderungskatalogen zusammenbrechen! Wir alle sollten uns die Mühe machen selbstständig zu denken und zu entscheiden. Wir können an unserer Lebenskompetenz und Mündigkeit arbeiten.«

Wir alle befinden uns im tagtäglichen Spagat zwischen vernünftigen Traditionen, Werten, kulturellen Errungenschaften und neuen Wegen auszuwählen. Wir können den Spagat aushalten, nutzen und uns immer wieder bewusst vor Augen halten. Es nützt niemandem auf alten Trampelpfaden kopflos zu trotten und es nützt niemandem in Hektik und Unerfahrenheit bewährte Errungenschaften über Bord zu werfen. Wir werden uns die Mühe machen müssen, Werte, Traditionen und bewährte Wege genau anzusehen. Wir müssen in Ruhe und Klarheit immer wieder neu auswählen und entscheiden. »Lasst uns mit klaren, mutigen Augen in die Welt sehen!«

Nichts geschieht ohne Grund

Die Welt wächst zusammen. Du wunderst dich täglich über die Schieflagen in deiner Nation, in der Gesellschaft, in deiner Stadt und der gesamten Welt. Gleichzeitig wirst du zugedröhnt mit den Botschaften der Konsumindustrie. Die Politiker rufen nach mehr Wachstum und dir dröhnt der Kopf. Wie kann es sein, dass alles aus den Fugen gerät, obwohl die Möglichkeiten der Kommunikation turbomäßig zugenommen haben. Die Absichtserklärungen vieler Politiker erscheinen dir wie ein Hohn. Du hast langsam aber sicher die Nase voll von den vielen Bekundungen die wieder im Sande verlaufen. Du fühlst dich ohnmächtig angesichts der vielen Schieflagen. Das Immer-Weiter-So macht dir Angst und gleichzeitig macht es dich wütend. Du fühlst dich oft hilflos. Du lebst in einer Zeit, in der vor allem kommerzielle Strukturen das Leben bestimmen. Du lebst in einer pluralistischen Gesellschaft. Dies bietet eine Chance auf Freiheit und birgt gleichzeitig die Gefahr einer Verwirrung, einer Überforderung. Die multikulturelle Gesellschaft beinhaltet neue Perspektiven und gleichzeitig beobachtest du eine zunehmende Verwirrung, wenn sich der Einzelne in dem vielfältigen Angebot unterschiedlicher Lebensformen nicht mehr auskennt. Die Informationsflut überrollt dich täglich und du musst in deinem kleinen menschlichen Rahmen funktionieren, schließlich willst du nicht verhungern oder obdachlos werden. Das Überangebot an Informationen lässt viele abstumpfen, weiß doch ein jeder, dass die Auswahl der Informationen selektiv und nicht global allumfassend funktionieren kann. »Wir alle sollten uns täglich bewusst werden, dass wir nur einen sehr kleinen Ausschnitt aus dem Weltgeschehen verfolgen können.« Dennoch stellt diese Auswahl bereits eine Überforderung dar. Der Normalbürger sieht und hört die Schieflagen, fühlt sich ohnmächtig und geht zum Alltagsgeschehen über. Die Zeiten meinen es schon lange nicht mehr gut mit so vielen. Auch in Europa ist das Wirtschaftswunder längst Vergangenheit. Die Botschaften der Konsumindustrie prasseln auf dich ein. Vielleicht träumen sich manche weit weg in ein Leben der Genüsse. Wer es sich leisten kann kompensiert seinen Schmerz mit einer gehörigen Portion Konsum. Der Trost soll in der Ablenkung liegen, wenn sich die Schieflagen nicht mehr komplett verdrängen lassen. Viele Politiker schreien nach mehr Wachstum. Sie wollen den Frieden und schüren nicht selten den kalten Krieg. Dir schwirrt der Kopf, wenn du versuchst das alles gleichzeitig zu denken. Du weißt nur zu gut, dass Kettenreaktionen brandgefährlich sind. Du hast viel aus der Historie gelernt. Die Wirtschaft, ihre Absichten, die Märkte und die Politiker im eitlen Bestreben, dir wird schwindelig, denn du vermisst schmerzlich eine Ethik. Du willst dich deinen Ängsten nicht hingeben. Du willst stark sein, dich nicht betäuben. Du willst nicht verrohen und abstumpfen. Du willst du selbst bleiben und dich dir nicht wegnehmen lassen. Du willst kein Getriebener deiner Ängste werden. Die Flugzeuge kreisen um den Globus und sie bringen nicht nur exotisches Obst. Sie haben andere Denkrichtungen, Religionen, andere Gene und kulturelle Ausrichtungen im Gepäck. Die Welt wächst zusammen. Alles hängt mit allem zusammen. Das soziale Gefälle wütet, es wütet weltweit. Menschen verhungern, verdursten, sterben an Krankheiten, die durchaus zu behandeln wären, gäbe es die notwendige Hilfe. Die Welt wächst zusammen und die Märkte toben sich aus. Die Globalität erscheint in immer neuen Gewändern, die Politiker sprechen von der globalen Verantwortung, während das Handeln meistens national gesteuert ist. Wenige schöpfen einen unermesslichen Reichtum ab, während sehr viele hungern, verhungern. Du beobachtest dies tagtäglich in den Nachrichten und das alles macht dir Angst. Die Fakten beeindrucken dich, sie wirken auf dein Gehirn. Die Angst ist ein schlechter Berater und du kannst weder dir selbst noch in deinem Umfeld hilfreich sein, wenn du angstbesetzt und kopflos reagierst. Manchmal spürst du eine Ohnmacht und ein kalter Schauer läuft dir über den Rücken. Du weißt sehr genau, dass beinahe alles aus den Fugen geraten ist. Alles hängt mit allem zusammen und viele Fehlentscheidungen der Politiker rasen nun als Folgekatastrophe auf uns alle zurück. Klimakatastrophen, Hunger, Menschenrechtsverletzungen lassen die Menschen zu Flüchtlingen werden. Wer noch etwas Geld hat, wer noch laufen kann, der macht sich auf den Weg, der versucht dem Alptraum zu entkommen. Die Hilflosigkeit breitet sich aus im Denken und im Fühlen, wenn die Fehlentscheidungen so vieler Politiker immer sichtbarer werden. Wir alle bleiben oft hilflos und überfordert zurück, wenn unsere begrenzten Möglichkeiten und Engagements nur als Tropfen auf den heißen Steinen verdampfen. Wir werden informiert und können angesichts der vielen Katastrophen zu wenig tun. Die Ohnmacht wird zu einer Überforderung. Die Hilflosigkeit kann sich in unser Herz und in unseren Verstand einschleichen. »Wir müssen achtsam bleiben und uns nicht in einer Lethargie wiederfinden. Wir müssen achtsam und aktiv, aufmerksam bleiben, damit wir uns nicht in den Konsum zurückziehen. Wir alle müssen handlungsfähig bleiben, unseren Beitrag leisten, unsere Demokratie beschützen! Wir sollten immer wieder laut sein, unsere Stimme erheben! Wir alle sollten nicht angesichts der Informationsflut abstumpfen, resignieren. Wir haben eine Meinung, eine Stimme! »Sei achtsam! Verharre nicht in der Angst! Lasse die Angst niemals zu deinem Berater werden, denn sie könnte dich zu einem egoistischen Zombie werden lassen!« Die Angst schürt oft den Egotrip, da ein ängstlicher Mensch krampfhaft etwas vom verbleibenden Kuchen abbekommen möchte. Die Angst endsolidarisiert nicht selten den Menschen und wer nur um sich kreist, kann in einer Demokratie nicht hilfreich sein. Die Egomanen können die Demokratie nicht erneuern. Das kleinbürgerliche Idyll wird zur Falle. Der Egotrip wird zur Gefahr für uns alle.

»Wir sind gefordert, uns einzubringen!« Es drängt sich dir der Verdacht immer deutlicher auf, dass viele Mächtige dieser Welt in ihrem Vorteilsstreben die globalen Zusammenhänge vernachlässigen. Die Scheuklappen der Vorteilsnahme blockieren den Blick auf die elementaren Zusammenhänge. Du stellst dir oft die Frage nach der Verantwortung und dir wird es schon wieder schwindelig bei all dem Säbelrasseln, Verdrängen und nationalem Vorteilsdenken. Viele Mächtige scheinen nicht zu begreifen, dass sie nicht länger in der eigenen Suppe rühren dürfen, zu viel steht auf dem Spiel. Die Winde fegen über den Globus, die Menschen kreisen durch die Welt. Die Verantwortlichen denken häufig zu wenig komplex und die Anforderungen an ein globales, ethisches Konzept werden täglich deutlicher. Die menschlichen Kulturen die sich über Jahrtausende entwickelt haben wachsen zusammen und es entsteht eine neue Dimension. Die neuen Gesellschaften fordern ganz andere Handlungsweisen von uns allen. Die Anforderungen sind komplex und der gesellschaftliche Zusammenhalt kann nur über eine große Toleranz und Integration hergestellt werden. Kein Land dieser Welt kann sich nur die Rosinen herauspicken. Kein Land dieser Welt kann Lösungen umsetzen, wenn es nur national und eingegrenzt denkt. Wir alle hängen wirtschaftlich, klimatisch und friedenspolitisch voneinander ab. Ein nur national orientiertes Bestreben kann die großen Herausforderungen der Jetztzeit nicht mehr lösen. Das soziale Gefälle wütet immer dann, wenn der Ausbeutung die Türen geöffnet werden. Dies gilt für die Zustände innerhalb einer Nation und dies gilt auch für die internationalen Belange. Man denke nur an die nicht abreißenden Flüchtlingswellen. Wir alle hängen von internationalen Entscheidungen ab. Menschen hungern, flüchten, sterben und gleichzeitig wächst die Welt weiterhin zusammen. Die Märkte toben. Politiker sprechen immer häufiger von einer globalen Verantwortung und schließen gleichzeitig andere Nationen im Diskurs aus, wenn zum Beispiel die Außenpolitik nicht akzeptabel ist. Drohungen und Erpressungen dominieren das internationale Parkett. Das Säbelrasseln erinnert an die Steinzeit, während die globalen Märkte sich weiterhin austoben. Der Einzelne unterliegt nicht selten den Ohnmachtsgefühlen, denn wer hat noch Möglichkeiten Durchdringendes zu bewegen? Viele entwickeln aus den Ohnmachtsgefühlen heraus Depressionen, wenn eigene Gestaltungsmöglichkeiten verschwinden. Einige Weltbewohner schöpfen in diesen Tagen einen unerschöpflichen Reichtum ab, andere verhungern. Diese Schieflagen werden hingenommen. Es gibt keine verbindliche Ethik wenn Schlupflöcher, Briefkastenfirmen und Steuerhinterziehungsmodelle in der Welt existieren. Viele Superreiche kaufen sich frei, sollten sie einmal erwischt werden. Alle diese Schieflagen können den Menschen wütend und hilflos, ängstlich und depressiv werden lassen, wenn angesichts der vielen Meldungen in den Nachrichten die Aussichtslosigkeit deutlich wird. Die Angst ist der schlechteste Berater und die Kopflosigkeit und Lethargie führen in die Sackgasse. »Die Ohnmacht lässt dich immer hilfloser werden, wenn du angesichts der Schieflagen in der Welt deinen Mut verlierst. Die Bilder in den Medien beeindrucken dein Gehirn. Du kannst abstumpfen, immer hilfloser werden. Achte dein Selbst und behalte den Mut! Auch du kannst etwas bewegen!« Die Informationsflut beeinflusst unser Denken, unser Fühlen. Die Bilder prägen unser Unterbewusstsein und jeder Einzelne trägt die Verantwortung für sich mit diesen Bildern und Fakten umzugehen. Viele Bürger verschanzen sich in der Privatsphäre. Sie gehen nicht zur Wahl und bekunden somit den Standpunkt eines Vertrauensverlustes in die Mächtigen. Andere verfallen zusätzlich einem Egoismus und endsolidarisieren somit die Gesellschaft noch mehr. Der Konsumrausch und der Egotrip deuten auf eine Angstreaktion hin. Man möchte etwas vom Kuchen abbekommen und wenn alles aus den Fugen gerät, so suchen viele den Spaß, die Verdrängung. Das kleinbürgerliche Idyll, das Scheinidyll wird zum fatalen Rückzugsort, wenn die Resignation den Menschen heimsucht. Der Schrebergarten wird zum Zufluchtsort. Die Globalplayer können ungehindert ihre Macht weiter ausbauen. Sie beherrschen die Weltwirtschaft und lassen die Politiker an Fäden zappeln. Das Resultat sind verzweifelte, hungernde Menschen. Die Radikalisierung wächst. Alles hängt mit allem zusammen.

»Wir brauchen ein globales ethisches Bewusstsein! Wir brauchen den Denkenden, der für die Gerechtigkeit kämpft! Nur die Kraft der Courage, des Mutes kann den Wahnsinn stoppen!«

Der Sensible

Er droht zu zerbrechen. Er sieht und fühlt die Schieflagen. Die Antennen stehen auf Empfang und seine Empathie läuft auf Hochtouren. Der Sensible saugt alles wie ein Schwamm auf und die Durchlässigkeit, die Feinfühligkeit führt zu Erkenntnissen und dies nicht nur auf dem Weg der Ratio. Die Intuition, die natürliche Intelligenz ist ein Zusammenspiel aus Emotionen, der Kognition, der Empathie und der Kreativität, der Vorstellungskraft. Der Sensible hat nicht die Türen verschlossen. In ihn strömen die Eindrücke seiner Umgebung und er erfühlt die Gemütszustände seiner Mitmenschen. Der feinfühlige Charakter erahnt die Wünsche der anderen und wenn er gebend, schenkend veranlagt ist, so möchte er die anderen glücklich sehen. Das Geben soll hier nicht ausschließlich eine materielle Komponente beschreiben. Der Feinfühlige verschwendet sich bereits, indem er seine Antennen ausgefahren lässt, auf seine Mitmenschen eingeht und ihnen Gehör schenkt. Der Wissende weiß gleichzeitig um die Begrenzung seiner Möglichkeiten. Dies kann auch oder gerade bei dem Sensiblen zur Verzweiflung führen. Die Feinfühligkeit bietet die Chance der Empathie und bedeutet gleichzeitig den Schmerz. Das Geben, das Investieren beinhaltet eine psychosoziale Komponente. Da der Feinfühlige die Schwingungen und Belange erahnt und aufnimmt erfassen ihn die Emotionen der anderen. Er fühlt mit, er leidet mit. Diese Feinfühligkeit ist ein Geschenk und gleichzeitig eine große Herausforderung. »Wie kann man mitfühlen und nicht von den Emotionen übermannt werden? Wie kann man das Elend in der Welt erkennen und dennoch seelisch überleben? Wie kann ein feinfühliger guter Charakter das Chaos erfühlen, durchleben und nicht zusammenbrechen?« Es ist immer wieder zu beobachten, dass sensible Menschen zur Kunst neigen. Ihre tiefen Eindrücke werden in dem künstlerischen Ausdruck verarbeitet. Der Sensible saugt die Welt in sich auf. Er oder sie möchte das Erlebte verarbeiten. Die Kunst bietet sich an, der Welt das Gedachte, Gefühlte zu vermitteln. In der Literatur werden Gedanken, Apelle geäußert und der Sensible wendet sich so an die Mitmenschen. Das Gedachte und das Gefühlte kann weitergegeben werden. Neue konstruktive Ideen erreichen somit die Mitmenschen oder zukünftige Generationen. Anregungen, politische Utopien, gesellschaftliche Staatsformen und viele konstruktive Ideen wurden von den Sensiblen, den Feinfühligen erdacht. Man nannte diese Menschen häufig Utopisten, Weltverbesserer oder auch Spinner. Doch diese Bezeichnungen können nicht abwerten, da wir alle den Sensiblen dringend brauchen. In der Welt der Berechnung wirken die Feinfühligen heilend. Sie unterwerfen sich in der Regel nicht den autoritären Staatsformen. Sie unterwerfen sich ebenso nicht der Fremdsteuerung durch irgendwelche Konsumräusche und Ablenkungsmanöver. Der Sensible kann seine eigene innere Stimme hören und hat es nicht nötig in der Fremdbespaßung unterzugehen.

Der Gerechte

Der Gerechte sucht den Ausgleich, den sozialen Frieden und weiß um die Bedrohung einer Gesellschaft durch die Ungerechtigkeit. Die Schieflagen sind ihm bewusst und er mahnt an, die Ausbeutung zu stoppen. Der Gerechte ist den Tugenden verpflichtet und weiß, dass das menschliche, das gesellschaftliche und globale Zusammenleben nur funktionieren kann, wenn die Gerechtigkeit umgesetzt wird. Soziale Verwerfungen, wie Ausbeutung, Gewalt, Verseuchung, Vertreibung, Mord, Folter und die Vernichtung unseres Klimas kann von keinem Gerechten hingenommen werden. Jeder global denkende Gerechte wird multikulturell aktiv werden. Unsere Welt ist zusammengewachsen und dieser Tatsache müssen nun weltweit geltende politische Konzepte folgen, die gerecht und in der ganzen Welt menschenfreundlich, naturerhaltend und nachhaltig sind. Der Gerechte hat viel zu tun. »Lasst uns dem Gerechten vertrauen!«

Der Hoffende

Der Hoffende sieht in die Abgründe der Welt und verzweifelt dennoch nicht. Er scheut sich nicht, sich mit dem Elend zu konfrontieren. Er schaut nicht weg und bleibt dennoch voller Hoffnung. Seine Gedanken sind klar und seine Emotionen geben ihm die Chance auf ein Mitgefühl, ohne das ihn die Kraft seiner Sensibilität zerstört. Der Hoffnungsvolle wird weiterkämpfen. Er wird die Angst durch seine Hoffnung überwinden, auch wenn die Armut, die Krankheit und die Ungerechtigkeit anklopfen. Seine Stärke liegt in der Kraft eines klaren optimistischen Auges. Er fördert das Gute, die Liebe, den Zusammenhalt und die Gerechtigkeit. Das Denken und das Handeln dienen dem Aufbau und der Förderung des Menschlichen Daseins. Der Hoffende wird nicht klammern und dominieren wollen, denn in der Hoffnung wohnt die Konstruktivität. Das beherrschen wollen, das Ausbeuten und Ausnutzen gehen nicht den gleichen Weg wie der Hoffende. Wer auf die Zukunft setzt, wird eine positive Saat säen. Wer an das Morgen glaubt, wird das Konstruktive in die Welt werfen. Der Hoffende zweifelt nicht am Morgen. Er wird immer den gerechten Weg suchen.

»Lasst uns zu Hoffenden werden! Lasst uns die Hoffenden unterstützen! Lasst uns alle mit der Hilfe der Hoffnung die Angst überwinden! Lasst uns trotz der Schicksalsschläge mutig und hoffnungsvoll bleiben! Lasst uns tapfer die Angst durch das gönnende, hoffende und friedliebende Auge besiegen! Suche die Klarheit im Denken und Sprechen. Du bist ein Mensch, du kannst hoffnungsvoll vorausdenken und dich klar und deutlich äußern.«

Der Ängstliche

Die Angst ist ein schlechter Berater. Der Ängstliche kann nicht sein volles Potential entfalten, wenn die Macht der Angst immer wieder zuschlägt. Der Ängstliche kann oft keine klaren Entscheidungen treffen. Er steht sich selbst im Weg. Die Angst treibt den Menschen vor sich her und lässt ihn voller Panik voreilige Kurzschlusshandlungen ausführen. Nicht selten werden falsche Kompromisse eingegangen. Es handelt sich hierbei nicht um die gut meinende Vorsicht, sondern um die lähmende, behindernde Kraft der Angst, die den Menschen in Ketten legt. Stresshormone, chemische Cocktails durchziehen das Gehirn. Panikattacken und Untergangsstimmungen beherrschen das Denken des Ängstlichen. Er kann nicht zur vollen Entfaltung kommen, da sein Potential unter Angstblockaden verschüttet liegt. Diese Blockaden müssten beseitigt werden, um zum Kern der Persönlichkeit vorzudringen. Ein von Angst Getriebener kann nur sehr selten ein klares Bewusstsein erreichen. Panikattacken und Scheinlösungen wechseln sich ab. Das Ausweichen und Zurückschrecken vor drängenden Lebensthemen bestimmen den Alltag. Die Handlungen werden von kurzfristigen Überlebensstrategien beherrscht, die sich nicht selten als übereilt herausstellen. Das wirkliche Wollen ist von der Angst überlagert. Es fehlt das Konzept des klaren Verstandes. Kurzfristige Vermeidungsstrategien führen zu Fehlentscheidungen. Ein klares Denken ist überwiegend blockiert.

Unser Gehirn, ein Produkt der Evolution ist in unserer Zeit von Horrormeldungen überschwemmt. »Wie viel können wir Menschen verkraften ohne zu erkranken? Wie viel können wir gleichzeitig denken, ohne völlig verunsichert und ängstlich in die Lethargie zu verfallen?« Dümpelnde Kähne mit durstigen Flüchtlingen, eine bedrohte Umwelt, die eigene drohende Armut, Kriegsherde und Katastrophen sind weltweit zu beklagen. Die Armut in der Welt betrifft auch die Reichen, wenn sie mit ihren Yachten an den Flüchtlingskähnen vorbeirauschen. Die Welle der Flüchtlinge mahnt an, die aus den Fugen gesprengte Welt zu überdenken und endlich nach nachhaltigen Lösungen zu suchen. Jeder Flüchtling ist schon einer zu viel, denn niemand verlässt freiwillig seine Heimat auf einem s(t)inkenden Kahn. Der Mensch fühlt sich hilflos und in die Enge gedrängt, wenn keine Lösungen in Sicht sind. Die tagtäglichen Horrormeldungen beeindrucken unser Denken, unser Fühlen. Die realen Bilder aus der aus den Fugen geratenen Welt verursachen Ängste. Die Armut klopft an. Die Armut klopft auch an die mit Kränzen und Blumen dekorierten Türen, die gepflegten Vorgärten. Die modernen Innenstädte können uns nicht länger blenden, in den Schlaf schaukeln. Die Armut klopft mit jedem weiteren Vertriebenen, Verfolgten und Verwundeten an. Die Notleidenden zwingen uns umzudenken, sie zwingen uns, nicht länger zu verdrängen. Auch die Wohlhabenden werden sich auf ihrer Reise über die Meere unwohl fühlen, wenn sie mit den Leidenden konfrontiert werden. Das Wegschauen fällt immer schwerer, wenn der Einzelne nicht mehr verdrängen kann, wenn ihm überall die Armut ins Gesicht springt. Die Welt ist aus den Fugen geraten. Dies ist überall sichtbar. Dies schürt Ängste, macht beklommen. Der Einzelne ist mit seinen Gefühlen der Hilflosigkeit überfordert, wenn sich die Politiker widersprechen, anschreien und beschimpfen. Die Solidargemeinschaften auf der internationalen und nationalen Ebene sind sich zu selten einig, um sich auf nachhaltige Konzepte zu verständigen. Die strukturellen Probleme werden nicht global angegangen. Man bekommt den Eindruck, dass sich jede Nation am liebsten um sich selbst kümmert, da die drängenden Themen meistens erst dann angegangen werden, wenn die Krise übermächtig geworden ist. Es wird zu häufig reagiert und zu selten im Vorfeld gehandelt. Die Regel: »Rette sich wer kann« ist beschämend. Wenn nationale Vorteile im Vordergrund stehen, fühlen sich die Weltbürger beunruhigt, im Stich gelassen. Jeder, der ein globales Bewusstsein entwickelt hat, kann nicht zufrieden und beruhigt den Entscheidungen so vieler Politiker vertrauen. Die Ohnmacht, die Depression pocht in einer verunsicherten, verunsichernden Welt an ihre Pforte. Die Politiker gehen mit ihren Schuldzuweisungen nicht gerade zimperlich um und vergessen dabei ihre globale Verantwortung. Niemand, der global oder weltpolitisch denken kann, der nicht in nationalem Vorteilsdenken verhaftet ist, wird immerzu die Schuld bei den anderen suchen. Er oder sie wird auch nicht die Sparmodelle nur für die Ärmsten einfordern. Wer heute überwiegend national denkt, hat die drängenden Probleme noch nicht erkannt. Die Zahl der Ängstlichen wächst und führt geradewegs in die Ohnmacht und Resignation vieler. Die Muskelspiele vieler Politiker schüren weiterhin die Angst der Hilflosen, der Verzweifelten. Es verbreitet sich ein Gefühl der Panik. Der Einzelne will sich selbst retten, was ihm nur kurzfristig glücken kann. Die Ohnmachtsgefühle können nicht bekämpft werden, wenn die Ellbogen in einer Gesellschaft dominieren.

»Verschwende dich nicht in den Gefühlen der Konkurrenz und Endsolidarisierung!« Die Solidarität und der Zusammenhalt könnten helfen, Ängste zu überwinden. Die Angst ist ein schlechter Berater und das Weggucken und Verdrängen verhindern Lösungen. Wir alle wissen: Solange sich die Märkte ungehindert weiter austoben, und zum Beispiel mit Nahrungsmitteln spekuliert wird, solange können keine nachhaltigen grundsätzlichen Veränderungen durchgesetzt werden. Spähaffären, problematische Handelsabkommen, nicht ernstgemeinte Friedensgespräche können die Welt nicht retten. Sie werden die Menschen nicht zu vertrauensvollen Wählern bekehren. Sie werden die Angst und Politikverdrossenheit nicht auflösen können. Die Angst und die Resignation sind eine Begleiterscheinung der nicht lösungsorientierten Weltpolitik. Der Einzelne mag dies vielleicht nicht so genau formulieren können, doch die Unzufriedenheit, Angst und die Abkehr von der Politik sind eindeutige Zeichen. Es ist ein Vertrauensverlust zu beklagen. Die globalen Probleme werden verschleiert, verschoben, zugedeckt. Das Auf-der-Stelle-Treten schafft kein Vertrauen. Dubiose Waffenexporte werden gebilligt, während weiterhin die Opfer an unsere Strände gespült werden. Der Wahnsinn geht weiter. Die Opfer der Ausbeutung werden unter den Augen der Weltöffentlichkeit hin und her geschoben, nicht selten abgeschoben. Sie sind zu unkalkulierbar gewordenen Kostenverursachern geworden. Die Toten werden weiterhin aus den Meeren gefischt und manchmal bei pompösen Trauerfeiern beklagt. Auch hier gibt es keine konsequente Regelung. Das macht Angst. Die Opfer der politischen Schieflagen werden ebenso an anderer Stelle in Tüten verpackt und beerdigt. Einige Politiker schämen sich, andere sind mit ihren beschränkten Lösungsmodellen zur Stelle. Die Probleme können nicht an der Wurzel gepackt werden, wenn eine Weltgemeinschaft nicht an einem Strang zieht. Ein nur national orientiertes Denken, das nur wirtschaftlich in Friedenszeiten einen vorteilsorientierten, gemeinschaftlichen Kurs verfolgt, kann ebenso wenig die Probleme nachhaltig lösen. Dieses Vorteilsdenken kann weder den Frieden erhalten noch die Armut bekämpfen. Die Verarmung der Weltbevölkerung wird wiederum den Weltfrieden gefährden. Insofern bringt das nur nationale Denken langfristig den Krieg, den Terror und die unvermeidliche Klimakatastrophe. Das nationale Denken ist zu eng, zu vorteilsbedacht und somit auch nicht grundlegend lösungsorientiert. Wenn ein globales Bewusstsein fehlt, können die großen Lösungen nicht gedacht und verfolgt werden. Die Welt ist zusammengewachsen, die Nationen schotten sich dennoch ab. Das alles erzeugt zusätzlich Ängste. Die Angst ist der schlechteste Berater, da er die Menschen wiederum zu kurzfristigen, nicht nachhaltigen Handlungsweisen anstiftet. Die Verschleierung, die Verdrehung von Fakten, die unterlassende Umkehr bereitet den Menschen Sorge. Es ist eine berechtigte Sorge, da die nachhaltigen Konzepte fehlen. Hunger, Verseuchung, Krieg, das alles sind Probleme, die uns alle angehen. Die Politikverdrossenheit, die Angst, die Wut lässt die Menschen in Lethargie und Ohnmacht verfallen. Die Verschleierung und Verdrehung der Mächtigen zerstört weiterhin jedes Fünkchen Hoffnung.

»Wir alle sind gefordert hinzusehen. Wir sind gefordert, nicht weiter in die Fettnäpfchen einer Politik zu treten, die aus uns Unmündige werden lässt!«

Der Getriebene

Die Ausprägungen des Getrieben-Seins sind vielfältig. Der Getriebene reagiert kopflos, da er nicht die persönliche Kompetenz entwickelt hat, bedächtig und ausgewogen zu entscheiden. Die Ursachen für die nicht vorhandene Ruhe, seelische Ausgeglichenheit, innere Gelassenheit sind vielschichtig, je nach individuellem Lebenslauf. Wenn man den Getriebenen beobachtet, so fällt auf, dass er oder sie nicht in der Lage ist, sich den Freiraum für eine selbstbestimmte Entscheidung zu erarbeiten. Der Getriebene versucht, unangenehme Gefühle kurzfristig zu vermeiden, zu betäuben und verliert dabei die längerfristigen Ziele aus den Augen. Viele Getriebene können ihre drängenden Emotionen nicht unter eine sinnvolle Kontrolle bekommen, um zum Beispiel in Ruhe nachzudenken. Die Affekte bestimmen das Denken, das Handeln. Die Triebfedern der Affekte sind von Person zu Person unterschiedlich ausgeprägt und je nach der Persönlichkeit von anderen persönlichen Hintergründen beherrscht. Die Gier, irgendwelche Süchte oder überschäumende Emotionen lassen aus den Getriebenen fremdbestimmte, meist Leidende werden. Das Leid stellt sich in dem Moment als sehr schmerzvoll ein, wenn die Kurzschlusshandlungen ihre brutalen Folgen nach sich ziehen. Wir alle haben zum Beispiel schon von Überreaktionen Eifersüchtiger gehört. Der Geiz oder die Gier lassen Menschen kopflos handeln. Scheinbar logische Entscheidungen, die zum Beispiel finanzielle Vorteile beinhalten, zeigen ihre fatalen Folgen, wenn materielle Komponenten über alles gestellt werden. Familienfehden und -morde, Überfälle und zerstörerische Streitigkeiten werden durch die Affekte hochgeschaukelt. Kein Mensch ist gut beraten, wenn er seinen Affekten unvermittelt nachgibt. Der Getriebene wird aber genau dies in der Regel tun.

Man darf den Getriebenen nicht mit dem Temperamentvollen auf eine Stufe stellen. Der leidenschaftlich, temperamentvolle Mensch nutzt seine Emotionen, seine psychische Kraft, um sich in andere Höhen hinaufzuschwingen, um etwas zu leisten, was er in der bloßen Rationalität nicht leisten könnte. Die Liebe, die Leidenschaft versetzt Berge, die unkontrollierten Affekte dagegen können mehr zerstören als konstruktiv aufbauen. Wenn der Geiz, die Gier und die Eifersucht dominieren, fehlt die soziale Ausgewogenheit. Der von den Affekten Beherrschte will über andere dominieren, da er seine Affekte unkontrolliert umsetzen will und die Mitmenschen als Mittel zum Zweck vereinnahmt. Der Getriebene verfällt in eine unkontrollierte Verzweiflung, wenn seine bevorzugten Wege nicht umgesetzt werden können. Nach demMotto »Himmel hoch jauchzend und zu Tode betrübt« schlägt das Pendel der Emotionen mal nach links und mal nach rechts aus. Die Gelassenheit und die Kontemplation können bei dem Getriebenen nicht entstehen. Das Loslassen fällt ihm ebenso schwer, da er besitzen, herrschen und gängeln will. Die anderen sollen wie Marionetten an Fäden zappeln und sie sollen dem eigenen Ego dienen. Krankhafte Fehlentwicklungen wie Süchte aller Art lassen aus Menschen ebenso Getriebene werden. Jeder Mensch, der nicht in der Lage ist, seine Emotionen angemessen zu steuern, jeder Mensch, der nicht über eine lebensnotwendige Kontrolle seiner Leidenschaften verfügt, gerät an die Grenze des Getrieben-Seins. Diese unkontrollierten Zustände führen nicht selten ins Chaos. Der Getriebene verschreckt seine Mitmenschen. Er ist für sich und seine Lebensplanung genauso kontraproduktiv, wie für den Lebenslauf seiner Mitmenschen. In der Regel verunsichern die Getriebenen ihre Liebsten. Da sie sich nicht unter Kontrolle haben, verbreiten sie Angst und Schrecken. Ihre mangelnde Geduld und ihr verstecktes oder geringes Einfühlungsvermögen lassen eine ausgewogene pädagogische Handlungsfähigkeit vermissen. Der Getriebene isoliert sich zunehmend, da es keiner lange mit ihm aushält. Sollte er über große finanzielle Mittel verfügen, wird sich der Getriebene Abhängige leisten. Mit ihnen wird er seine Egotrips versuchen umzusetzen. Er kann es nicht schaffen, ein ruhiges, sachliches Gespräch auf Augenhöhe zu führen. Das Getrieben-Sein steht dem Miteinander im Weg. Das Getrieben-Sein beinhaltet das Kreisen um sich selbst. Der Egoismus führt dazu, dass er zu immer perfideren Mitteln greift. Das Du, der andere wird instrumentalisiert. Es ist ein Weg in die innere Isolation. Egal, wie viele Menschen den Getriebenen umgeben, er wird allein sein, da seine Unberechenbarkeit die anderen abschreckt. Andere Menschen verlieren das Vertrauen in den Getriebenen, da er unberechenbar, egozentrisch und affektbeladen agiert und reagiert. Der Getriebene selbst ist sich selbst ein Rätsel, da er oder sie die Stimmungsschwankungen nicht im Griff hat und die anderen sich abwenden. Dem Getriebenen droht eine menschliche und psychische Isolation.

Nach mir die Sintflut

Es ist alles gesagt. Die Lippenbekenntnisse überschlagen sich. Es hallt durch die Konferenzräume. Alle fordern ein Umdenken, die maximale Aufklärung, die nachhaltige Veränderung. Die Vertuschung läuft auf Hochtouren, während man die Aufklärung fordert. Die Stagnation ist offensichtlich, während man die Veränderung ankündigt. Der Neubeginn ist nicht in Sicht, obwohl die Umkehr eingefordert wurde. Der Wahnsinn tobt weiter, obwohl alle wichtigen Themen immer wieder auf der Agenda stehen. Die Korruption, der Waffenhandel, es gibt so viel zu beklagen und viele Wähler verweigern sich. Ein Großteil der Bürger zieht sich ins Privatleben zurück. Eine Resignation breitet sich aus und es ist bereits zu beobachten, dass sogar Menschen, die Kinder haben, denken: »Nach mir die Sintflut!« Der Mensch fühlt sich ausgeliefert, wenn den Lippenbekenntnissen keine Taten folgen. Der Mensch zieht sich enttäuscht zurück, wenn die Mächtigen ihren Versprechen nicht nachkommen. Der Vertrauensverlust ist unvorstellbar groß.

Die großen Gefühle

Du suchst den Schutz in den großen Gefühlen. Die Liebe soll dir Sicherheit, Geborgenheit und Sinn geben. Du spürst tief in dir, dass die großen Gefühle ein Antrieb, ein Energieschub sein können. Das willst du nutzen, denn du möchtest über dich hinauswachsen. Die Liebe, die großen Gefühle sollen dein Anker sein. Die Liebe soll dich beschützen und leiten in unsicheren Zeiten. Dir fehlt Geborgenheit. Wenn alles gut läuft, spürst du, dass deine großen Gefühle für dich ein Antrieb sind. Du wächst über dich hinaus. Doch die angstbesetzten Stunden folgen schnell und unerwartet. Verlustängste rauben dir Energie und lassen dich kopflos handeln. Du willst nicht verlassen werden und du willst keine faulen Kompromisse eingehen. Die Angst ist wieder einmal ein schlechter Berater, denn sie flüstert dir Inhalte und Tipps ins Ohr, die du in deinen starken Stunden nie gedacht hast. Deine Sicht ändert sich und deine Wahrnehmung, deine Gedanken, dein Wollen und Fühlen durchlaufen permanent eine Metamorphose, genau wie du selbst. Es ist ratsam, achtsam zu sein, ohne die großen Emotionen in Ketten zu legen.

»Welche Ziele entspringen deinem Selbst? Welche Passionen sind ganz eng in und mit deiner Persönlichkeit verwurzelt?« Es schwirrt dir dein Kopf, denn in den stillen Stunden wird dir klar, dass du schon seit längerem deine Ziele vernachlässigt hast. Du hast dein Selbst missachtet. Wie ein Tonband spulst du immer wieder den Satz ab: »Die Liebe ist das Allerwichtigste.« Dein Gesichtsausdruck wirkt ängstlich, manchmal verwirrt. Die Wogen der großen Gefühle haben dich überspült und immer wieder mitgerissen. »Warst du in dir nicht genug gefestigt? Konntest du in dir keinen sicheren Hafen finden?« Du schwankst hin und her und an manchen Tagen hast du das Gefühl zu ersticken. Voller Panik klammerst du dich an deine Liebe und rast im Liebestunnel an dir vorbei. Mahnende Gedanken werden beiseite geschoben. Du wirkst wie ferngesteuert. Das Lebensruder entgleitet dir immer häufiger und diese Belastung wirkt sich auf deine Beziehung aus. Du bist im Beziehungstaumel schwach und unmündig geworden. Du verwirfst wichtige Gedanken genauso wie deine Passionen. Schon lange hast du nicht mehr gemalt und deine Freunde getroffen. Du bist ferngesteuert. Die Stürme des Lebens toben und ein Steuermann ohne Ruder, ohne Navi geht unter. Du spürst sehr deutlich, dass dein jetziger Kurs weder für dich selbst noch für deine Liebe sinnvoll ist. Dennoch bastelst du stetig weiter an deiner Selbstaufgabe. Du ahnst noch nicht, dass deine Selbstaufgabe ins Liebeschaos führt, denn du glaubst immer noch, dass du mit vollem Einsatz alles perfektionieren kannst. Bei deinem Handeln bist du nicht genügend bei dir selbst. Der Kontakt zu dir reißt weiter ab. Die Leidenschaft übermannt dich und lässt dich leiden. Die Affekte beherrschen dich und du nennst es Liebe. Dein Gegenüber kann sich nicht mehr an dir reiben, weil du dein Lebensruder aus den Händen gegeben hast. Du wirst hin und her geworfen. Du schwankst und dohst unterzugehen. Du bastelst an einer perfekten Beziehung, sagst du und gleichzeitig steuerst du mit deiner Selbstaufgabe geradewegs ins Beziehungschaos. Man kann den Eindruck gewinnen, dass du harmoniesüchtig bist. Du äußerst weder eigenständige Gedanken, noch verfolgst du einen klaren Kurs. Du folgst immer noch den großen Gefühlen und bist verwundert, dass sich diese langsam in dem Beziehungssumpf verflüchtigen. Dein Abnicken lässt alles immer weiter ins Chaos abgleiten. Die Aussicht auf den Gewinn, Gewinn in der Liebe und der Vermehrung berauschender Gefühle lassen dich hin und her schwanken. Dein Gehirn ist vernebelt. Alles um dich herum ist undurchsichtig geworden, und in dir selbst tobt das Chaos. Du bist ein Abhängiger, ein Fremdgesteuerter. Du flatterst mittlerweile im Lebenssturm nur noch hin und her. Deine Lippenbekenntnisse werden nicht mehr in die Tat umgesetzt, und das zeugt von deiner Verwirrtheit und Kraftlosigkeit. Du kannst schon lange nicht mehr klar denken, fühlen und entscheiden.

»Liebst du oder bist du einfach nur ein Gefangener deiner Verlustängste? Was hält dich gefangen? Bist du zu schwach, um zu lieben? Führen dich große Gefühle zwangsläufig in eine Abhängigkeit?« Du willst mit deinem vollen Einsatz alles perfektionieren und segelst konstant an dir vorbei. Du versuchst immer noch angestrengt zu gefallen und hast deinen Kompass geopfert. Die Aussicht auf einen Gewinn lässt dich weitersegeln, doch dein Bauchgefühl schwächelt, du schwächelst, du bist desorientiert. Du willst in der Liebe gewinnen, du willst die berauschenden Gefühle festhalten. Die großen Gefühle sollen dich erfüllen und deinem Leben einen Sinn geben. Dein Gehirn ist vernebelt, du bist verwirrt und du kannst schon lange nicht mehr klar denken, fühlen und entscheiden. Du lässt dich treiben und willst angestrengt gefallen. Du siehst hilflos, müde und desorientiert aus. Dir fehlen die notwendigen Inhalte, in einer Beziehung zu bestehen und eine eigene Meinung zu vertreten. Dir fehlt die nötige Substanz im Dschungel der Verführungen, der inhaltlichen Angebote, der Meinungen, zu eigenen Überzeugungen zu stehen. Es reicht nicht aus, um die eigene Hülle zu kreisen und eine gute Show abzuliefern. Die Liebe, der Anspruch in der Liebe hält dir einen Spiegel vor. Der Liebende braucht Kraft und ein starkes Selbst um zu lieben. Die Stärke gibt die Chance auf eine ausgewogene Liebe. Du bist zum Spielball geworden. Du hast keinen Bezug zu deinem inneren Kompass. Die Liebesstürme lassen dich schwanken und immer gefährlicher hin und her schleudern. Du hast dich verloren in der Welt der großen Gefühle. Immer wieder steuern dich Hormoncocktails und du bist nicht mehr der Herr in deinem Haus, in deinem Gehirn. Es ist lange her, dass du frei und selbstständig etwas entschieden hast. Es ist lange her, dass du befreit und ohne Leiden deinen Gefühlen freien Lauf lassen konntest. Du bist verbissen geworden. Du willst den unbedingten Erfolg in der

Liebe und im ganzen Leben. Angestrengt und hartnäckig gibst du dich immer weiter auf, obwohl du dir vorgaukelst, du würdest angestrengt an deinem Lebensweg arbeiten. Die Selbstaufgabe war nie dein Ziel, aber sie hat sich in dein Leben geschlichen. Doch du musst lernen, dein Selbst zu leben, dein Ich zu lieben, sonst kannst du niemand anderen lieben. Während du immer noch versuchst, angestrengt zu gefallen, lässt du dich weiter treiben. Deine Arbeit an dir ist dem Gefallen-Wollen untergeordnet und somit fremdbestimmt. Du schaust schon lange nicht mehr auf deinen Kompass und vergisst bei deiner Hektik, auf dein Bauchgefühl zu hören. Deine Selbstaufgabe hat sich zu einem Selbstverlust entwickelt, während du immer noch von den großen Gefühlen schwärmst. Du warst ein kräftiger Segler auf den Meeren des Lebens. Die Kraft der Liebe hattest du vollkommen unterschätzt. Sie riss dich mit. Dein Wollen und Streben werden beherrscht von dem Gefallen-Wollen. Du bist vollkommen eingenommen von dem Streben nach Liebe. Es ist zu deiner Sucht geworden. Doch deine Selbstaufgabe schmerzt dich so sehr, dass du nicht mehr erfolgreich auf dem Lebensmeer segeln kannst. Deine Anstrengung kann deinen Schmerz nicht mehr kompensieren. Deine Wahrnehmung und deine Orientierung sind eingeschränkt, dein Blick nicht frei. Dir fehlt der unbeschwerte Zugang zur Welt, dir fehlt der Überblick. Du bist zum Kettenmenschen geworden. Deine Ketten sind die Emotionen, die dir eigentlich Flügel bereiten sollten. Nun hängen die Ketten der Gefühle wie schwere Tonnen an deinem Selbst. Sie ziehen dich in den Abgrund. Diese Ketten sind zu einer Bedrohung deines Selbst` geworden. Deine Liebesfähigkeit ist genauso in Gefahr wie dein Selbst. Ohne ein starkes Selbst wird es keine starke Liebe geben.

»Du brauchst Wurzeln. Du brauchst einen starken Anker! Suche den Anker in dir, sonst gibt es dich bald nicht mehr! Suche die Stärke in dir, sonst wirst du nicht tief lieben können. Du bist nicht egoistisch, wenn du stark sein willst. Du bist nicht egozentrisch, wenn du an deiner Persönlichkeit arbeitest. Nur ein selbstverantwortlicher, geerdeter Mensch kann in einer Liebe stark sein. Du solltest stark sein, um lieben zu können!«

Dir fehlte die Erfahrung im Umgang mit den großen Gefühlen. Dir fehlte die Erfahrung im Umgang mit dir selbst. Die Virtuosität des Zusammenspiels der Kräfte war noch nicht entwickelt. Dir war nicht bewusst, dass die großen Gefühle das Selbst nicht verdrängen dürfen. Dir war genauso wenig bewusst, dass eine Liebe deine Persönlichkeit nicht behindern sollte. Die Selbstaufgabe wird deine Liebe nicht nähren können. Die Selbstaufgabe ist der Feind der Liebe. Die Selbstaufgabe lässt sich nicht mit einem gesunden Wachstum vereinbaren. Dienen und sich unterwerfen werden deine Liebesfähigkeit nicht erhalten können. Das Feuer der Liebe wird erlöschen, da du in dir immer mehr austrocknest. Du wolltest immer alles richtig machen und hast aus Angst deine Liebe, dein Selbst und deine Strahlkraft verloren.

»Kehre um, es ist nie zu spät für eine große Liebe! Finde zu deiner Selbstachtung zurück, dann wirst du lieben können! Pflege dein Selbst, so wird dir die Kraft zu lieben niemals abhandenkommen!«

Vorbeigerauscht

Seit neustem gehst du in die Yogaschule gleich um die Ecke. Dein Yogalehrer wiederholt immer wieder den Satz: »Der Weg ist das Ziel.« Du wiederholst diesen Satz immer wieder und siehst sehr wissend und stolz dabei aus. Dein Handeln spricht eine andere Sprache. Seit Jahrzehnten kreist du um deine Sicherheiten. Du verwaltest deine Häuser, deine Geldanlagen und strebst nach mehr. Deine Kinder kennst du nicht, weil du nicht weißt, was sie denken, was sie fühlen. Du siehst sie an und willst sie dazu bewegen, es dir gleich zu tun. Immer wieder betonst du, dass du viel Geld auf der hohen Kante hast und dass du es zu etwas gebracht hast. Du prahlst mit deinem Fleiß, mit deinem Wohlstand. Was in deiner Frau wirklich vor sich geht, weißt du auch nicht, da sie ihre eigenen Freunde hat und dir schon länger aus dem Weg geht. Vielleicht verträgt sie deine Selbstgefälligkeit nicht mehr. Ihr geht es doch gut, sagst du und meinst damit, dass sie pausenlos Geld ausgeben kann. Deine Weltsicht ist sehr eingeschränkt, da du immer um das Geld kreist. Es kommt erschwerend hinzu, dass du doppelbödig von philosophischen Werten, dem Erleuchtet-Sein, der inneren Entspannung faselst. Du willst krampfhaft mithalten. Du bist weder entspannt noch erleuchtet, du bist ein armer Spießer, der den anderen etwas vormacht. Nein, es ist noch schlimmer, du machst dir selbst etwas vor. Jeder merkt, dass du ein Getriebener bist. Du kannst nicht aufhören, über die Vermehrung deines Kapitals zu grübeln. Dein Überfluss kann dich nicht beruhigen. Vielleicht hattest du nichts anderes vorzuweisen, um Menschen zu beeindrucken. Das Einsehbare hatte es dir zunächst leicht gemacht. Du konntest mit deinem Haus, deinem neusten Auto und den Urlauben Eindruck schinden. Du warst immer flüssig und konntest einladen. Der Satz: »Wenn man Geld hat, hat man Freunde« war stets dein Credo. Deine Freunde ließen es sich bei dir gut gehen. Die Frage war nur, wer noch zu dir hält, wenn du einmal arm, gebrechlich oder ganz einfach mal nicht mehr so gut gestellt wärst. Das Geld musste für Vieles herhalten. Du kauftest dir Anerkennung, Respekt, die Selbsterhöhung. Würde man sich dich heute ohne dein Geld vorstellen, so würde nichts übrigbleiben. Wenn deine Frau nicht mehr deine Checkkarte glühen lassen könnte, würde sie von Bord gehen, denn ihr habt euch nichts mehr zu sagen. Deine Kinder sind sehr freundlich zu dir, weil sie regelmäßig Geld erhalten. Du läufst nun immer häufiger zum Yoga. Es scheint dir gut zu tun. Die Welt des Geldes ist dort weit entfernt und du spürst intuitiv, dass es mehr gibt als zu kaufen und zu bestechen. Du kommst mit Menschen ins Gespräch. Es sind Personen, die nicht an deinem Geld interessiert sind. Das tut dir gut. Das schmeichelt deinem Selbst. Du fühlst dich anerkannt und um deiner selbst willen respektiert. Es ist eine völlig andere Akzeptanz und Wahrnemenis deiner Person. Langsam leierst du nicht mehr die Sätze deines Lehrers herunter, da du durch die vielen Gespräche zu einem tieferen Verständenis von dir selbst geklangt bist. Du hast erkannt, wie du viele Jahre an dir und an deiner Familie vorbeigerauscht bist. Du konntest das Leben, die Menschen, deine gesamte Umgebung nicht wahrnehmen. Der Weg ist das Ziel. Langsam aber sicher dämmert es bei dir, was dies bedeuten mag und für dich in Zukunft bedeuten wird. Du lebst und es ist noch lange nicht zu spät, denn du kannst umkehren.

Du hast bereits die ersten Schritte unternommen. Langsam aber stetig geht es mit dir Berg auf, denn deine Augen und Ohren öffnen sich. Deine Ohren stehen nicht mehr auf Durchzug und nun willst du zuhören, du bist bereit zu lernen, von den Menschen zu lernen. Das alles tut dir unendlich gut. Du siehst deine Umgebung, deine Familie mit anderen Augen. Die Welt eröffnet sich neu vor dir. »Es ist noch nicht zu spät gewesen!« Dankbar und gelassen schaust du in die Natur und du begreifst, dass nicht alles immer etwas kosten muss. Du beginnst ein neues Leben. Es ist noch lange nicht zu spät! Du spürst das Glück, denn du rauschest nicht länger an dir selbst und den anderen vorbei. Du lernst, dich wirklich und wahrhaftig für deine Umgebung zu interessieren. Nun lernst du deine Familie neu kennen. Es beginnt ein neues, inhaltlich orientiertes Leben. Dafür bist du dankbar.

Das Verweigern

Du willst fit bleiben und niemand soll dir dein wahres Alter ansehen. Du schreist nach Glück. Du willst es um jeden Preis. Manchmal möchtest du sogar für dein Alter bewundert werden. Je lauter du nach deinem Glück schreist, desto schneller laufen alle weg. Die Menschen aus deinem Umfeld fühlen sich unter Druck gesetzt. Du sträubst dich, innerlich loszulassen und dein natürliches

Alter zu akzeptieren. Alle um dich herum sollen dich bespaßen, Komplimente machen und sagen, dass du jung und dynamisch wirkst. Du kannst nicht mit dir allein sein. Leider hast du auch nicht gelernt, dich selbst zu unterhalten. Du gierst nach Spaß und du gierst nach der tagtäglichen Ablenkung. Irgendwann hattest du es aufgegeben, an dir selbst zu arbeiten und das Leben so zu gestalten, dass du es in dir und mit dir aushältst. Du erträgst keine Stille. Du erträgst deine Gedanken nicht. Die Hohlheit macht dir zu schaffen. Du traust dich weder an Bücher noch an Menschen mit einem Anspruch heran. Du verweigerst die Konfrontation mit dir selbst und die ehrliche Begegnung mit den anderen. Alles, was zu einem Lebensspiegel werden könnte, lehnst du ab. Du steckst beharrlich in der Sackgasse, da du dich dem Leben mit einem Tiefgang verweigerst. Immer wieder versammelst du Gaukler und Eulenspiegel um dich. Gaumengenüsse, Bauchtanz und Reisen sollen alles in deinem Leben erträglicher machen. Sollten sich zwei Tage ohne Ablenkung anmelden, so starrst du angestrengt auf deinen Planer. Die Angst kriecht in dir hoch. Dein Umfeld ergreift immer häufiger die Flucht, wenn du wieder einmal krampfhaft deine Non-Stopp-Ablenkung organisieren willst. Du verbreitest eine extreme Hektik. Die Menschen wollen sich vor dir schützen. Du bist der Meister des Wegschauens. »Wann beginnt die Zeit der inneren Umkehr?«

Du kokettierst mit dem Tod

Neuerdings kokettierst du mit dem Tod. Wenn etwas für dich zu anstrengend oder unübersichtlich wird, kokettierst du mit dem Tod. »Ich bin schon alt, ich sterbe sowieso. Mir geht es nicht gut. Mein Alter macht mir zu schaffen.« Immer wieder ziehst du den Tod aus der Schublade. An dir wird zusehend deutlicher, dass Weisheit nichts mit dem Alter zu tun hat. Niemand wird durch sein Alter automatisch weise, niemand wird durch ein langes Leben ganz von selbst zu einem erfahrenen Menschen. Wenn eine Person aus dem

Erfahrenen nicht lernen kann oder will, entbehrt diese der Weisheit. Die Überheblichkeit führt häufig zur Stagnation und dem ungünstigen Zustand, nicht lernen zu wollen.

»Ich bin etabliert, gebildet und ich habe studiert, ich brauche nicht mehr zu lernen!« Die Ausreden sind vielfältig und dienen der Rechtfertigung. Wenn scheinbar alles gesagt ist, und alle Ausreden nicht helfen, so kannst du mit dem Tod kokettieren. Das ist dein Fluchtpunkt, deine letzte scheinbare Chance, das Lernen und eine Selbstreflexion zu verweigern. »Willst du immer noch mit deinem Alter beeindrucken? Glaubst du, dass jeder dich auf Grund deines Alters akzeptieren muss, auch wenn du dich den Tatsachen verweigern willst?« Du willst nicht dazulernen, und weil es irgendwie in deinem Leben scheinbar so ausgereicht hat, steuerst du weiter dein Boot des Wegschauens. Du kokettierst immer wieder mit dem Tod und bist gleichzeitig von dem Zustand eines weisen Menschen sehr weit entfernt. Deine Scheuklappen sind festgewachsen, und du wirst aggressiv, wenn du lernen oder dich verändern sollst. Dabei erkennst du nicht, dass auch du Veränderungen durchmachst. Du willst an allen Gewohnheiten festhalten, und die anderen werden immer wieder angehalten, diese Trampelpfade mitzugehen. Ob es die anderen nervt, scheint dir egal zu sein. Doch diese krampfhaften Rituale können aus dir keinen zufriedenen in dir ruhenden Menschen machen. Viele Angebote deiner Liebsten verwirfst du: »Das ist nichts mehr für mich! Ich komme aus einer anderen Zeit. Ich sterbe in Kürze.« Du verweigerst stetig das Lernen und forderst gleichzeitig die Unterhaltung. Die anderen haben sich zu bemühen, schließlich stirbst du sowieso. Du lebst noch lange und dein Umfeld leidet an deiner Starrheit.

Lass dich los

»Lass dich los, ohne dich aufzugeben! Trainiere deinen Körper ohne zu denken, dass er dir für immer gehören wird! Lass deine Kinder los, ohne jemals gleichgültig zu werden! Lass deine Freunde los, ohne sie zu vergessen! Lass dein Geld los, ohne es zu verschleudern! Lass deine Pläne los, ohne sie zu verraten! Lass dein Tier los, ohne es jemals zu vernachlässigen!« Der krampfhafte Versuch, sein Leben bis ins Detail zu planen, kann uns nicht in Demut und Ausgeglichenheit leben lassen. Das Gängeln, das Beherrschen-Wollen, das Einsperren, das Kontrollieren führen zu nichts. Es sind menschliche Versuche, das Leben zu steuern, zu begrenzen, wenn man die unbekannten Wege nicht denken kann, denken will. Doch wir Menschen können trotz aller Messgeräte vieles nicht berechnen, vorhersagen und lenken. Überheblichkeit und Größenwahn haben die Menschen in tiefe Abgründe gestürzt.

»Lasst uns bescheidener werden! Lasst uns das Wichtige vom Unwichtigen unterscheiden! Lasst uns das aktiv pflegen, was uns im Lebensfluss lebendig und kräftig schwimmen lässt!«

Die Entfaltung

Es ist eine harte Arbeit an dir selbst, frei zu fließen. Viele Menschen können sich unter dem Lebensfluss nichts Konkretes vorstellen. Viele ersticken regelrecht im starren Alltag. Das Feierabendbier soll locker und glücklich machen. Die Ferien sollen einen Ausgleich schaffen. Doch wir Menschen haben in der Regel nur darin Erfolg, in dem, was wir gerne und aus freien Stücken beginnen und vollenden. Wir kennen die berühmten Ausreden, wenn die Leidenschaften mal wieder ausgegrenzt werden. Wenn ich in Rente gehe, wenn ich genügend Geld habe, werde ich mich ausleben. Doch unsere Herzensangelegenheiten haben nicht immer etwas mit großen Geldsummen zu tun. Es sind innere Schranken, die uns von selbstbestimmten Handlungen abhalten. Es können Ängste und innere Hürden sein, die wir Jahrzehnte mit uns herumtragen. Es wäre sinnvoll, nicht länger diese Trampelpfade zu bedienen. Du kannst sehr gut tanzen, wenn du dabei nicht immer anderen gefallen willst. Du kannst sehr gut malen, wenn du dir den Freiraum gönnst. Du kannst beim Singen die Herzen der Menschen erreichen, wenn du tief aus deinem Inneren die Töne triffst. Du bist ein Künstler, vielleicht sogar ein Lebenskünstler. »Entdecke Dich und deine Leidenschaften! Schaffe das innere Auge der Bewertung ab! Lerne deinen Intuitionen zu folgen! Tanze! Male! Leuchte durch dein Leben! Du darfst gesehen und gehört werden! Du bist es wert, nach außen zu treten! Pfeife auf die Augen derjenigen, die alles besser wissen und selbst unfrei sind! Sie sollten niemals deine Vorbilder werden. Lass dich nicht abwerten!« Wenn du deiner Stimme folgst, deine Intuitionen ernst nimmst, dann kannst du viel aus dir heraus erfahren. Du kannst viel von dir lernen, denn in dir existiert eine große Fülle. Du kannst deinen Schatz bergen. »Bleibe nicht verschlossen und berge deinen Schatz, der in dir steckt! Du wirst sichtbar, hörbar und für deine Mitmenschen wahrnehmbar.«

Der Lebenskünstler

Es ist schwer, ein Künstler zu sein, wenn man kein Lebenskünstler sein darf. Es ist schwer, kreativ zu arbeiten, wenn man schwere Ketten der Unfreiheit um den Hals trägt. Die Ansprüche der anderen können dich blockieren. Sie können aus dir einen überforderten, leeren, kreisenden Wendehals werden lassen, der es allen recht machen will. Sie können aus dir eine Hülle werden lassen, die nie aufblühen durfte und stark werden konnte. Jede Art der Kunst entsteht aus dem Zentrum des Ichs. Ohne dich selbst, ohne deine Freude, deinen Schmerz kannst du nichts erschaffen. Überlappen die Ansprüche der anderen dein Ich, dein Selbst, dein Zentrum, so kannst du verschüttet bleiben. Deine Visionen bleiben ungesehen, und dir wird es vielleicht niemals klar und deutlich, warum du so viel verdrängt hast. Die guten Ratschläge der anderen können als Gewalt das kostbare Innere verformen und zerstören. Deine Visionen können dann nicht reifen. Die Verdrängung blockiert dein Bewusstsein und den Fluss: Deinen Lebensfluss, deinen kreativen Fluss. Jeder Lebenskünstler, jeder kreative Lebensgestalter braucht die Unabhängigkeit, die Wildheit. Die Stärke, die innere Flamme leuchtet im Zentrum des Ichs. »Das Zentrum muss geschützt werden, es bedarf der Pflege, um es flexibel und lebendig zu halten!« Der Zugang zu den inneren Kräften muss durchlässig bleiben. Der Zugang zu den eigenen Emotionen, Eingebungen und zum Bauchgefühl muss offen sein und transparent bleiben. Jeder Künstler schöpft aus dem Fundus des Ichs. Die pulsierenden Kräfte des Selbst sind der Motor zum Leben, zur kreativen Lebensgestaltung. Der Mensch, der sich diese Durchlässigkeit bewahrt, ist ein Lebenskünstler. Jeder Künstler ist somit auch ein Lebenskünstler, der es versteht seinen Flow lebendig zu halten. Drohende Blockaden müssen erkannt und gebannt werden. Verbiegungen können alles gefährden, und die Angst ist in diesen Lebensfragen wie immer ein schlechter Berater. Ein Blockierter wird die Verbindung zum Ich verlieren. Der Eingeschüchterte wird die Schere im Kopf bedienen.

Der Lebenskünstler lässt sich nicht von den Kettenmenschen bewerten. Der freie Künstler lässt sich nicht von den Geschmierten beeinflussen. Der Freigeist wird seine Unabhängigkeit pflegen. Der Mündige wird an seiner Urteilskraft weiterhin arbeiten. Er weiß, dass das immer wieder Schmerz, schonungslose Selbstverteidigung und den Kampf um den notwendigen Freiraum bedeutet. Das Zentrum des Ichs muss im freien Fluss bleiben. Alle Blockaden könnten den Flow kosten. Angst ist ein schlechter Berater, inhaltliche Kompromisse, falsche Anpassungen und Verbiegungen können das eigene selbstbestimmte Leben und die künstlerische Arbeit in

Frage stellen. Die Fremdbestimmung droht. Es geht bei einem selbstbestimmten Leben um die Freiheit, Freiheit im Geiste, im realen, alltäglichen Leben und im künstlerischen Leben. Der Blockierte hat die Verbindung zum inneren Kern verloren. Der Eingeschüchterte bedient die Schere im Kopf. Gut gemeinte Ratschläge wirken nicht selten wie Gewalt auf die Entwicklung des Selbst. Die wahre, authentische Kunst entsteht im freien Fluss. Sie entsteht aus der Freiheit und Unabhängigkeit. Der wahre Künstler lässt sich nicht einschränken, bevormunden und sein Selbst wegnehmen. Er lässt sich nicht kontrollieren und abwerten. Die wahre Kunst ist frei, völlig unabhängig und bereitet den Dominanten, den Destruktiven Kopfschmerzen. Die freie Kunst bereitet den Unfreien, den Diktatoren, den Menschenverachtenden Angst. Sie fühlen sich durchschaut und bedrängt. Alles hängt mit allem zusammen.

Die Kettenmenschen haben Angst vor der freien Kunst. Jeder Unfreie scheut die ehrliche, freie, inhaltlich orientierte Kunst. Sie haben Angst vor der Leuchtkraft des freien Geistes. Jeder Mensch, der seine Freiheit und Mündigkeit aufgegeben hat, sieht in der freien Kunst eine Gefahr. Er oder sie meidet die authentische Kunst, da sie mitten ins Herz und mitten in das Denken trifft. Sie macht betroffen, sie rüttelt auf, sie weicht Lebenspanzer auf. Sie stellt unfreie, fremdbestimmte Wege in Frage. Die freie Kunst strahlt Freiheit aus und der freie Künstler schaut mitten ins Herz. Die Unfreien vermeiden das klare Auge des Kreativen und sehen betreten weg. Sie haben Angst, erkannt zu werden. Der Kettenmensch wird ausweichen. Seine Augen werden die Helligkeit meiden. Mit schmerzenden Augen und tonnenschweren Ketten wird er oder sie im Verließ der Fremdbestimmung sitzen. Jeder Freigeist wird zur Bedrohung. Der Kettenmensch weicht der Spiegelung aus. Jeder Lebenskünstler, jeder Freigeist ist die personifizierte Bedrohung. Die Freiheit, alles sagen zu dürfen, ist unendlich kostbar. Die eigenen Gefühle ernst zunehmen, bedeutet eine Lebensaufgabe. Die inneren Gedankenwelten haben ihre Berechtigung. Die freie Kunst wirkt wie Giftpfeile auf den Kettenmenschen. »Die freie Kunst darf alles!« Die freie Kunst traut sich vieles! Sie lässt sich nichts befehlen. Sie lässt sich nicht einsperren. Sie strahlt. Sie leuchtet genauso hell wie der Lebenskünstler. Die lebendige Kunst strahlt aus sich heraus. Sie ist ein zeitloses Zeugnis größter Intimität. Sie zeigt den Schmerz, die Freude, die Höhen und Tiefen. Sie überdauert den Tod.

»Bewahre den Lebenskünstler in dir! Lass dich dir nicht wegnehmen!«

Zu gemütlich

Du bist sehr gemütlich geworden. Es muss einiges passieren, bevor du dich aus deinem Sessel erhebst. Du sagst, dass du dir die Ruhe verdient hast. Insgesamt lassen deine Reaktionen zu wünschen übrig, und man hat den Eindruck, dass du dich nicht richtig und angemessen forderst. Du hast abgebaut. Dein Schongang ließ dich verkümmern. »Ich muss mich ausruhen, ich darf mich nicht überfordern!« In den letzten Jahren hast du dich vor neuen Herausforderungen gedrückt. Du bist zu gemütlich geworden. Das Ausweichen wurde zum Tagesgeschäft und dein sattes finanzielles Polster hat deinen Abbau beschleunigt. Du hast es dir gut gehen lassen und dein Bauchumfang verrät dich. Die Sackgasse, in der du steckst, trägt viele Namen: Gemütlichkeit, Ruhepause, Tiefenentspannung. Dein Ausweichen bedeutet: Nicht lernen, nicht offen sein, ängstlich davonlaufen. Du nennst es Gemütlichkeit. Deine Kurzatmigkeit zeugt von deiner Unterforderung. Du bist aus der Übung, aus der Bewegung gekommen und du hast dich gehen lassen. Es kann nicht gemütlich sein, schwach, ängstlich und unterfordert durchs Leben zu schleichen. Dein Gehirn und deine Muskeln verkümmern.

Du machst dein Ding

Du machst dein Ding und ziehst dabei neidische Blicke auf dich. Du bist keinesfalls egoistisch, nur talentiert und engagiert. Irgendwann hast du den Dreh bekommen und bist noch einmal so richtig durchgestartet. Du hast es geschafft, deine Ketten zu sprengen. Nun ziehst du neidische Blicke auf dich, denn man kann dir deine Erfüllung ansehen. Einige Mitmenschen wollen von dir lernen, andere schotten sich ab. Die Verdrängenden können deine Gegenwart nicht ertragen. Sie wollen sich nicht mit dir vergleichen, da sie schlecht abschneiden könnten. Sie wollen oder können sich nicht eingestehen, dass sie selbst in Ketten liegen. Vieles ist ihnen nicht bewusst, denn sie haben das Licht der Wahrheit gescheut. Ihre Hilflosigkeit wird an ihrem Weggucken deutlich. Sie ertragen keine Freigeister. Die Entfaltung des Selbst hat nichts mit Egoismus zu tun, und der Mensch kann in die unterschiedlichsten Fallen der Fremdbestimmung tappen. »Wir alle sollten wachsam bleiben! Wir alle sollten auf unser Herz hören! Lasst uns in uns nachspüren und deutlich erfühlen, was uns tief im Inneren ausmacht!« Solange der Mensch gewillt ist zu lernen, solange wird er wachsen und den Zugang zur Welt behalten. Auch ein alter Mensch kann lernen. »Knüpfe an deine Erfahrungen an und erkenne den reichen Schatz deiner Lebenserfahrungen! Das Leben hatte viele Lektionen für dich bereitgestellt. Du durftest lernen und so viel erleben. Schöpfe aus dem Fundus deines Lebens!« Wer seinen Lebensweg annimmt und die Spuren seines Daseins wertschätzt, wird niemals verbittern. Denke daran: »Es ist kein Egoismus, sich gegen die Ansprüche einer Fremdbestimmung zur Wehr zu setzen. Es garantiert dein Überleben, wenn du dich dagegen wehrst, nicht ausgenutzt und missbraucht zu werden. Der Missbrauch beginnt, wenn dein Selbst nicht respektiert wird und du nicht zur Entfaltung kommen darfst. Höre auf deine innere Stimme und nicht auf diejenigen, die dich manipulieren wollen!«

Zeckenalarm

Du sagst, du kennst dich aus mit den Zecken und Parasiten. Du sprichst viel über die Bedrohungen und schrecklichen Gefahren in der Flora und Fauna. Die Gefahren im Unterholz seien dir nicht fremd. Voller Angst starrst du immer wieder auf den Boden. Krabbelt da irgendetwas? Du sagst, du seiest vorsichtig und ein Kenner sämtlicher Bedrohungen. »Was denkst du? Was denkst du wirklich?« Du starrst immer wieder wie gebannt auf deine Laken, deine weißen Fussböden. Während du ängstlich und kontrollierend dein Umfeld abcheckst, breiten sich in dir zähe, kontraproduktive Gedanken aus. Du legst extrem viel Wert auf ein reines Umfeld und gleichzeitig modern in deinem Kopf Gedanken der Unfreiheit. Die Zecken einer zähen Gedankenwelt haben sich über deine Ohren in deinem Gehirn eingenistet. Du warst zu jung und zu unerfahren, etwas dagegen zu setzen. Während du weiterhin ängstlich auf den Fußboden starrst, breiten sich destruktive Gedanken ungehindert aus. Die Ängste graben sich tief in dein Unterbewusstsein.

»Warum bist du nicht in der Lage, dein Gehirn so ordentlich und genau zu pflegen wie deinen Boden? Warum hast du keinerlei Angst vor einem versumpften Gehirn?« Du lässt dich gehen, während du schon wieder den Boden polierst. Du lässt zu viel mit dir geschehen, du passt nicht richtig auf. Meinungen, Behauptungen, Klatsch und Tratsch erreichen dich und du kannst Wichtiges nicht vom Unwichtigem und Wahres nicht vom Unwahren unterscheiden. Du siehst hilflos aus. Du bist hilflos. Die Zecken der Fremdbestimmung haben sich an dir, in dir festgesaugt. Sie vergiften dein Blut, dein Gehirn. Dein Blut zirkuliert in dir und du bist verseucht und verloren, solange du nichts gegen die Macht der Fremdbestimmung unternimmst. Du kannst dich verlieren. Du kannst innerlich aushöhlen, du kannst sterben. Während du deinen Boden pflegst, schwinden deine Kräfte immer mehr. Mittlerweile schwebst du wie eine Hülle über deinen Küchenboden. Die Angst und viele Symptome nehmen dich gefangen. Die vielen Ablenkungen und Scheininhalte, die dich beschäftigen, rauben dir deine Lebenszeit. »Wann wirst du es schaffen, deinen inneren Kern zu pflegen? Wann kannst du das Wichtige vom Unwichtigen unterscheiden? Wann räumst du in dir auf? Befreie dich von den sinnlosen Gedanken! Entledige dich der Ansprüche, die sich wie Parasiten in dein Gehirn gefressen haben! Habe Mut, dein Gehirn von Unnützem zu befreien! Wirf den Blödsinn endlich hinaus! Werde niemals ein Opfer destruktiver Gedanken, die sich wie die Pest in deinem Gehirn ausbreiten und dein Unterbewusstsein manipulieren. Pflege dein Gehirn und stärke dein Selbst!«

Irritationen

Du hassest nichts mehr als Irritationen, denn du liebst es, im seichten Moder des Lebens zu waten. Dass du bis zu den Knien im Morast steckst und immer wieder kämpfen musst, um überhaupt deine Beine zu bewegen, kannst du nicht erkennen, du Meister des Verdrängens. Die Scheuklappen rauben dir nun seit Jahren die Sicht und deine Betäubungsstrategien sind ausgefeilt und perfektioniert. Du hast für alles eine Erklärung, schlüssige Ausreden und scheinlogische Argumentationsketten, bei denen die Prämissen auf Sand gebaut sind. Die logische Abfolge deiner Argumente klingt gut und durchaus durchdacht, doch die Basis des Gedankengebäudes wackelt. Du selbst zitterst und wackelst ebenso, wenn dich Irritationen heimsuchen. Die kleinste Kleinigkeit irgendwelcher Abweichungen in deinem Tagesgeschäft lässt dich aus der Haut fahren. Du hast Angst, dass dein Gebäude aus Scheinargumenten zusammenbricht. Du willst nicht zusammenbrechen. Du willst deine Trampelpfade bedienen. Gleichzeitig gierst du nach Abwechslung. Du willst nicht lebendig begraben sein. Unterbewusst suchst du die Irritationen und sei es auch nur in der Kunst. Dein Tagesablauf soll nicht durcheinander geraten und deine Strukturen sollen niemals hinterfragt werden. Du kennst dich aus und hast für alles eine Lösung. Dein Leben zeugt von deinem Zustand. Dein Stillstand ist für alle offensichtlich. Immer wieder suchst du unterbewusst die Irritationen. Du kannst dir nicht eingestehen, dass du lernen willst. Du kannst dir wahrscheinlich auch nicht eingestehen, dass du dein Leben verändern willst. Der Schmerz wäre wahrscheinlich zu groß, dir alle Schieflagen bewusst werden zu lassen. Du willst deine Baustellen, deine Fehler, deine verpassten Chancen nicht denken und an dich herankommen lassen. Der Treibsand unter deinen Füssen verflüchtigt sich und die Abgründe werden deutlicher. Du brauchst nun die doppelte Dosis Irritation, um so richtig durcheinander geschüttelt zu werden. Es muss eine neue Ordnung her, denn dein sumpfiger Trampelpfad kann nur ins Chaos führen. Du könntest zu einer Moorleiche verkommen. Es wird dir klar, dass du lernen willst. Es wird dir außerdem deutlich, dass dir der frische Wind der Irritationen einen ordentlichen Anstoß gegeben hat. Du bist aus der Spur gekommen und hast dein Leben neu gewonnen. Nun kannst du alles mischen, durcheinander wirbeln, neu zu ordnen und kreativ gestalten. Du bist wieder lebendig.

»Erkenne in den Irritationen des Lebens neue Chancen! Verschließe dich nicht davor, neue Wege zu gehen!«

Frei sein

Wenn wir auf der Flucht sind, können wir uns nicht frei fühlen. Das Getrieben-Sein verrät mehr über uns, als wir für möglich halten. Die Ablenkung, die Betäubung offenbaren indirekt den Schmerz. Das Alleinsein, das Nicht-Verstanden-Werden, eine innere Isolation kann uns zu Flüchtlingen werden lassen. »Lasst uns den Kontakt zu uns selbst herstellen! Lasst uns den Kontakt zu unseren tiefsten, inneren Vorlieben annehmen!« Wir können denken, fühlen, entscheiden. Wir brauchen nicht, wie ein Stofffetzen im Wind zu flattern. Wir brauchen es nicht zuzulassen, eingesponnen und fremdbestimmt in einer Unmündigkeit zu vegetieren. Wir können unser Leben gestalten und die Verantwortung übernehmen. Der Mensch kann Bewusstsein erlangen und dem Verdrängen ein Ende bereiten.

»Du kannst denken! Du kannst entscheiden! Du kannst deinen Weg wählen!« Wir sollten nicht auf die kleinkrämerischen Ablenkungen, die uns nicht reifen lassen, hereinfallen. Wir können das Große und Ganze erfassen. Wir alle können uns angesichts des Todes weiter entwickeln und das Wesentliche denken wollen. Wir alle sollten uns befreien, indem wir nicht länger aus den Konserven einer betäubenden Unterhaltungsindustrie leben. Wir brauchen nichts wiederzukäuen. Das Denken kann mehr sein als das Abrufen von Fakten. Der Mensch kann das Große und Ganze denken, wenn er sich nicht in den kleinkrämerischen Ablenkungen verliert. Jeder von uns kann den Kontakt zum Bleibenden suchen. »Lasst uns das Wesentliche vom Unwesentlichen unterscheiden! Wir können denken und den Tod als mahnende Chance begreifen. Lasst uns lebendig und nicht überheblich sein! Lasst uns selbstbestimmt und kreativ leben! Du kannst denken und entscheiden! Du kannst deinen Weg bestimmen! Du kannst die Verantwortung für dein Dasein übernehmen. Der Mensch kann Bewusstsein erlangen! Lasst uns niemals zu unmündigen, widerkäuenden Marionetten werden!« Wir brauchen nicht als Unmündige wie ein Fähnchen im Winde hin und her zu flattern. Wir sollten uns nicht vom Konsum einspinnen lassen und als Abhängige vegetieren. »Lasst uns wachsam sein und niemals den Gehirnwäschen eine Chance geben!« Wir wollen keine unmündigen Marionetten sein und sinnlose Produkte konsumieren. Wir können durch unser Bewusstsein in die Welt des Großen und Ganzen eintauchen. Es ist die Dimension der Gerechtigkeit, der Selbstbestimmung, der Freiheit. »Lasst uns niemals zu geknechteten, unterdrückten Kreaturen werden!« Das widerkäuende Faktenwissen wird uns nicht in die kreativen Sphären eintauchen lassen. Das freie, mündige Denken hilft uns zu planen, neue Wege zu gehen. »Lasst uns angesichts des Todes unser Leben bewusst gestalten! Befreit euch von den Konserven der betäubenden Gehirnwäsche!«

Nur der freie Geist kann sich in die Atmosphäre einer großen, kreativen Aura begeben. In der freien Gedankenwelt werden wir Menschen zu Großem fähig. Wir können komponieren, neue Gedanken niederschreiben und Utopien entwickeln. Wir können der Menschheit Ideen anbieten, die aus der Dunkelheit hinausführen. Nur der freie Denker kann über die Zäune der Alltagsbegrenzungen hinausschauen und denken. Nur der wache, lebendige, selbstbestimmte Mensch traut sich über alle Eingrenzungen hinweg, neue Wege und Chancen zu suchen. Der Mutige wird Neues entdecken. Der Mutige wird auf neue Wege stoßen. »Lasst uns unser Bewusstsein nutzen!«

Die Duftmarke

Du kennst dich aus in der Welt der Philosophie, der Literatur und auch in der Politik. Deine Zitate sind legendär. Jeder, der dir zuhört, erkennt, dass du viel gelesen hast. »Was macht deine ganz persönliche, intellektuelle Duftmarke aus?« Du hast die Bücher in deinem Wissensdurst verschlungen. »Konntest du frei und kritisch genug denken, um dir einen eigenen Standpunkt zu erarbeiten? Konntest du abstrakte Inhalte auf dein Leben beziehen?« Du partizipiertest an den freien Gedanken der Dichter und Denker. »Konntest du ihre revolutionären Eingebungen verstehen? War dir klar, dass so viele Ideen auch mit deinem Leben und den gesellschaftlichen Rahmenbedingungen zu tun haben? War dein Blick frei genug, um die vielen Erlebnisse und neuen Ideen der Dichter an dich heranzulassen?«

Die Arbeiten der Denker spiegeln ihr Bemühtsein wider. Sie wollten viele Botschaften an den Leser herantragen. Sie wollten ihre Ideen der Nachwelt übermitteln. Wir können dankbar dafür sein, dass sie in ihr Herz und in ihren Verstand schauen ließen und immer noch schauen lassen. Diese Offenherzigkeit, dieser Mut bedeutete für sie nicht selten eine herbe Kritik und Verfolgung, Hohn und Spott. Der kritische Denker wird oft angefeindet, abgewertet und sogar mit dem Tod bedroht. Man denke an die vielen Regime der Jetztzeit, die ihre kritischen Intellektuellen des Landes verweisen und mit der Todesstrafe bedrohen. Die Tatkraft des authentischen Künstlers ist nicht mit Geld zu bezahlen. Jeder, der Inhalte vermittelt, steht für diese ein und beweist somit großen Mut. Nur die Unverbogenen lassen sich nicht zum Schweigen bringen. Der Unverbogene erträgt viel und beschreibt die Missstände seiner Zeit. Nur der Unverbogene bedient nicht pausenlos die Schere des Gefallen-Wollens. Er nimmt die Drohungen und Abwertungen in Kauf. Der Ungebrochene ist angreifbar, da er die Welt nicht in ein kitschiges Licht taucht. Er schaut hin und verdreht nicht die Fakten. Er taucht die Welt nicht in ein schummeriges Licht der Lüge. Jeder Denker, der seine Duftmarke hinterlässt, macht sich angreifbar. Die Stärke, die Kraft der Texte, die Kunst an sich, helfen anderen, ebenso kräftig und mutig werden zu lassen. Die Visionen geben Orientierung. Die Kunst spricht auch dann noch zum Menschen, wenn der Künstler selber bereits zu Staub wurde. Die Kunst ist zeitlos, die Dichtung von unschätzbarem Wert. Wer Duftmarken setzt, gibt der Menschheit Bleibendes. »Kannst du dein Herz öffnen und kannst du die Inhalte der Kunst an dich heranlassen?« Deine Belesenheit lässt viele vor Ehrfurcht erzittern. Man kann behaupten, du seiest ein wandelndes Lexikon. Kein relevanter Autor ist dir fremd und die historischen Kontexte sind dir bekannt. Dein Wissensschatz scheint keine Grenzen zu kennen. »War dir bei deinem Wissenserwerb ein eigener Standpunkt aus deiner biographischen Gedankenwelt willkommen? Konntest du das in den Büchern Geschilderte mit eigenen Erlebnissen vergleichen? War dein Blick frei und dein Herz offen in all den Jahren deines Studiums?« In deiner durchstrukturierten Wortwahl lässt du nicht erkennen, inwieweit du selbst mit deiner Biographie in den Themen eintauchst. Die Dichter und Denker wagen viel und ernten nicht selten herbe Kritik. Sie werden mit und durch ihr Werk angreifbar. Der Mut, die Kraft und die vielfältigsten Visionen helfen den anderen Menschen, selbst Mut zu entwickeln. Wer Duftmarken hinterlässt, schenkt der Menschheit etwas Bleibendes. Wenn der Denker schon längst gegangen ist, so wird sein Gefühltes und Gedachtes weiterleuchten. »Lass das wirkliche, reale Leben an dich heran! Lass die Botschaften der Dichter und Denker auf dich wirken! Entdecke dich selbst in deinem Leben, in der Dichtung und Kunst!« Die Dichtung zeugt von der gebündelten Wahrheit. Sie offenbart die Leuchtkraft längst verloschenen Lebens. In der Dichtung wird das Gelebte verdichtet und an dich herangetragen. Du darfst partizipieren.

Die tickende Zeit

Du starrst auf deine Wanduhr. Das Pendel bewegt sich und du hast das Gefühl, dass die Zeit stillsteht. Dir schnürt es beinahe den Atem ab. Die Wände drohen dich zu erschlagen. Dir geht es schlecht. Eigentlich brauchtest du dir überhaupt keine Sorgen zu machen, denn du hast ausgesorgt. Du erträgst die Stille nicht länger. Es schießen Bilder in deinen Kopf. Du musst an verpasste Lebenschancen denken. Die spießige Enge um dich herum macht dir zu schaffen. Du hast dich niemals befreien können. In dir tobt der Widerspruch, die berechtigte Revolution. Du hast mit den entscheidenden Menschen noch nie Klartext gesprochen und so bist du zum Wegläufer geworden. Das hältst du kaum noch aus, denn auch du wirst älter und dein Körper kann den Stress des Weglaufens kaum mehr ertragen. Andere Kontinente, andere Frauen, Partyleben. Das hinterlässt Spuren und du sehnst dich nach einer Ausgeglichenheit, nach einer inneren Freiheit. Du hast erkannt, dass du ein

Leben lang weggelaufen bist. Du wolltest keine Verantwortung und keine Enge. Heute spürst du, dass du in dir nicht für Klarheit gesorgt hast. Du bist schon bei Kleinigkeiten weggelaufen und das hat dich immer schwächer werden lassen. Nun erträgst du gar nichts mehr. Noch nicht einmal das Pendel deiner Uhr. Du musst weg, schnell weg. Die Angst steigt in dir hoch und während du die nächste Reise buchst, versuchst du deinem Umfeld zu erklären, das du ein lustiger Abenteurer seiest. Das glaubt dir aber schon lange keiner mehr. Du wirkst gestresst, getrieben und sehr unzufrieden. Während du in den Flieger steigst, sagst du scheinbar locker: »Ich mach mein Ding!« Wieder und wieder rauschst du an dir vorbei. Du willst dich nicht mit dir konfrontieren, da du dich mit deiner Geschichte auseinandersetzen müsstest. Das hast du bisher vermieden. Du suchtest dir niemals Hilfe. Du brauchst wieder neue Menschen, andere Gefühle, neue Affären und den Kurzzeitkick. Du rauschst kontinuierlich an der Liebe vorbei und auch an dir selbst, denn die Tiefen deiner Psyche machen dir Angst. Wenn es schwierig wird, ergreifst du die Flucht. Wenn die Stimmung kippt, betäubst du dich. Die Krater in deinem Selbst werden größer, die Verdrängung muss schneller und extremer werden. Du hast viel zu tun, denn die Organisation deiner Flucht läuft täglich auf Hochtouren. Immer wieder betonst du: »Ich mach mein Ding!« Das Verdrängen steht dir auf die Stirn geschrieben. Dein Leben ist nicht zu deinem Ding geworden, denn in stillen Stunden werden dir die vielen Schieflagen deutlich. Genau in diesen Momenten erträgst du nicht länger den Pendelschlag deiner Uhr. Die Stille erdrückt dich aufs Neue. Die Wände drohen, dich zu erschlagen. Du musst hinaus in die weite Welt. Hastig buchst du deine neue Reise, neue Frauen, andere Sitten und Gebräuche. Du tauchst ein in die Welt der anderen und kannst dich somit kurz vergessen. Schon bald wird dich die tickende Zeit wieder heimsuchen, da du die Ursachen deiner Angst nie hinterfragt hast.

Der Sockelmensch

Du ließest dich auf einen Sockel heben. Nun thronst du scheinbar über den Dingen. Du weißt um deine Position und wie man genau diese Rolle ausfüllt. Du kannst der Gesellschaft keinen Spiegel mehr vorhalten. Du bist etabliert und während du über allem zu stehen glaubst, bist du zu einem Schmuckstück verkommen. Du sagst, dass du diese Position liebst, da sie sehr angenehm sei. Von Preisen und Geld überschüttet, führst du ein Leben im Halbschlaf. Alles um dich herum wird geregelt und deine Babysitter verwöhnen dich. Du kannst dir viel Personal leisten und wer dir reinen Wein einschenken will, wird entsorgt. Du duldest schon lange keine Spiegelung mehr. Du willst keine Unruhe, du liebst deinen Dämmerzustand. Deine anfängliche Angriffslust, deine Spannkraft und dein klarer Verstand haben sich verflüchtigt. Du bist satt und verwöhnt. Deine Augen sind glasig und schon lange nicht mehr kritisch. Der Kick kommt aus der Konserve deiner Betäubungsmittel und entspringt schon lange nicht mehr deinem natürlichen Gehirn. Du gibst dir selbst keine Chance mehr. Es geht um dich, es geht um dein Überleben, deine Identität. Dein Publikum applaudiert und du kommst noch an, denn du bist bequem genug, um zu unterhalten, ohne betroffen zu machen. Deine Arbeit schmückt die Wände der Etablierten. Du hast einen Namen. Bei dir können mittlerweile alle sicher sein, dass du keine kritischen Fragen mehr stellst. Deine wilden, wachen und kritischen Zeiten sind schon lange vorbei. Du bist satt, bequem und denkfaul geworden. Deine Assistenten umkreisen dich und du siehst müde aus. Du spürst dich nicht mehr. Das darf niemand bemerken, denn du willst als ein lebendiger Kopf wahrgenommen werden. Du stellst keine kritischen Fragen und deshalb bist du bei denen so beliebt, die niemals in Frage gestellt werden wollen. Alle prosten sich zu, obwohl es nichts zu feiern gibt. Die eigene Schwäche und Hohlheit wabern durch die Räume. Das soll auch so bleiben, das Geschäft soll schließlich reibungslos funktionieren. Nur keine unberechenbaren Zwischenfälle! Das Sockelleben hat seinen Preis. Alle sind sich einig, niemand schaut in die Abgründe der Existenz. Man liebt es bequem, kuschelig, manchmal mit einem leichten Gruseln, aber bitte nicht zu viel. Die Häppchen sollen noch schmecken, der Wein soll locker machen. Du bist zum Sockelmenschen mutiert und kennst nur noch solche, die ebenfalls um sich kreisen und nicht hinterfragt werden wollen. Die Spiegelung soll grundsätzlich vermieden werden. Der Sekt soll schmecken und nichts darf stören. Du willst für immer dazugehören, du starrst auf deine Arbeit und du suchst den Applaus. Die Sockelposition fordert ihren Tribut und du willst auf keinen Fall durch ein Raster fallen. Deine abgehobene Position geht dir über alles. Du willst deine Bediensteten und dein Publikum niemals verlieren. Du wirst ausreichend entschädigt für deine Angepasstheit. Deine Konten quellen über. Die Gier hat dich im Griff. Mittlerweile scheint es dir auch gar nichts mehr auszumachen, Menschen und Inhalte zu verraten. Du bist völlig abgestumpft. Das schlägt sich in deiner Arbeit nieder, denn deine Kunst kreist immer um das Gleiche. Dir fällt kaum noch etwas ein. Du bist blockiert. Bei genauerem Hinsehen wirkst du verloren. Die Luft dort oben auf dem Sockel ist dünn, zu dünn, und du wirkst teilnahmslos. Freiheiten kannst du nur noch mit Heimlichkeiten verbinden. Das Doppelleben hat dich im Griff.

Das Sockelleben aber füllt dich nicht aus. Du gierst nach Selbstbestimmung und du weißt, dass du sie niemals hoch oben auf dem Sockel leben darfst. Du willst wieder den Dreck spüren und schmutzige Luft einatmen. Du willst dich selbst spüren. Du möchtest wieder über dich und dein Denken bestimmen können. Du möchtest nicht immer nur das aalglatte Bild abgeben. Tief in dir willst du kein Sockelmensch mehr sein. Dein Unterbewusstsein rebelliert regelmäßig. Dir geht es schon lange nicht mehr gut. Dir fehlt die Freiheit, die Luft der Unabhängigkeit. Alles ist so erschreckend vorhersehbar und öde geworden und der Sekt schmeckt nicht mehr. Du gierst nach der Freiheit. Unnahbar und abgehoben sollst du sein. Du darfst winken, aber dem reibungslosen Ablauf der Szene niemals gefährlich werden. Du kennst die Spielregeln und du bist ein Teil von ihnen. Geld und ein sattes Leben im Wohlstand prägen dich. Deine Lebendigkeit verflüchtigt sich. Du bist berechenbar geworden. Ein satter Mensch verliert oft die Spannkraft und Angriffslust. Der Etablierte verliert nicht selten sein kritisches Auge. Der Satte, der, der Kreide geschluckt hat, kennt sich bald selbst nicht mehr. Der Bequeme wird schon bald keine Eingebungen empfangen können. Derjenige, der dem Mainstream verpflichtet ist, wird sich bald nicht mehr erkennen können.

Wer allen gefallen will, wird keine Meinung mehr haben. Er wird totgelobt in den Räumen der Etablierten. Er wird über irgendwelchen roten Teppichen schweben, das Glas erheben und nicht stören wollen. Der Sockelmensch kann der Gesellschaft nicht mehr tiefgreifend hilfreich sein. Er mag vielleicht noch unterhalten können, und wer die Unterhaltung und die Vertreibung der Langeweile in seinem satten Leben sucht, wird sie beim Sockelmenschen finden. Genau dieser wird darauf achten, nicht anzuecken. Er wird darauf achten, sich anzupassen und gut zu verkaufen. Der Sockelmensch wird sich selbst verkaufen. Er wird wahrscheinlich die kritischen Geister in ihren schweren Stunden verraten. Er wird sich den Bequemen, den Verrätern zuwenden und einstige Überzeugungen über Bord werfen. Ausgehöhlt und orientierungslos wird der Sockelmensch sich weiterhin anpassen und irgendwann auch gar nicht mehr verstehen, was er mal in den besten Zeiten seines Lebens gedacht und gefühlt hat. Er hat den Anschluss an sich selbst verloren, sich aufgegeben. Das Kostbarste im Leben hat der Sockelmensch bereitwillig geopfert, denn er wollte den unbedingten Erfolg. Sein Selbst ist ihm abhanden gekommen. Er schwebt wie eine Hülle über die Teppiche der bürgerlichen Welt. Irgendwann, wenn er nichts mehr zu sagen hat, wenn er langweilig geworden ist, werden andere seine Position übernehmen und über den roten Teppich schweben. Es gilt das immerwährende Spiel mit seinen brutalen Regeln:

Wer sich als Sockelmensch hoch oben einbetonieren lässt, verliert sich selbst. Er oder sie wird mit Preisen überschüttet. Der Wohlstand gefährdet das kritische Auge. Es geht um alles. Es geht um das Selbst, um die Identität. Der Sockelmensch starrt ängstlich auf seine Arbeit: »Kann mich jemand durchschauen? Sage ich nicht zu viel? Werde ich sichtbar? Kann man mich in meinen Bildern und Skulpturen erkennen?« Der Sockelmensch will nicht erkannt werden und er will nicht konkret werden. Niemand soll wissen, wofür er steht und vor allem, dass er keinen festen Standpunkt hat. Die Arbeit am Selbst wurde für das Vorteilsdenken geopfert. Die Kritikfähigkeit und Urteilskraft konnten nicht reifen, ausreifen. Der Sockelmensch konnte für und um sich nicht kämpfen. Er oder sie war zu schwach. Wer um sich nicht kämpfen kann, wird auch nicht konsequent für die Demokratie eintreten können. Die Zivilcourage, der Mut wächst im Menschen. Wer den Kräften des Mutes keinen Raum gibt, kann nicht wachsen. Wer sich selbst nicht fördert, kann anderen nicht hilfreich sein.

Wer sich selbst verkauft, ist bestechlich geworden. Wer seine Träume verrät, ist sich selbst abhanden gekommen. »Hast du dich aufgegeben, verraten und vernachlässigt? Du willst nicht entdeckt und kritisiert werden? Du willst auch keine eindeutige Position beziehen? Du willst den unbedingten Erfolg und siehst dabei ängstlich aus?« Bei genauerem Hinsehen wirkst du verloren. Dein Motto lautet: »Ich will gefallen!« Dort oben auf dem Sockel wird die Luft immer dünner und du darfst dich nicht mehr schmutzig machen. Die gehobene Gesellschaft erwartet viel von dir. Sie lobt dich und du hältst dich immer mehr zurück. Die Zeit der Heimlichkeiten beginnt. Dein Parallelleben nimmt seinen Lauf. Du hast den bürgerlichen Kodex inhaliert. Nicht viel wagen, nicht erwischen lassen. Dein Ansehen darf keinen Schaden nehmen. Die Häppchen des Buffets schmecken fade. Würde es nicht die vielen Heimlichkeiten geben, so wäre dein Leben öde. Nun ist es eher geschmacklos. Du weißt, dich zu benehmen, du kennst dich aus in der Gesellschaft.

Du eckst nicht an. Zweifel durchziehen dein Selbst. Tief in dir möchtest du kein Sockelmensch mehr sein. Dein Preis war zu hoch. Er kostete die Freiheit, die Selbstbestimmung, die Mündigkeit. Dir fehlte die Kraft, auf dem Sockel zu schreien. Dir fehlte der Mut, hoch oben dich zu zeigen. Du warst still und du wolltest gefallen, deine Rolle ausfüllen, aber dir blieben nur Heimlichkeiten. Die Häppchen am Buffet schmecken fade und du sehnst dich nach der deftigen Erbsensuppe deiner Kindheit. Damals durftest du noch so richtig toben, ausflippen und dich schmutzig machen. Das alles fehlt dir. Nun sitzt du auf dem Sockel und alle starren dich an. Die Menschen erwarten etwas von dir, doch du bist unsicher und du weißt auch nicht mehr, was du kreieren sollst. Du hast Angst. Du meidest Fettnäpfchen. Hoch oben ist die Luft so dünn und deine Arme und Beine verlieren an Muskelkraft. Du sollst dich nicht schmutzig machen und du wirst immer blasser, du Sockelmensch. Immer lächeln, sich anstarren lassen, nichts Ehrliches sagen. Hoch auf dem Sockel sitzend sollst du den anderen Sockelmenschen zuprosten. Es ist ein doppelbödiges Spiel. Du darfst dich nur noch heimlich schmutzig machen. Du darfst nicht auffliegen. Du darfst nicht erkannt werden. Alle prosten dir zu, denn sie wissen nicht, wie es in dir aussieht. Niemand kennt dich, niemand weiß um deine Unzufriedenheit und Unfreiheit. Es ist ein faules Spiel, du Sockelmensch! Du darfst dich nicht mehr öffentlich schmutzig machen, du darfst nur noch heimlich leben, es ist ein Versteckspiel, ein gefährlicher Selbstverlust, du Sockelmensch!

Die Künstlichkeit

Der Angstschweiß steht dir auf der Stirn. Du bist blass und sehr nervös. Dein Selbstbewusstsein ist wieder einmal ins Wanken geraten. Dein Angstfilter saugt alles Persönliche weg. Dein Gesicht wirkt blass und ausdruckslos. Deine Körperhaltung wirkt künstlich, du wirkst künstlich. Deine Gesten sind austauschbar, marionettengleich und du fühlst dich unwohl. Der Filter des Gefallen-Wollens hat mal wieder zugeschlagen, und es ist für dich immer noch nicht möglich, das zu erkennen. Du filterst alles Natürliche, Spontane weg, weil du Angst hast, sonst nicht akzeptiert zu werden. Du willst klinisch rein, gestylt, modern und grundsätzlich gefällig rüberkommen. Du willst gut ankommen und imitierst die Sprache der anderen. Deine Persönlichkeit wird immer wieder von dir versteckt, deine eigene Note, die persönliche Note verraten. Denke daran: »Deine persönliche Stimme, deine Duftmarke, dein individueller Ausdruck sind wie dein Fingerabdruck. Verleugne dich nicht!« Vergiss nicht: »Du bist einzigartig! Du bist genial, wenn du, du selbst bist! Trau dich du selbst zu sein!« Immer wieder vernachlässigst du deine Individualität. Du filterst deine besondere Note weg. Deine Antennen werden nicht gepflegt, und deine Augen und Ohren stehen mal wieder auf Durchzug. Du willst in deinem Trott nicht gestört werden. Du willst angepasst und bequem leben. Der Anspruch einer spießigen Anpassung hat dich gefangengenommen. Du konntest dich nie befreien. Die schweren Klötze irgendwelcher dich fremdbestimmender Ansprüche wabern durch dein Unterbewusstsein. Du willst es beinahe allen recht machen. Dieser Anspruch überfordert dich tagtäglich. Wenn du einmal frei entscheiden möchtest, wenn selbstbestimmte Impulse anklopfen, schaltet sich ein unmenschlicher Filter ein. Es ist der Filter der Fremdbestimmung, es ist der gnadenlose Filter irgendwelcher Versprechen, die du gegeben hast. Doch die Zeit verging und du hast dich verändert. Der Lebensfluss spülte dich an andere Ufer. Du hast dich weiterentwickelt, du bist nicht stehen geblieben, du bist nicht steckengeblieben. Deine Metamorphose bedeutet für dich Reifung, Persönlichkeitsentwicklung. Wir alle sind ein Teil der immerwährenden Veränderung. In deinen unsicheren Phasen willst du die Veränderungen am liebsten ausklammern. Du klammerst dich an Regeln, Versprechen und Traditionen. Das, was schon immer so war, soll so bleiben und die vielen Veränderungen, die du nicht abwehren kannst, machen dir Angst. Gleichzeitig nimmst du wahr, dass so vieles im Umbruch ist. Deine Freunde altern, du alterst. Doch du willst nichts von deiner Attraktivität einbüßen. Deine Ängstlichkeit nimmt dir deine Strahlkraft. Deine Angst blockiert deine Emotionen. Du wirkst starr, gequält und unsicher. Du schaust an dir herunter und fragst dich: »Gefalle ich so den anderen?« Dein Unwohlsein deutet darauf hin, dass du eine Rolle spielst. Die Gefahr ist groß, dass du in dieser Rolle versackst. Dein Leben gab dir bisher kaum Möglichkeiten, ein festes Rückgrat zu entwickeln. Dein Selbst ist sehr biegsam, du bist noch nicht zu alt. Diese Biegsamkeit kann dir helfen, nicht gebrochen zu werden. Diese Biegsamkeit kann dir auch dein Selbst kosten, denn der Kontakt zu deinen Tiefen darf nicht abbrechen. Du könntest zerbrechen. Du könntest zum Verbogenen werden. Während du deinen Anzug kritisch überprüfst, wirst du gefangengenommen von den Ansprüchen der anderen. In dir kämpfen Stimmen miteinander. »Denk an deine Zukunft! Verpasse keine Chancen! Du landest sonst in der Gosse!« Die Angst steigt in dir hoch. In diesen Momenten sinkt dein Selbstvertrauen auf den Nullpunkt. »Nur nichts falsch machen. Ich muss die Anforderungen der anderen erfüllen. Wenn ich versage, werde ich ein armer Looser sein.« Eine Panikattacke überrollt dich. Niemand darf etwas merken. »The show must go on!« Dein Anzug passt perfekt zu deinen Schuhen. Kein Haar tanzt aus der Reihe und du sowieso nicht. Du siehst aus wie Ken, der Mann von Barbie. Dein Gang ist unsicher, deine Gesten unbeholfen. Du bist unbeholfen und nicht du selbst. Das kann jeder sehen, der an dir interessiert ist. Dein Erscheinungsbild kann für dich nicht länger zum Vorteil sein. Du wolltest gefallen und hast deine Tiefen verleugnet. Du wolltest die Menschen beeindrucken und hast dein Selbst verraten. Deine Schwingungen sind schlecht. Dein Filter der Angst hat das Natürliche zerstört. Du zappelst an den Fäden des Gefallen-Wollens. Deine Sprache ist stockend und dein Atem kann nicht frei fließen. Deine Kraft schwindet, obwohl du gesund bist. Das Sieb der Anpassung hat deine Aura zerstört. Du kannst niemanden beeindrucken. Langsam aber sicher verstehst du, dass es so nicht weitergehen kann, denn deine Symptome weisen dir den Weg.

Hier läuft etwas schief, hier geht es nur noch weiter abwärts. Du kannst nicht länger die Sprache der anderen sprechen. Es betrifft dein Selbst, und du willst auch nicht mehr länger die Formeln der anderen imitieren. In dir brodelt ein Vulkan. Deine persönliche Note will ans Licht. Deine Ausdruckskraft und deine Stimme, deine Duftmarke, alles will ins Freie und gesehen werden. Du tastest dich an dich heran. Der Kontakt zu dir hilft dir, den Kompass deines Selbst neu zu entdecken. Du kannst durchs Leben navigieren. Dein Mut, deine Individualität, dein inneres Feuer werden dir die Sicht, den Weg, die Kraft schenken. »Trau dich, du selbst zu sein und dich zu zeigen! Dein Gang wird schwungvoll und dynamisch werden. Du wirst nicht länger an Fäden zappeln. Die anderen können dich nun ernst nehmen. Du wirst leuchten und den anderen eine Hilfe in der Dunkelheit werden. Du hast dich befreit. Deine Rettung dient als Vorbild für andere.« Die Zeit der Künstlichkeit ist lange vorbei. Nun wirst du nicht länger deine persönliche Note verraten. Du wirst deine individuellen Antennen trainieren, du wirst deine Augen und Ohren öffnen. Deine Stimme wird klar und kräftig. Nun darfst du ein Wegweiser für andere sein. Das Zentrum deines Ichs wird zum Kompass in dunklen Stunden. Du wirst zum Vorbild und zum Leuchtturm im Nebel des Lebens.

»Befreie dich aus deiner Zwangsjacke! Wer hat dich eingeschnürt? Wer wollte dich nicht dich selbst sein lassen? Wer wollte dich nur in einem bestimmten Licht sehen? Wer konnte dich nicht ernst nehmen? Entfessel dich! Wirf dich ins Leben! Zeige dich, so wie du bist! Du bist gut! Du bist richtig!« Dein Mut und deine Individualität lassen dir Flügel wachsen. Auch du bist ein Künstler, denn du hast einen individuellen Ausdruck, eine persönliche Sicht auf die Welt. »Schau mit freien, offenen Augen in die Welt! Das Zentrum deines Ichs wird dein Kompass sein! Wenn du den Bezug zu dir pflegst, wirst du niemals verkümmern. Lebe dein Selbst!«

Verpasste Chancen

Du hast einen festen Wohnsitz und fühlst dich heimatlos. Immer wieder vermeidest du, nach Hause zu gehen. Es rebelliert eine innere Kraft in dir, deine vier Wände aufzusuchen. Eigentlich bist du schon seit längerem heimatlos. Das Verdrängen ist zum Tagesgeschäft geworden. Das alles willst du dir nicht eingestehen. Du hast dir Parallelwelten erschaffen, um zu überleben. Doch die Probleme werden immer bedrohlicher. Alle Fluchtversuche werden irgendwann entdeckt und du musst dir neue Strategien einfallen lassen. Der Druck erhöht sich von Jahr zu Jahr. Deine innere Aushöhlung lässt dich zu einem verwirrten, heimatlosen Leidenden werden, der in sich keinen Schutz mehr finden kann. Andere Menschen können nicht mehr helfen, da du niemandem dein Elend mitteilen möchtest. Du willst nicht ertappt werden. Niemand soll dich als Schwächling erkennen. Du schämst dich dafür, ein Manipulierter zu sein. Du schämst dich dafür, als Flüchtling im eigenen Leben nicht mehr ein noch aus zu wissen. Deine Standpunkte haben sich aufgelöst, genau wie du. Die Rolle, in der du steckst, hält dich gefangen und dein schauspielerisches Talent verhilft dir, diese Seifenoper weiterhin zu bedienen. Der Stress ist dir anzusehen, denn die vielen Rollen und Lügen erfordern immer mehr Energie, Zeit und Verdrängen. Du schaffst es nicht, zu den Menschen zu stehen, die du von Herzen liebst. Noch schlimmer: Du hast sie regelmäßig verraten. Du hast es billigend in Kauf genommen, diejenigen zu verletzen, die du von Herzen liebst. Du musstest es dir angewöhnen, Lügen, Ausflüchte und Scheinargumente zu bedienen, um deine Welt der Heuchelei aufrechtzuerhalten. Bei all diesen Vorgängen wirst du schwächer und schwächer. Du bist zum ausweichenden Weichei verkommen. Deine Selbstachtung schwindet, du verschwindest. Du willst deinem Unterdrücker gefallen, du willst ihn beeindrucken. Dieser fordert immer mehr Selbstverleugnung. Du sollst ihn umschmeicheln, Freunde und Lebenseinstellungen verraten. Du sollst dich selbst verraten und alle mit Kritik überziehen, die es gar nicht nötig haben.

Der Sog der Unterdrückung nimmt seinen Lauf, du steckst bis zum Hals im Sumpf und denkst verzweifelt über neue Fluchtpunkte nach. Du fühlst dich heimatlos, ratlos und unverstanden. Die es ehrlich mit dir gemeint haben, hast du verraten. Es wurde unausgesprochen von dir erwartet. Du hast nachgegeben und dich aufgegeben. Nun fühlst du dich heimatlos, allein und ausgebrannt. Sämtliche Abfahrten, Chancen und Aufklärungsversuche hast du missachtet. Dein Wohnsitz ist nicht dein zu Hause und dein Gehirn gehört dir nicht mehr. Du hast deine Werte verraten, du hast dich selbst verraten. Nun gehörst du dir nicht mehr. Du bist zum Kasper, zur Puppe verkommen. Du zappelst an den Fäden deines Herrschers. Deine Ohnmachtsgefühle frustrieren dich und deine Wut geboren aus der Machtlosigkeit höhlt dich von innen aus. Du bist zerfressen von deiner Wut, deiner Abhängigkeit, deiner Ohnmacht. Es steht sehr schlecht um dich, denn deine Krankheit heißt Fremdbestimmung und deine Leiden bedeuten den Selbstverlust. Manchmal spricht noch dein Selbst zu dir, doch es währt nur sehr kurz, du lässt es nicht zu. Du verdrängst dein Ich, du missachtest es, denn es wird von deinem Gebieter so gefordert. Dein Unterbewusstsein ist vollgestopft von Schieflagen, Lügen und Heucheleien. Es würde Jahre dauern, diesen Sumpf trocken zu legen. Es stinkt zum Himmel und unterbewusst weißt du, dass du dich tagtäglich immer wieder aufs Neue verrätst und deine Lage schlimmer und aussichtsloser werden lässt. Die Kettenreaktionen sind nicht zu stoppen. Du bist zum Spielball deiner Lügen verkommen. Du kannst nicht mehr in den Spiegel sehen. Dein Leben ist aus den Fugen geraten. Das alles bedeutet für dein Ich eine permanente Bedrohung, Folter. Du wechselst die Rollen wie deine Hemden. Manchmal kommst du durcheinander und verlierst für einen Augenblick die Selbstbeherrschung. Der Ärger über deinen Kontrollverlust ist riesengroß und du befürchtest, dass irgendjemand deinen bedauernswerten Zustand erkennen könnte. Das Vertuschen, Verdrängen und Weglaufen ist zu deinem Tagesgeschäft geworden. Deine Zwanghaftigkeit fällt jedem Freiheitsliebenden auf. Da du so unendlich viel unter den Teppich kehren musst, bist du genau damit permanent beschäftigt. Es ist traurig, dich so hilflos zu sehen. Das Vertuschen und Verdrängen kostet deine Lebenskraft und raubt dir dein Selbst. Niemand soll dir deine Schwäche und Hilflosigkeit ansehen. Die äußere Hülle, der Scheinentwurf einer Identität wird peinlich gepflegt, denn du wärst mit der Konfrontation deiner Seifenoper hoffnungslos überfordert. Das Leben rauscht nun täglich an dir vorbei. Lebenschancen werden nicht ergriffen, da die Angst und die angenommenen Rollen das Denken und Handeln blockieren. Die Fremdbestimmung hat zugeschlagen. Gleichzeitig wird das Image des Geschäftstüchtigen, Kreativen gepflegt. Neue Fluchtmöglichkeiten werden peinlich genau entwickelt und durchorganisiert. Das gesamte Leben ist nun von Parallelwelten durchzogen. Es fällt immer schwerer den Überblick bei all den Lügenwelten zu behalten. Die Kräfte schwinden und die Lebenschancen sowieso. Eine verpasste Chance reiht sich an die andere.

Der Weg zur Quelle

Wer gegen den Strom schwimmt, gelangt zur Quelle. An der Quelle ist das kostbare Wasser sauber, frisch und glasklar. Es wäre schön und lebenserhaltend, wenn es so bliebe. Wir alle sind gefordert, stark und mutig mit hart erarbeiteten Kriterien der Quelle entgegenzulaufen, zu schwimmen, zu tauchen. Wir dürfen nicht nachlassen, den geeigneten Weg zu finden. Wir sind gefordert, uns zu informieren und wachsam zu bleiben. Nur der Starke, der Wache und Mutige wird immer und immer wieder den Weg zur Quelle suchen. Er oder sie wird sich nicht ablenken und verführen lassen. Die Faulheit wird keine Chance bekommen, die Bequemlichkeit wird nicht zur Desorientierung führen können. Wer mitläuft ist ein Mitläufer. Wer sich keine Kriterien erarbeitet, um eine ethische Kompetenz zu erlangen, wird weggespült. Wer nicht die Klarheit und Wahrheit sucht, wird den Weg zu der lebensspendenden Quelle übersehen. Wer nicht an seiner Mündigkeit, an seinem klaren Bewusstsein arbeitet, wird den Verlauf der Quelle aus den Augen verlieren. Nur wer gegen den Strom schwimmt, gelangt zur Quelle! Nur wer selbstbestimmt, logisch und ethisch orientiert denken kann, wird in der Lage sein, den Fallen und Verlockungen irgendwelcher Scheinvorteile zu entkommen. Um mutig zu sein, bedarf es des eigenen Antriebs, die gesellschaftlichen Zusammenhänge erfassen zu wollen. Um ein erfülltes Leben führen zu können, brauchen wir den freien Blick auf die Gerechtigkeit. Wir brauchen die Stärke, gegen den Strom zu schwimmen, um zur glasklaren Quelle der Erkenntnis zu gelangen. »Lasst uns alle mutig genug sein, in das Licht der Wahrheit zu sehen!« Du wirst zum Mitläufer und eventuell zum Täter, wenn du dir nicht die Mühe machst nachzudenken. Du kannst zum Opfer werden, wenn du dir nicht die Zeit nimmst, die Zusammenhänge erfassen zu wollen. Du kannst weichgespült und weggespült werden, wenn du nicht die Kraft entwickelst, »du selbst« zu sein, dir ethische Kriterien zu erarbeiten. Du kannst alles verlieren, wenn du dich aufgibst! »Werde niemals zu einer Marionette, die hin und hergeführt wird! Lasse dich niemals vor den Karren spannen! Pflege dein globales Auge! Du wirst erkennen, dass nur die Gewaltlosigkeit uns zu Menschen werden lässt!«

Der Stachel im Fleisch

Man liebt und fürchtet dich. Du bist der Stachel im Fleisch. Wenn man dich einlädt, fällt es schwer, unerkannt zu bleiben. Du bist anstrengend, weil du nach der Wahrheit suchst. Du verbreitest ein Gefühl der Wärme, da sich jeder in dir spiegeln kann. Deine Wahrheitsliebe leuchtet in der Dunkelheit der Verdrängung. Doch du wirst gemieden und umgangen, da dein Strahlen die Augen der Verdrängenden schmerzen. Deine Worte werden zu Stacheln mit Widerhaken, da sie sich in den Gehirnen der Menschen festsetzen. Sie schallen nach. Sie hinterlassen Spuren. Sie sorgen für Unruhe im reibungslosen Verlauf des Vertuschens und Verdrängens. Gleichzeitig wirst du geliebt für deine Leuchtkraft in den kalten, düsteren, nebeligen Tagen des Schweigens und Verdrängens. Die Menschen lieben die Wärme, die Klarheit und die Wahrheit. Niemand möchte belogen werden. Niemand möchte selber hinters Licht geführt werden und dennoch ist die Schauspielerei allgegenwärtig. Du wirst verehrt und gefürchtet. Du wirst versteckt und wenn Katastrophen drohen, angerufen. Du bist der Stachel im Fleisch der Lügner.

Der Laufstall

Du konntest deine Freiheit nicht begreifen, nicht genügend schätzen. Sie war immer da, um dich herum und du brauchtest für sie niemals zu kämpfen. Doch die Angst war dein ständiger Begleiter. Es war dir aus den vielfältigsten Gründen nicht möglich, innerlich frei und unabhängig zu leben. Du suchtest in deiner Unerfahrenheit einen Schutzraum. Wenn Schlösser hinter dir zuschnappten und Verbote vor der Haustür hingen, fühltest du dich auf der sicheren Seite. Du hattest das Gefühl, dass sich jemand um dich kümmert und dass du geliebt wirst. Als du in jungen Jahren frei und unabhängig durch die Straßen deiner Stadt liefst, sahst du von weitem einen geschmückten Ort, der sehr einladend aussah. Dieser Platz blendete dich, denn er versprach dir Sicherheit und Geborgenheit im Großstadtdschungel. Es blitzte und glänzte am Ort deiner Träume. Alles schien so sicher, abgesichert und aufgeräumt. Es herrschten strenge Regeln und Verbote. Du giertest nach Sicherheit, nach Vorschriften, denn es war für dich zu mühsam, selber zu denken. Andere sollten sich die Mühe machen, zu reflektieren und die Welt zu interpretieren. Du wolltest dich in einer kuscheligen Ecke verstecken, ausruhen und abwarten. Doch das führt in die Lethargie und zu einer schlimmen Starre. Die Zwangsjacke droht, wenn du nicht für deine Freiheit und Selbstbestimmung eintrittst. Die Destruktiven lieben die stillen Opfer. Sie saugen sie aus und verpassen ihnen einen Maulkorb. Der Bequeme wird eingesponnen und ausgesaugt. Nichts bleibt von ihm oder von ihr übrig, wenn der Stachel der Fremdbestimmung ins Gehirn vordringt. Die Wehrlosigkeit, die Bequemlichkeit, die Orientierungslosigkeit haben den Weg zur Selbstaufgabe, zur Starre bereitet. Als du auf der Suche nach der Sicherheit warst, verwechseltest du das schummerige Leuchten des Verlieses mit dem wohligen Ort einer wirklichen Heimat. Du verwechseltest den Laufstall mit einem Ort, an dem du »du selbst« sein kannst und darfst. Doch du liefst geradewegs in die Fänge der Fremdbestimmung. Du wolltest ankommen, zu Hause sein, in Sicherheit und Geborgenheit leben. Schnell warst du zu vielen Kompromissen und dem Verrat deiner Vorlieben, Freiheiten und noch unbeholfenen Überzeugungen bereit. Das Schimmern des Verlieses lockte und du klebtest auf den Stufen zur Unfreiheit. Du wurdest eingesponnen. Dein Denken und Fühlen gehörte und gehorchte dir nicht mehr. Du zappeltest am Haken, am Widerhaken. Du tauchtest ein in die Welt der scheinbaren Sicherheit. Hier herrschten nun strenge Regeln, feste Rituale, Verbote und Gebote. Du konntest das Denken anderen überlassen und du spürtest eine Entlastung. Die vielen Regeln und Verbote suggerierten dir, dass es jemand gut mit dir meint. Deine Freiheit gehörte nun zur Vergangenheit. Dir war es in deiner Jugend nicht möglich gewesen, sie angemessen zu schätzen. Du warst von ihr umgeben und du hattest mehr als genug von der großen, wilden Freiheit. Doch ein ängstlicher Mensch kann diesen Freiraum oft nicht genießen. Der große Raum, die vielen Chancen und Wege können verunsichern. Du suchtest Schutz und klettertest in den geschmückten Laufstall. Überall hingen Schilder, Verbote und genaue Vorschriften. Das Denken übernahmen nun andere. Es wurde für dich gesorgt, gedacht und geplant. Du wurdest verplant. Dein Leben verlor sich im Denken der anderen. In deinen Sternstunden schautestest du durch den Zaun. Die Außenwelt war zum verbotenen, gefährlichen Gebiet erklärt worden. Manchmal überwandest du kurz deine Angst und die Vorurteile. Du gönntest deinen Augen ein wenig Abwechslung. Es gab eine Welt außerhalb deines Laufstalls. Zu deinem Erstaunen war diese Welt schön, reizvoll und sie schmeckte nach Abenteuern, Freiheit. Du dachtest an frühere Zeiten zurück. Damals liefst du frei und unbekümmert durch die Stassen. Du konntest links und rechts abbiegen. Es war dir zu jenen Zeiten nicht bewusst und die Freiheit machte dir Angst. Nun vermisst du sie von Tag zu Tag mehr. Der Laufstall kann dir keine Geborgenheit mehr bieten, er ist zur Qual geworden. Du schwörst dir: »Wenn ich noch einmal den Weg nach draußen in die Freiheit finde, so werde ich sie niemals mehr aufgeben!«

Die Spuren der Evolution

Heute haust du mal wieder ordentlich auf den Putz. Du bist das Alphatier und fletschst die Zähne. Es wird deutlich, dass du den Weibchen gefallen willst. Du befindest dich in einem fremdgesteuerten Zustand und jeder kann erkennen, dass dein Handeln jeglicher Logik entbehrt. Hormone überfluten dein Gehirn. Keiner weiß, wann bei dir das Bewusstsein wieder einsetzt. Es kann Stunden, Tage oder Wochen dauern. Du fühlst dich stark und unbesiegbar. Dein Hormoncocktail verleiht dir Flügel. Du hebst ab und willst neue Ufer erreichen. Vielleicht suchst du unbewusst nach Möglichkeiten, dein Erbgut weit entfernt zu verbreiten. Niemand weiß das so genau und du sowieso nicht. Deine Handlungen deuten daraufhin, dass du deiner Taten und ihren Auswirkungen nicht bewusst bist. Die Hormone steuern dein Leben und du interpretierst diesen Zustand als Abenteuerlust. Irgendwann wirst du wach und dich in Lebensumständen wiederfinden, die dich nun heftig fordern werden. Pflichten und Grenzen werden dich einschränken. Wenn du wieder zu Bewusstsein kommst, wenn dich die Realität wieder eingeholt hat, kannst du erkennen, dass du als Teil der Evolution nur mäßig über dein Selbst bestimmst.

Die Armut

Die Armut beschneidet die Entwicklung des Menschen, eines jeden von der Armut betroffenen. Jeder Mensch hat das Recht auf Unversehrtheit und Entfaltung. Der Ungesehene, Ungehörte, der Verhungernde scheint keine Rechte zu haben. Die Stimme verstummt, die Lebenskraft schwindet. Der Vertriebene, der Flüchtende, der Rechtlose vegetiert im Niemandsland. »Wer tritt für dich ein, wenn du ungeliebt und heimatlos umherirrst? Wen interessieren deine Potentiale? Wer sieht dich als Menschen?«

Du wolltest dein Leben retten und wirst von vielen als Bedrohung und unnützer Esser angesehen. »Wo bleibt deine Würde, dein Recht auf Entfaltung? Wer tritt für die Armen ein? Wer verleiht ihnen eine Stimme? Wer verhilft den Armen, ihre Persönlichkeit zu zeigen und sich im gesellschaftlichen Leben einzubringen?« Der Mittellose ist nirgendwo willkommen. Er wird weggeschickt, kaserniert und abgeschoben. Nur wenige bekommen eine Chance, sich aus der tiefsten Armut zu befreien. Der Umherirrende, Hungernde gilt für viele als Bedrohung in unsicheren Zeiten. Der Arme, Ungesehene darf sein Potential nicht zur Blüte bringen. Die Begabungen werden nicht gesehen und der Mensch bekommt selten eine Chance auf Entfaltung. Selbst das nackte Überleben ist keineswegs gesichert. In unsicheren Zeiten muss sich die Demokratie bewähren. In Zeiten, in denen viele arbeitslos, orientierungslos und sogar hungernd ihren Tag bestreiten müssen, wird sich zeigen, wie stark unsere Demokratie ist.

»Wer tritt bedingungslos für die Menschenrechte ein? Wer macht sich die Mühe, die Ursachen von Flucht und Armut zu benennen? Wer kämpft mit Wort und Tat gegen die Ignoranz und Unmenschlichkeit? Wer bleibt ein gerechter Denker, ein gerechter Handelnder in Zeiten der Not, des Elends, des Hungers?« In schlechten, bedrohlichen Zeiten zeigt es sich, ob wir den Gedanken der Demokratie verstanden haben.

»Lasst uns die Ursachen der Armut, des Krieges und der Flucht ansehen! Wir müssen die Zusammenhänge erfassen! Die Ursachen des Elends gehen uns alle etwas an! Lasst uns niemals wegschauen!«

Das Auslöschen

Die Würde eines jeden Menschen sollte gewahrt bleiben. Wir alle müssen ein Leben lang um unsere Würde kämpfen. Wir sind gefordert, unsere Leuchtkraft zu bewahren. Die Fallen, in die wir geraten können, sehen in jedem Leben anders aus. Die gesamte Biographie eines Menschen ist durchzogen von Fallen, Stolpersteinen und gefährlichen Ködern. Wir müssen noch nicht einmal unmittelbar vom Hungertod bedroht sein, auf der Flucht oder mitten im Kriegsgebiet leben. Die Fallen, die Gefahren und tödlichen Vergiftungen drohen überall dort, wenn ein Mensch nicht angemessen respektiert, geliebt und angenommen wird. Wir müssen nicht unbedingt von der Folter bedroht sein, um zur Hülle zu verkommen. Wir müssen nicht unbedingt ein Flüchtling, ein Heimatloser sein, um gebrochen zu werden. Wir können auch in einem Palast als Mensch untergehen. Die Würde des Menschen ist unantastbar. Die Foltermethoden der Menschen sind extrem vielfältig. Das Wegschauen, nicht lieben, nicht schätzen, das emotionale Verletzen, kennt unzählige Facetten. Jeder Mensch ist ein Leben lang in Gefahr.

»Wir alle sollten wachsam sein!« Wir können auch im größten Luxus unsere Würde verlieren. Wir können verbrennen, erlöschen, unsere Würde, unsere persönliche Strahlkraft einbüßen. Wenn wir uns selbst in unserem Leben verloren haben, haben wir alles verloren. Wenn wir uns selbst aufgegeben haben, dann sind wir Unmündige, Fremdbestimmte, ausgehöhlte Zombies. Wir können zur Gefahr für uns selbst und anderen werden. Wir können zu unmenschlichen Taten angestiftet, missbraucht werden. Wir degenerieren als Mittel zum Zweck. Ein Mensch ohne Würde, ohne Selbstbestimmung ist nicht mehr in der Lage, nach ethischen Konzepten sein Leben auszurichten. Er sucht den scheinbaren Vorteil, lässt sich lenken und wird zu einer Marionette. Er oder sie wird mal da und mal dort hingeleitet und niemand kann auf eine selbstbestimmte Haltung hoffen. Der Fremdbestimmte ist unberechenbar. Der Manipulierte kann als Ausgelöschter, Erloschener, an Fäden Zappelnder betrachtet werden. Man kann ihm nicht trauen, da er mal nach links und mal nach rechts ausweicht. Er oder sie ist nicht gefestigt. Das eigene selbstbestimmte Wollen ist einem Vorteilsdenken gewichen. Der Erniedrigte, der Gequälte sucht nicht selten den geringsten Widerstand. Er weicht den Verletzungen aus oder versteckt sich hinter einer fremdbestimmten Fassade. Nicht selten sucht der Schwache und Unterdrückte nach einem Menschen, der ihn gängelt oder bevormundet. Er sucht Halt und Schutz und wird als Abhängiger, Unmündiger sein Dasein fristen. Der Schwache, der Angstbesetzte schafft es oft nicht, frei zu denken und selbstbestimmt zu leben. Er oder sie kann nicht ausreichend für sich eintreten und für sich kämpfen. Das Leben unter würdelosen Bedingungen schwächt immer mehr. Die eigene Individualität ist ständig bedroht. Das Auslöschen des eigenen Wollens, des selbstbestimmten Denkens steht grundsätzlich im Raum. Jeder, der aus den vielfältigsten Gründen nicht die Kraft aufbringen konnte, ein selbstbestimmtes Leben zu führen, kann jederzeit zu einem Opfer von Manipulationen werden. Er kann zum Täter degenerieren. Vielleicht werden ihm seine Taten bewusst sein, doch er oder sie besitzt nicht die Stärke, sich gegen die manipulativen Kräfte zur Wehr zu setzen. Eine starke Demokratie wird von starken Individuen getragen. Eine Demokratie ist nur solange stabil, solange die Menschen, die sie am Leben erhalten, frei, selbstbestimmt und mündig bleiben. Eine Demokratie kann niemals von Marionetten, von Geschmierten, von Vorteilsnehmern verteidigt werden. Die Egoisten und Geschmierten sind die Gefahr der demokratischen Gesellschaftsform. Jeder Demokrat tritt für die Würde und Selbstbestimmung eines jeden Menschen ein. Er oder sie wird kräftige, selbstbestimmte und mündige Bürger wollen. Sie werden die Bildung und ein menschenwürdiges Leben dementsprechend einfordern.

»Lasst uns den Menschen genügend Respekt und Bildung zukommen! Lasst uns niemanden ausgrenzen oder unter unwürdigen Bedingungen leben! Wir brauchen die aufgeklärten, mündigen Bürger, die mit Wort und Tat unsere Demokratien mit Leben erfüllen!«

Nur ein Mensch, der sich selbst achtet und wertschätzt, schafft es, andere zu lieben und zu achten. »Lasst uns die Menschen unter menschenwürdigen Bedingungen leben! Lasst uns die Grundvoraussetzungen dafür schaffen, dass die Menschen gehört und gefördert werden! Lasst uns unsere Demokratie immer wieder aufs Neue mit Leben füllen! Lasst uns mutig und hellwach unsere Demokratie beschützen!«

Armut und Überheblichkeit

Alles hängt mit allem zusammen! Die Demokratien wurden hart erkämpft. Es gilt, sie immer wieder zu erneuern und für sie einzutreten. Wir sollten es niemals zulassen, dass sie in irgendwelchen Hinterzimmern stillschweigend abgebaut werden. Ein Demokratieabbau verläuft überwiegend schleichend. Wir hören beinahe täglich die berechtigten Forderungen, die mehr Bildung, mehr Chancengleichheit und eine bessere soziale Absicherung für alle Menschen anmahnen. Einige Bürger und Politiker meinen damit eine bessere Versorgung innerhalb der EU. Andere fordern das globale Eindämmen der Armut. In den Demokratien dieser Welt gilt der Anspruch: »Vor dem Gesetz sind alle gleich.« Beschränkt sich diese Forderung auf eine juristische Zielsetzung? Wie verhält es sich mit den realen Gegebenheiten innerhalb einer Gesellschaft? Wie werden die Forderungen nach einer sozialen Gerechtigkeit umgesetzt? Eine Gesellschaft muss sich daran messen lassen, wie sie mit ihren Schwächsten umgeht. Eine Gesellschaft kann danach beurteilt werden, wie ihre Kinder betreut sind, wie die Kranken und Alten versorgt und angesehen werden. »Wie steht es um die Solidarität innerhalb einer Gesellschaft? Welche Stimmung herrscht unter den Menschen?«

In den Zeiten der Wirtschaftskrisen müssen sich Demokratien beweisen. »Wie wird mit den Armen, den an den Rand Gedrängten umgegangen?« Nicht selten herrscht ein überheblicher Ton, der zum Sparen und zu noch mehr Disziplin aufruft. Die Angst geht in Europa um, da täglich von Staatspleiten und der drohenden Armut berichtet wird. Die Angst ist auch hier ein schlechter Berater und es fehlen nachhaltige Konzepte, die Lösungen bereitstellen, wie zum Beispiel innerhalb der EU Länder konsequent ihre Armut bekämpfen könnten. Den von der Pleite bedrohten Staaten wird mit einer Überheblichkeit entgegengetreten, die nicht vertrauensfördernd und nachhaltig lösungsorientiert ist. Wer aufruft, an den Ärmsten, den Rentnern, Kranken und sozial Schwachen zu sparen, wird langfristig kein Vertrauen erhalten und angemessene Lösungen anbieten können. Der Demokratieabbau wird zu instabilen Gesellschaften führen und somit gleichzeitig die Vorlage für noch mehr Terrorismus säen. Jede verarmende Gesellschaft, in der die Menschen nicht menschenwürdig versorgt werden, destabilisiert den friedlichen Zusammenhalt der Nationen. Die Armut lässt Menschen verzweifeln. Die Not führt zur Radikalisierung. Die Ungerechtigkeit kann zu einem politischen Desinteresse verkommen. Die Kluften zwischen Arm und Reich sorgen für ein immer größeres Misstrauen in die Politik der Parteien und in den Staat. Wie soll man den Kindern und Jugendlichen erklären, dass die Ärmsten sparen sollen, während neue Waffen in Milliardenhöhe angeschafft werden? Die Spirale der Endsolidarisierung innerhalb der Gesellschaft dreht sich immer schneller. Die Spirale der Verarmung ebenso. Der damit verbundene Demokratieabbau schreitet rasant voran. »Wir haben keine Zeit mehr zu verlieren! Wir müssen unsere Demokratie retten und uns niemals überheblich gegenüber den Ärmsten verhalten!« Wenn wir es hinnehmen, dass Menschen obdachlos werden, keine medizinische Hilfe erhalten und sogar daraus resultierend sterben, so haben wir jegliches Vertrauen in unsere Demokratie verspielt. Niemand kann sich angesichts der bedrohlichen Lage eine Überheblichkeit leisten. Eine nachhaltige, ethische Ausrichtung innerhalb der Politik sollte die Entscheidungen leiten und lenken.

»Wir haben keine Zeit mehr zu verlieren!«

Armut, Wissen und Bewusstsein

Bildung kostet Geld. Ohne genügend Wissen kann sich der Mensch keine Orientierung erarbeiten. Die Bildung darf niemals zu einem stereotypen Faktenwissen verkommen. Es reicht niemals aus, lediglich Formeln, Jahreszahlen oder Sprachen zu beherrschen. Die Bildung eines Menschen sollte zu mehr Bewusstsein führen. Ein solides Grundwissen bietet die Chance auf mehr Bewusstsein. Ein gebildeter Mensch kann sich ein Leben lang informieren und die Kontexte, in denen er lebt, erfassen. Er kann versuchen zu verstehen, wie sich die Welt global weiterentwickelt. Der denkende Bürger kann am Weltgeschehen partizipieren. Da sich jeder Mensch in wandelnden Kontexten bewegt, ist es notwendig, sich immer wieder neu zu informieren. Die Veränderungen um uns herum entwickeln sich in einem rasanten Tempo. Der mündige Bürger wird sich um neue, aktuelle Informationen bemühen. Er oder sie wird nicht nachlassen, sich zu bilden und die Welt begreifen zu wollen. Der Ungebildete wird leicht zum Opfer schnell eingängiger Forderungen und Aussagen. Er ist verführbar. Die Historie hat gezeigt, dass Menschen vor allem in Krisensituationen auf Demagogen, Verführer hereinfallen. Man denke nur an den Nationalsozialismus, der eben weder sozial oder sozialistisch war und sich in einer wirtschaftlichen Krisensituation etablieren konnte. Für unsere Demokratie ist es deshalb besonders wichtig, eine möglichst gute Basis für möglichst viele Menschen bereitzustellen. Die Demokratie kann sich nur erneuern und immer wieder festigen, wenn die Bürger eines Staates für sie eintreten. Nur der informierte Mensch wird nicht auf Demagogen hereinfallen. Es gehört eine gute Bildung als Voraussetzung dazu, die Umstände, in denen wir leben, zu begreifen, um nicht verführt und nicht irgendwelchen Gehirnwäschen unterzogen zu werden. Man denke hier an den religiösen Terrorismus. Der nicht aufgeklärte Mensch ist anfällig für Versprechungen, Manipulationen und scheinbare Vorteile. Um unsere Demokratie zu erhalten, benötigen wir den aufgeklärten, mündigen, mutigen Bürger, der bereit ist, für die Rechte und Pflichten innerhalb einer Demokratie einzutreten. Dies kann nur gewährleistet werden, wenn aus dem Wissen ein Bewusstsein und aus diesem ein ethisches Bewusstsein entsteht. Auch oder gerade in Krisenzeiten ist somit die Bildung ein sehr hohes Gut und die Voraussetzung für den Demokratieerhalt. Ohne genügend Informationen kann sich der Mensch kein Bewusstsein erarbeiten und ohne ein Bewusstsein wird er niemals in der Lage sein, ein ethisches Fundament zu erlangen. Wir brauchen für unsere Demokratie den aufgeklärten, ethisch orientierten Bürger. Nur so kann die Demokratie immer wieder in neuen Lebenskontexten bestehen. Nur so kann sie von der Basis her grunderneuert werden. Somit stellt die Armut eine Gefahr für eine jede Demokratie dar. Hungernde Menschen greifen nach jedem Strohhalm. Der Desorientierte ist verführbar. Ein Mensch fern jedes ethischen Bewusstseins kann nicht angemessen für die Demokratie eintreten. Bildung sollte in diesem Kontext als eine fächerübergreifende, globale und ethisch ausgerichtete Orientierung verstanden werden. Diese stellt um ihrer selbst willen ein hohes Gut dar. Sie ist die Basis für den Demokratieerhalt. Gerade in schweren Zeiten zeigt sich, ob die Bürger eines Staates genug Bewusstsein erlangt haben, um Verführungen, schnellen Scheinlösungen etwas entgegenzusetzen haben. Die gesellschaftlichen, die globalen Kontexte bedürfen eines politischen Bewusstseins, um verstanden zu werden. Befindet sich ein Mensch in der Gefangenschaft eines vordergründigen Denkens, so wird er nicht die Hintergründe erfassen können. Er oder sie wird nach schnellen Lösungen rufen. Sündenböcke werden gesucht. Menschen werden ausgegrenzt und für Krisensituationen verantwortlich gemacht. Der Mensch ohne globales Bewusstsein kann die Zusammenhänge nicht denken. Er oder sie befindet sich in der Gefahr, als Manipulierter auf andere Bedürftige zu schimpfen, diese auszugrenzen und für die Krise verantwortlich zu machen. In der Krise muss sich die Demokratie beweisen. Diese ist nur so stark, wie ihre einzelnen Bürger. Mangelnde Bildung stellt somit eine Gefahr für die Demokratie dar. Mangelndes Bewusstsein ebenso. Bildung eröffnet die Chance zu mehr Reflexion, zu mehr Bewusstsein. Doch auch dem Gebildeten kann Bewusstsein fehlen. Die Problematik besteht in dem rein funktionalen, auswendig gelernten Faktenwissen, das häufig schnell wieder vergessen -, für Prüfungen nur kurzfristig angeeignet wird. Die Chance, ein Bewusstsein zu entwickeln, setzt die ganzheitliche Bildung eines Menschen voraus. Die Empathie, die Herzenswärme, die Offenheit, Zusammenhänge zu erfassen, ermöglichen die Chance, einen freien Blick auf die Umgebung zu erlangen. Auch einem gebildeten Menschen kann Bewusstsein fehlen. Auch ein Universitätsabsolvent kann unter einem eindimensionalen Blick auf die Welt leiden. Jeder Mensch, der aus welchen Gründen auch immer in seinem Denken eingeengt bleibt, wird die Zusammenhänge unseres Lebens nicht erkennen können. In der Antike, im alten Griechenland, förderten die Philosophen den zusammenhängenden Blick auf die Welt. Die Wiege der Demokratie bereitete einen Einblick in die Zusammenhänge der menschlichen Existenz. Die heutige Spezialisierung und Aufteilung in Wissenschaftsbereiche fördert die Forschung und das extreme Weiterkommen in spezialisierten Teilbereichen. Die Problematik entsteht in dem Moment, in dem globale Auswirkungen nicht mitberücksichtigt werden. Wissenschaftliche Errungenschaften wirken auf die Gesellschaft. Die ethische Komponente sollte niemals aus den Augen verloren werden. Jeder noch so spezialisierte Denker und Forscher trägt Verantwortung für seine Arbeit, auch und gerade für die Gesellschaft. Auch einem gebildeten Menschen kann Bewusstsein fehlen. Die Offenheit, die Gesamtkontexte zu denken und zu erfassen, ist die Voraussetzung für das globale Bewusstsein. Jede Überheblichkeit ist fehl am Platze angesichts der vielen ungelösten Probleme weltweit. Wir sitzen alle in einem Boot. Wir alle tragen Verantwortung. Jegliche Überheblichkeit anderen Kulturen gegenüber führt ins Chaos. Die Überheblichkeit ebnet den Weg in die Ausbeutung. Die Ausbeutung führt zu sozialen Verwerfungen. Diese wiederum zur Armut. Die Armut führt zur Flucht. Die Ausbeutung und Unterdrückung können nur durch Gewalt erfolgen. Die Gewalt schürt neue Gewalt und sie führt zu Bürgerkriegen und internationalen Konflikten. Diese Zusammenhänge sind global und weltwirtschaftlich zu betrachten. Jede Regierung, die sich nicht an die Menschenrechte hält, jedes korrupte Regime, das nur vorteilsbedacht und unmoralisch handelt, fällt durch das Raster demokratischer Ansprüche.

»Wir brauchen nicht nur das primäre Faktenwissen. Wir brauchen ein tieferes Wissen, das zu mehr Bewusstsein führt. Wir können es uns nicht mehr leisten, wichtiges Wissen zu vernachlässigen. Wir brauchen den aufgeklärten, mündigen Bürger und keinesfalls den blinden, abgehobenen, überheblichen Fachidioten. Alles hängt mit allem zusammen. Erst wenn wir das denken können, sind wir für unsere Globalität genügend sensibel und feinfühlig geworden. Wenn wir die Kontexte begreifen, denken wir nicht länger vordergründig, kurzfristig und eingeschränkt. Wir brauchen die Bildung, die Herzensbildung und die Bewusstseinsbildung!«

Dies ist ein hoher Anspruch. Dies ist die einzige Chance dafür, dass unser Planet und die Menschheit überleben. Wir brauchen nicht länger kurzfristige, unüberlegte, übereilte Schritte, sondern die langfristigen Lösungen. Diese Weitsicht eröffnet den Blick auf nachhaltige Lösungen.

Die Sinnfrage

Jeder Mensch möchte sich in seinem Leben wiederfinden. Doch auch in diesem Kontext ist das Bewusstsein die unmittelbare Voraussetzung für ein selbstbestimmtes Leben. Fremdbestimmte Arbeitsprozesse, starre Familienstrukturen, Not und Kriegssituationen sollen in diesem Zusammenhang als Beispiel genannt werden, um deutlich werden zu lassen, dass Menschen in Zwangsjacken stecken. Aussichtslose Lebenssituationen führen zur Verzweiflung, zu psychischen Störungen und sogar zum Suizid. Das allgemeine Verdrängen in der Spaß- und Konsumgesellschaft hat zur Folge, dass sich der Einzelne einordnet, sich dem Konsumdiktat unterordnet und sich wohlmöglich für seine eigentlichen Bedürfnisse schämt. Der Alltag soll reibungslos funktionieren und jeder möge sich dementsprechend einbringen. Die Sinnfrage soll nicht zu oft gestellt werden, denn der hektische Alltag fordert den Menschen immerzu, gnadenlos und das Zweifeln, Denken, Reflektieren kosten Zeit, Energie und somit auch Geld. Insofern befinden wir uns alle stetig in Widersprüchen. Einerseits soll der Bürger mündig, aufgeklärt und somit gebildet sein, andererseits wird gefordert, nicht anzuecken, zu funktionieren und zu konsumieren.

»Wann und wo kommt der Mensch dabei als selbstbestimmtes Individuum vor? Wann kann der Einzelne seinem Herzen folgen? Wann kann er sich selbst treu sein? Wann hat er genügend Zeit, die Kontexte zu verfolgen und am Zeitgeschehen zu partizipieren?«

Die Sinnfrage hängt mit diesem Problem unmittelbar zusammen. Ein Fremdgesteuerter wird sich in seinem Leben unwohl und sinnentleert fühlen. Süchte, Depressionen und sinnentleerte Handlungsweisen werden zum Alltag gehören. Ein Mensch, der sich in seinem Leben nicht wiederfinden kann, wird letztendlich nicht nur sich selbst in Gefahr bringen, sondern die gesamte Gesellschaft. Wer den Kontakt zu sich selbst aufgegeben hat, wird wohl nicht in der Lage sein, sich für den Demokratieerhalt einzusetzen. Alles hängt mit allem zusammen und somit können nur starke, mündige Bürger eine starke, lebendige Demokratie aufrechterhalten. Dabei sind Politiker gefragt, mit denen sich die Bürger identifizieren können. Jede korrupte Führungskraft lässt das Vertrauen der Menschen in unsere Gesellschaft sinken. Wir brauchen den ethisch orientierten Politiker, den freien Denker, der nicht an den Fäden irgendwelcher Lobbyisten zappelt. Nur der freie Demokrat kann dies gewährleisten. Nur der Freigeist kann sich in seinem Leben wiederfinden und kraftvoll, selbstbestimmt und mutig für sich und die Demokratie eintreten. Insofern hängt die eigene persönliche Freiheit, Sinnfrage und Selbstbestimmung mit der Demokratie unmittelbar zusammen. Ein gebrochener Mensch, ohne Rückgrat, ohne Ziel und Lebenskompetenz kann eine Demokratie nicht aufrechterhalten. Er zappelt hin und her, schwankt und ist leicht verführbar. Insofern sind sowohl die Eltern, Lehrer und Politiker gefragt, mündige, selbstbestimmte Kinder und Jungendliche zu befähigen, ihrem Leben einen Sinn zu geben. Das Ziel in der Pädagogik gilt somit einer gefestigten Identität. Ein Mensch, der sich in seinen Tätigkeiten wiederfindet, erfährt Sinn. Eine starke Persönlichkeit wird zu ihren Talenten stehen und innerhalb einer Gesellschaft als Vorbild leuchten. Diese Menschen zeigen Wege aus der Dunkelheit. Sie gehen als Vorbilder voran. Während sie ihrem Herzen folgen, dienen sie als sinnstiftende Fackel. Die Historie zeigt, dass diese Menschen andere mitreißen und motivieren konnten. Man denke an Mahatma Gandhi, an Martin Luther King, an Jesus und viele andere mehr. Es gibt die bekannten, mitreißenden und dadurch charismatische Persönlichkeiten und die vielen, vielen unbekannten Vorreiter, die als Orientierung dienen. Es leuchten so viele Menschen in der Dunkelheit, in der Kälte, in scheinbar ausweglosen Zeiten.

»Lasst uns auf unser Herz hören! Lasst uns zu kräftigen, selbstbestimmten Menschen heranreifen! Lasst uns mutig für uns und die Demokratie eintreten!« Wir alle sind gefragt, unserem Leben einen Sinn zu geben und nicht länger irgendwelchen Scheinidealen hinterher zu trotten. »Schaust du in scheinbar liebende Augen? Reist du auf den immer gleichen Spuren und bemerkst nicht, dass deine Augen verschlossen sind?« Deine Verantwortung für dein Leben bedeutet, dir immer wieder die Sinnfrage zu stellen, um selbstbestimmt handeln zu können. »Reiß die Augen auf und öffne den Verschluss, den Korken deiner Existenz. Um dich herum tobt das Leben! Um dich herum tobt das Grauen! Schütze dich und schütze die Demokratie!«

Dein Bauch, dein Herz, dein Selbst

Du hast viel gelernt und das nicht nur in der Schule. Nichts war vergeblich. Du hast nicht umsonst gelitten. Du schaust zurück und erkennst, dass du am Schmerz gewachsen bist. Du bist bei dir geblieben, hast auf dein Herz gehört. Dein Bauchgefühl, dein tiefstes Inneres sprach zu dir, während andere auf dich einredeten. Sie wollten etwas von dir und sahen in deiner Person für sich selbst einen Vorteil. Dein Bauch rebellierte und dein Herz verweigerte sich. Es war überlebenswichtig, dass du deine innere Stimme hören konntest. Die Sirenen sangen und säuselten allerlei Blödsinn in deine Ohren. Wenn du kurz von deinem Weg abkamst, breitete sich ein Unwohlsein aus. Dein Herz wies dich in die richtige Richtung, zu dir, zu deinem inneren Kern. Nun hatten die schmeichelnden Sirenen keine Chance mehr. Sie konnten dich dir nicht wegnehmen. Du bliebst dir treu und dein Herz durfte weiterhin zu dir sprechen. Du wurdest nicht zur Mogelpackung. Du ließest dich nicht von der

Scheinheiligkeit anstecken. Du wolltest nicht in dem Abgrund versacken und du wolltest nicht die anderen mitreißen. Du wolltest nicht mit den Gierigen mithalten. Du wolltest nicht als Egoist und Scheindemokrat enden. Dir war schon lange bewusst geworden, dass die vordergründigen Retter niemals nachhaltige Lösungen anstreben. Dir war es wichtig, kein Scheindemokrat zu sein, denn die Gerechtigkeit und Menschlichkeit hielten deinen inneren Kern lebendig. Du wolltest niemals zur Mogelpackung verkommen. Dein Selbst blieb lebendig, es blieb dir erhalten, du bliebst der Demokratie erhalten.

Sei frei!

Du bist nicht dazu da, das Bruttosozialprodukt anzukurbeln. Du bist auch nicht hier auf dieser Erde, um irgendeinen Blödsinn zu konsumieren.

»Lasse dich niemals in Ketten legen! Lasse dich niemals zum kritiklosen Konsumenten verformen! Sei frei! Bleibe frei!«

Es ist eine der schwersten Lebensaufgaben, frei zu leben, frei zu bleiben. Es setzt eine große Stärke voraus, seine Freiheit zu bewahren, sich nicht kaufen zu lassen und nicht gegen seine wahren Überzeugungen zu verstoßen. Die lebenslange Arbeit an sich selbst darf niemals vernachlässigt werden. »Sei wachsam! Werde niemals bequem, denkfaul und überheblich!« Es bleibt harte Arbeit, frei zu denken und selbstbestimmt zu leben. »Lasse dich niemals einlullen, schmieren und bestechen! Dein Herz schlägt für dich, spüre dich! Sei wachsam und verliere niemals den Kontakt zu dir!« Das Unmögliche kann möglich werden. Auch wenn es Jahre dauert, wenn es unglaublich viel Kraft kostet. Das scheinbar Unmögliche kann in die Tat umgesetzt werden, wenn die Hoffnung trägt, die Visionen lebendig bleiben und die Kräfte gebündelt werden. »Bewahre deine

Phantasie, deine inneren Impulse. Pflege den Kontakt zu den Tiefen deines Selbst!«

Die Kunst lebt von Visionen, die Philosophie entwickelt Utopien. Der Mensch kann Kraft seines Denkens in die Zukunft blicken. »Wir alle sollten zu Visionären werden! Wir können unserem Leben neue Impulse geben, wenn wir uns trauen, frei zu denken. Unsere Phantasie verleiht uns Flügel. Unsere Hoffnung schenkt uns die Kraft, unsere Visionen umzusetzen. Wir können eine bessere Welt denken. Wir können Lebensentwürfe, gesellschaftliche Veränderungen entwickeln. Wir sind in der Lage, mit viel Mut und Phantasie eine bessere Welt zu denken, ohne zum Traumtänzer zu verkommen. Wir Menschen können uns in Höhen hinaufschwingen, um einen besseren Überblick und Weitblick zu erlangen. Unser Blick kann frei sein. Wir können uns entfesseln, befreien und neue Wege gehen. »Lasst uns mit viel Phantasie und Realitätsanbindung eine bessere Welt denken. Wir sind keine Spinner, wenn wir eine gerechtere Welt wünschen. Wir sind keine abgehobenen Traumtänzer, wenn wir eine Welt ohne Gewalt denken.« Wenn wir in der Lage sind, die Gerechtigkeit zu denken, so werden wir es auch schaffen, an ihrer Umsetzung zu arbeiten. »Lasst uns auch gerade durch die Kunst zu friedvollen Menschen werden! Lasst uns die Freiheit in der Kunst nutzen, um neue Wege deutlich werden zu lassen! Lasst uns, durch die Kunst uns als Menschen begreifen, die für die Freiheit und Selbstbestimmung eintreten können!« Wir Menschen können Ziele benennen und verfolgen. Wir sind in der Lage, detailliert an der Umsetzung der Gerechtigkeit zu arbeiten. An der Gerechtigkeit zwischen Mann und Frau, an der Chancengleichheit, an der Selbstbestimmung der Kinder, der Jugend, der Alten, der Kranken. Wir Menschen können ethische Ziele denken, benennen und verfolgen. Wir können Pläne entwickeln, wie wir die Gerechtigkeit in der Gesellschaft leben können. Wir können Wege denken und entwickeln, wie wir der Ausbeutung entgegen treten können. Wir können einen Standpunkt gegen den Krieg und gegen den Terror einnehmen.

Unsere Mündigkeit, unsere Freiheit befähigt uns, einen eigenen Weg zu gehen. Wir dürfen nein sagen, wir dürfen uns wehren und Widerstand leisten. Unser Gesehen-Werden, unser Leuchten bringt Licht in die Dunkelheit der Gewalt.

Kein Mittelmaß

In der Ruhe liegt die Kraft. In der Stille empfängst du die Botschaften deines Selbst. »Hör auf dich!« Deine innere Stimme wird zu dir sprechen, wenn du es erlaubst, wenn du sie nicht betäubst. Dein Selbst will ans Licht. Du bist genial, wenn du brennst. Du leuchtest, wenn du dich zeigst, wie du bist. »Habe Mut, deine Leidenschaften zu leben!« So wirst du niemals verkümmern oder im elenden Mittelmaß stagnieren. In der Kontemplation wird dein Ich zu dir sprechen. »Nutze die inneren Impulse!« Deine Kreativität kann andere anstecken und mitreißen, wenn du aus vollem Herzen, aus dem Zentrum deines Ichs aktiv wirst. »Leuchte für die anderen! Leuchte durch dein Leben!«

Hohle Sprüche

Man darf die Wirkung hohler Sprüche nicht unterschätzen. Der funktional denkende Mensch wird sich funktionaler Worthülsen bedienen. Er möchte Ziele erreichen und er wird mit einer leicht eingängigen Sprache versuchen, die Menschen zu manipulieren. »Der Erfolg gibt mir recht!« Gleichzeitig verstärkt eine dementsprechende Körperhaltung, dass dieser Mensch mächtig, erfolgreich und zielstrebig ist. Die äußere Erscheinung soll bereits einschüchternd wirken.

»Wer hat, der hat!« Der offensichtliche materielle Wohlstand soll beeindrucken. »Seht her, ich habe alles richtig gemacht!« Floskeln, Smalltalk, flotte Sprüche, nur kein Tiefgang. Die Wirklichkeit wird verzehrt und ausgetrickst. Mit großen Gesten und hohlen Sprüchen wird das Gegenüber beeindruckt. Sollte ein Mensch wagen, den Austausch von Floskeln zu durchbrechen, so wird er wohl nie mehr eingeladen oder um seine Meinung gefragt. Wenn das Abspulen hohler Sprüche die Kommunikation beherrscht, kann niemand auch nur andeutungsweise der Wirklichkeit näher kommen. Das Täuschungsmanöver lässt keine Spiegelung im du zu. Der authentische Mensch wird sich in dieser künstlichen Atmosphäre sehr unwohl fühlen. Wir Menschen bedienen uns der Sprache und haben die Chance auf einen komplexen Austausch. Die Absurdität wird offensichtlich, wenn die Sprache nicht zur Verbesserung der Lebenssituation der Menschen genutzt wird. Ein Abend voller hohler Sprüche überfordert einen jeden authentischen Menschen. Jeder konstruktive Denker wird sich in seiner Handlungsweise als Mensch beschnitten sehen. Er muss permanent filtern, drängende Inhalte darf er nicht ansprechen: »Habe ich keine schlüpfrigen Themen bedient? Habe ich nicht über Geld, Religion und Politik gesprochen?« Während das Filtern auf Hochtouren läuft, bedient sich der funktional Denkende weiterer Sprechblasen: »Mein Erfolg gibt mir Recht!« Das Protzen und Prahlen nehmen ihren Lauf. Das Gegenüber soll nachhaltig beeindruckt werden. Leicht eingängige Sprüche werden aneinandergereiht und die Manipulationen entfalten ihre Wirkung. Die Gehirne der Menschen werden vernebelt, ohne das jemals Themen der Bedeutung direkt angesprochen werden. Die Tabuisierung in der Kombination mit leicht eingängigen Manipulationen, prägt das Denken der Menschen. In dieser Atmosphäre können sich Prahler genüsslich zurücklehnen. Sie protzen mit ihren Insignien der Macht und fühlen sich sicher. Auf dem Parkett der hohlen Sprüche werden sie wohl kaum des Fehlens ihres Bewusstseins überführt werden können. Doch genau diese Gepflogenheiten der manipulativen Kommunikation, führen eine Gesellschaft in den

Abgrund. Konflikte werden vermieden, hohe Sprüche werden bevorzugt, ein Nebel der Verwirrung breitet sich aus. Die Kommunikation wird nicht zur tiefgreifenden Klärung genutzt. Schieflagen können nicht aufgedeckt und benannt werden.

Die Schere in den Köpfen der Menschen schneidet ständig konfliktreiche Themengebiete heraus. Die Tabuisierung erfasst den ganzen Menschen. Die Gesellschaft wird somit von Mitläufern geprägt. Die Wahrheit wird tabuisiert, die Unklarheit gefördert und die Kommunikation spiegelt den Stand einer Gesellschaft wieder. Probleme werden schöngeredet, tieferliegende Ursachen verheimlicht und die Beseitigung der wahrhaftigen Ursachen nicht von der Wurzel her angegangen. Die Marionetten begegnen sich weiterhin im Austausch hohler Sprüche. Man nickt und prostet sich zu. Der Status soll gewahrt bleiben und Störenfriede haben ruhig zu sein. Floskeln und hohle Sprüche werden artig ausgetauscht, um danach auseinanderzugehen.

Ungerechtigkeit, Verdrängen, Massenmord

Es ist richtig und wichtig, des Massenmordes der Vergangenheit immer wieder zu gedenken und niemals nachzulassen, die unvorstellbaren Verbrechen im Gedächtnis wachzuhalten. Wir alle wissen zum Beispiel um den Holocaust. Der Mensch ist unter bestimmten Voraussetzungen zu Unvorstellbarem fähig. Wenn wir die Gedenkstätten besuchen und die Atmosphäre des Schreckens spüren, sind wir in der Realität angekommen. Ein Leugnen der Verbrechen darf niemals toleriert werden. Ein Verharmlosen ebenso wenig. Wir müssen uns immer wieder der Vergangenheit stellen, um die Gegenwart verbessern zu wollen. Wenn wir aus der Vergangenheit lernen, wenn wir nicht verdrängen, können wir heute klarsichtiger sein. Demagogen können entlarvt und bekämpft werden. Soziale Verwerfungen dürfen nicht unbeachtet bleiben. Die Demokratien müssen mit ihren neuen Aufgaben wachsen. Die Radikalisierung von Menschen schreitet extrem voran, wenn sich diese ungerecht behandelt fühlen. Extremisten, Menschenfänger aller Art haben ein leichtes Spiel, wenn viele, viele Menschen in der Armut versinken. Wenn wir uns mit den Kriegen der Vergangenheit auseinandersetzen, wenn wir uns den Massenmord bewusst werden lassen, so sollten wir uns die Bedingungen dieser menschlichen Verfehlungen ansehen. Der Mensch neigt in Extremsituationen zu einem unberechenbaren Fehlverhalten. Arbeitslosigkeit, blanke Armut und Verzweiflung lässt Menschen zur Gewalt greifen. Deshalb ist eine soziale Gerechtigkeit der Schutz vor Gewalt und Terror. Die Historie mahnt uns zur Vorsicht, zum Hinschauen, zur sozialen Gerechtigkeit. Wir alle können aus den Verwerfungen der Vergangenheit lernen. Wir dürfen es niemals zulassen, dass Schieflagen in den Demokratien den sozialen Zusammenhalt abbauen. »Lasst uns aus der Historie lernen!«

Die explosive Mischung

Es nützt nichts, gebetsmühlenartig Lippenbekenntnisse zu bekunden. Es hilft wenig, die ethischen Bekenntnisse zu äußern, um sie in einem nächsten Schritt zu missachten. Die Vorzeichen, unter denen Menschen leben, ändern sich. Die gesellschaftlichen Bedingungen, unter denen Menschen leben, leben müssen, verändern sich in einem rasanten Tempo. Global gesehen leben viele, sehr viele Menschen unter unmenschlichen Lebensbedingungen. Die Krisen, die sich in der Armut, in der Unterdrückung, Verfolgung, Vertreibung und in brutalen Kriegen zeigen, führen häufig in die Radikalisierung. Diese kann nicht nur durch immer härtere Gegenschläge und militärische Kontrollen bekämpft werden. Wir sollten aus der Vergangenheit lernen. Wir sollten wissen, dass destruktive Verführer in Krisenzeiten den größten Zulauf haben. Die Armut, die Unterdrückung und die damit verbundene Ungerechtigkeit lässt die Menschen aufbegehren. Viele haben nichts mehr zu verlieren. Ihre Angehörigen sind ermordet, vertrieben oder eingesperrt worden. Die Bedingungen, unter denen Grausames geschieht verändern sich, doch es können Parallelen gezogen werden. Die Erniedrigung, die Unterdrückung und Ausbeutung zeigen immer andere Gesichter. Die destruktiven Kräfte toben sich in immer anderen Ausprägungen aus. Das Missachten jeglicher Ethik führt zu den sozialen Verwerfungen, die in gesellschaftlichen Schieflagen bis hin zum Terrorismus führen. »Wir dürfen den giftigen Cocktail aus Unterdrückung, Ausbeutung und der daraus resultierenden Endsolidarisierung nicht länger hinnehmen!« Die Vorbeugung, die Resistenz gegen Terror und Krieg, liegt in der Bekämpfung der Armut, in dem Austrocknen der Strukturen, die in die Armut und deren menschenunwürdigen Verhältnisse geführt haben.

Die Kettenreaktionen

In den Zeiten der globalen Vernetzung zeigen politische Entscheidungen eine rasante Kettenreaktion. Die Märkte reagieren umgehend auf die Andeutung einer Krise. Die Menschen geraten angesichts der Krisen in unkontrollierbare Panik. Die Bedrohungen durch wirtschaftliche Krisen und die damit verbundene ausufernde Armut führt in soziale Abgründe und zu einer Endsolidarisierung, die häufig in einer Gewaltbereitschaft mündet. Die Existenzangst lässt viele kopflos reagieren und die Schuld bei den noch Ärmeren suchen. Flüchtlinge und Kriegsopfer werden beschimpft und als Sündenböcke angesehen. Die Schere zwischen Arm und Reich klafft immer heftiger auseinander und es regiert bei vielen nur noch das Motto: »Rette sich wer kann!« Demagogen betreten in diesen Zeiten das politische Parkett und heizen die Stimmung zusätzlich an, um den Fremdenhass zu schüren. Wir kennen die brutalen Folgen: Asylantenheime werden angezündet, dunkelhäutige Menschen verfolgt. Der Rassismus breitet sich aus. In Krisenzeiten können manipulative, destruktive Stimmenfänger viele erreichen, da die Sündenbockpolitik immer noch greift. Nur über den Weg der Bildung und der damit verbundenen Aufklärung kann man in Krisenzeiten etwas dagegensetzen. Der Rassenhass und der religiöse Fanatismus führen zu extremen Gewalttaten und münden gleichzeitig in einer Gehirnwäsche, die weitere Anschläge provoziert. »Lasst uns die Ursachen der Armut bekämpfen! Lasst uns für genügend Bildung und Aufklärung eintreten! Lasst uns niemals an der falschen Stelle sparen! Lasst uns alles Erdenkliche gegen die Armut unternehmen!« Wir alle sind gefragt, der schrecklichen Kettenreaktion entgegenzuwirken.

Der Botschafter des Friedens und der Gerechtigkeit

Um dich tobt das Leben. Du willst leben. Die Tornados rasen über dich hinweg. Deine Flexibilität und deine Kreativität konnten dich immer wieder retten, du konntest überleben. Tief in dir spürst du immer noch einen Schmerz. Deine Innenwelt wurde immer wieder erschüttert und du konntest die Attacken auf dein Selbst nicht verstehen und diese als Übergriffe einordnen. Damals konntest du noch nicht einmal wissen, dass es gewalttätige Angriffe auf deine Person waren. Dir fehlte jegliche Erfahrung. Dem Kind fehlen die Vergleichsmöglichkeiten. Jeder Heranwachsende ist seinem Umfeld zunächst ausgeliefert. Doch du wolltest nicht in einer Schockstarre verharren. Du begannst, für dich zu kämpfen. Die Gewalt gehörte zu deinem Alltag, doch du wolltest dich befreien. Die Armut und die Brutalität sollten dich nicht innerlich auslöschen. Du wolltest dir deine Liebe zum Leben nicht nehmen lassen. Die Gewalt sollte nicht deine Persönlichkeit einnehmen. Du wolltest kein hasserfüllter, verbitterter Mensch werden. Du wolltest leben, seelisch überleben. Deine Schmerzen sollten nicht umsonst erlitten worden sein, du wolltest sie in Gold verwandeln. Die Destruktivität und die Erniedrigung gehörten zu deinem Alltag und als Kind, als Jugendlicher war dir noch nicht bewusst, in welchem Umfeld du dich bewegtest. Deine Schmerzen sollten keine sinnlosen bleiben. Du wolltest dich mitteilen und dir auch dir selbst auf diesem Wege Heilung zukommen lassen. Die Konstruktivität und dein inneres Wachstum konnten dir aus der Opferfalle heraushelfen. Die Qualen, die du erlitten hast, konnten dich dir nicht wegnehmen. Deine Talente waren es wert, gesehen zu werden. Deine Erfahrungen konnten in Gold verwandelt werden. Du wolltest die Gewalt nicht weiterreichen. Gewalt schürt Gewalt. Menschen werden durch diese nachhaltig geprägt, sie verschwenden sich nicht selten im Hass. Sie können zu Tätern, zu Mördern werden. Sie können ein Opfer der Gehirnwäsche werden und sich selbst als Terrorist in die Luft sprengen. In dir konnte die Friedenspflanze wachsen, du konntest gedeihen und anderen die Augen und Ohren öffnen. Du konntest zum Vorbild werden, denn du ließest dich nicht mitreißen, wenn andere zur Gewalt, zum Mobbing und zur Fremdenfeindlichkeit aufriefen. Immer wieder suchtest du das Denken in der Klarheit, um dem Hass, der Habgier und der Oberflächlichkeit begegnen zu können. Der Sumpf der Vorteilsnahme, der Lügen und Manipulationen konnte dich nicht verschlucken. Du suchtest den klaren, gerechten und menschlichen Weg. Du konntest heranwachsen und dich selbstbewusst für die Liebe und gegen den Hass entscheiden. Du konntest zum Botschafter des Friedens werden. Die Gerechtigkeit lag dir am Herzen. Sie bedeutete alles für dich, wenn der Sumpf der Lügen, der Verdrehungen, der Vorteilsnahme, dein Umfeld erschütterten. Heute kannst du über deine Verletzungen sprechen. Du hast dir deine Abgründe bewusst angesehen und die klaffenden Wunden versorgt. Du konntest Heilung empfangen. Dieser Bewusstwerdungsprozess konnte dich retten. Nun warst du in der Lage, deinen Lebensweg selbstbestimmt zu steuern und dich gegen die negative Energie zu richten. Du sehntest dich nach Liebe und einer menschlichen Wärme. Das Gefühl der Verlassenheit konnte dich nicht brechen und auslöschen. Es erschlossen sich dir andere, neue Wege, zu einem selbstbewussten

Menschen heranzureifen. Dabei fordertest du dich über alle Maßen. Du wolltest dir selber beweisen, dass du etwas schaffen kannst, dass du wertvoll und stark bist. Manchmal bist du an den Rand des Zusammenbruchs gegangen. Doch dir ist es gelungen, die Kettenreaktion zu durchbrechen, und du bist nicht in der Opferrolle verhaftet geblieben. Die Abwertungen gehörten zu deinem Alltag und deine innere Welt wurde regelmäßig erschüttert. Das Schweigen und die Destruktivität prägten dein Leben. Durch die vielen Demütigungen solltest du den Respekt vor dir selbst verlieren. Deine Selbstliebe sollte niemals wachsen dürfen. Deine Persönlichkeit wurde unterdrückt und missachtet. In dir wuchs die Rebellion und gleichzeitig suchtest du einen Weg aus der Gewaltspirale. Der Respekt vor den anderen und vor dir selbst sollte dein Leben bestimmen. Du wolltest die Gewalterfahrungen nicht weiterreichen. Die Liebe konnte in deinem Leben erblühen. Du wolltest aufblühen. Die Destruktivität sollte niemals einen Platz in deinem Dasein einnehmen dürfen. Du musstest die Ketten der Gewalt sprengen. Jede negative Energie sollte in das Gold der Weisheit umgewandelt werden. Dein Schmerz konnte sichtbar und hörbar sein und wurde somit der Sinnlosigkeit entrissen. Andere Menschen konnten partizipieren. Sie waren in der Lage, ihre Herzen zu öffnen. Deine Authentizität war und ist überzeugend, dein Leiden sollte keinesfalls sinnlos sein. Der Friede und die Liebe wurden zu deinem Lebensziel. Deine Freude am Leben war ansteckend. Du konntest die Augen der Menschen für die Schönheit des Daseins öffnen und ihnen nahelegen:

»Jeder möge den Respekt vor sich selbst erhalten dürfen! Jeder Weltbürger möge in Frieden und ohne seelische und körperliche Folter leben dürfen!«

Die Friedensbotschaft sollte in die Welt getragen werden und alle Menschen erreichen. Deine Schmerzen sollten keine sinnlosen bleiben, denn du konntest dir selbst und anderen beweisen, dass man durch die Arbeit an sich selbst alle Ketten sprengen kann. Das

Gold der Erfahrung konnte somit ansteckend werden. Jeder Mensch kann mit sich selbst Frieden schließen, wenn er den überlebensnotwendigen Selbstrespekt erfährt und seinen Mitmenschen ebenso entgegenbringt. Wir alle können die innere Haltung gewinnen, die Mitmenschen nicht als Feinde und Konkurrenten zu sehen. Wir alle sitzen in einem Boot. »Gehe weiterhin als Vorbild voran!« Du konntest dich aus dem Verließ der Gewalt befreien. Erst mit zaghaften ängstlichen Schritten. Später reiftest du zu einer selbstbewussten, friedenstiftenden Person heran, die sich nicht länger als Opfer sah. Du wolltest niemals zum Täter werden. Du konntest die Gewaltspirale durchbrechen und völlig aufheben. Die Ansätze einer Selbstzerstörung konnten von dir erkannt und gebannt werden. Somit warst du in der Lage, die Ernte deiner Fehlleitungen, Irrungen und Verletzungen anzunehmen. Deine Verarbeitung, Herzensbildung und Bewusstwerdung, konnte nun zum Wegweiser für andere werden. Du konntest deine anfängliche Sprachlosigkeit überwinden. Dein Ich durfte in die Welt geworfen werden. Als du damit begannst, dich selbst ernst zu nehmen, nahmen dich auch die anderen ernst. Als du deine Selbstachtung lebtest, achteten dich auch die anderen. Du konntest dich endgültig aus der Opferrolle befreien. Deine Angst wich der Lebensfreude. Nun wurdest du immer stärker und somit hattest du es niemals nötig, andere zu deinen Opfern werden zu lassen. Deine Freiheit im Denken eröffnete dir neue Dimensionen. Der Kreislauf der Gewalt war endgültig durchbrochen, denn du warst stark genug, die Giftpfeile abzuwehren. Du warst selbstbewusst genug, dich nicht mehr erniedrigen zu lassen. Somit wurdest du zu einer Fackel in der Dunkelheit. Du gingst leuchtend voran. Die Menschen schätzten und achteten dich, denn du warst sichtbar geworden. Die Wunden konnten heilen. Der Überlebenskampf führte zu einem friedvollen Leben, voller Selbstachtung. Wenn die Schmerzen wieder anklopfen, so beziehst du sie nun in dein Leben mit ein. Sie haben dich geprägt, du konntest sie in Liebe und Weisheit verwandeln. Du bist nicht als Mensch gescheitert. Du hast die Gewalt nicht weitergegeben. Du hast den Kreislauf der

Destruktivität durchbrochen und bist zum Botschafter des Friedens geworden. Heute spürst du eine große Freude, wenn andere an deinem Innenleben partizipieren. Die Quellen deiner Intuition versiegen nicht. Die Qualen haben dich nachhaltig geprägt. Die Gewalterlebnisse konnten in das Gold der Liebe und Friedfertigkeit umgewandelt werden. Niemand konnte aus dir einen gewalttätigen Zombie machen. Niemand konnte dich dir wegnehmen. Du bist zum Friedensreiter geworden. »Verlasse das Verließ der Gewalt und Fremdbestimmung! Sichere dir das Überleben deiner Seele!«

Das starke Selbst - die starke Demokratie

Ein orientierungsloser Mensch verkennt häufig die Bedeutung der demokratischen Grundwerte. Die Schattierungen der Orientierungslosigkeit sind extrem vielfältig. Wir kennen die gierigen Auswüchse in den heutigen Demokratien, die diese in Gefahr bringen. Wenn nur noch wenige, zu wenige am Handel, am Mehrwert partizipieren, wenn die Gier in einer Nation vorherrscht, leidet die Demokratie. Menschen, die genügend Bildung genossen haben, die die Zusammenhänge in der Gesellschaft verstehen, die ein starkes Selbst entwickeln durften, können für demokratische Grundwerte eintreten. Eine starke Demokratie braucht starke Menschen, die für sie mit Wort und Tat Aufklärung betreiben. Die Bildung stellt die Voraussetzung dar, um überhaupt zu verstehen, welche Gefahren drohen. Nur der informierte Bürger kann den Irrungen und Wirrungen trotzen, indem er sich nicht auf das alt bewährte Spiel von Zuckerbrot und Peitsche einlässt. Viele lassen sich vieles versprechen. Viel zu viele lassen sich von der Aussicht auf einen Gewinn blenden. Die erarbeiteten Werte kommen den meisten Menschen nicht mehr ausreichend zu Gute. Spekulationen beherrschen den Markt. Immer mehr Menschen verarmen. Die Demokratien drohen zu scheitern. Der soziale Frieden gerät immer mehr in Gefahr. Die Schieflagen der Ausbeutung zeigen ihre verheerende Wirkung. Die

Armut lässt die Menschen überall aufbegehren. Die Flüchtlingsströme verstärken sich. Der Weltfrieden gerät in Gefahr. Jahrzehntelang wurden die falschen Weichen gestellt. Nur wenigen kam ein riesiger Profit zu Gute. Von dem Prinzip einer ausgleichenden Gerechtigkeit war zwar die Rede, doch es blieben Lippenbekenntnisse. Ein starkes Selbst mit genügend Bewusstsein wird sich dem Gedanken der Gerechtigkeit niemals verschließen. Ein kritischer Kopf wird erkennen, wann und wo Manipulationen lauern. Ein ethisch orientierter Mensch wird sich nicht blenden und kaufen lassen. Er oder sie wird andere auch nicht schamlos ausbeuten. Der Schwankende, der Vorteilsbedachte, der Käufliche wird dem Sog des Demokratieabbaus nichts entgegensetzen können. Das Auge der Vorteilsnahme ist blind gegenüber den Schieflagen in einer Welt des schönen Scheins und der gleichzeitig tobenden, menschenverachtenden, globalen Ausbeutung. Korruption, Spekulation, Steuerhinterziehung und die klaffende Schere zwischen Arm und Reich zeugen von einer schwankenden Demokratie. Viele Bürger wollen mit diesen drängenden Problemen nicht belästigt werden. Sie konsumieren die Nachrichten und geben sich der Illusion hin, dass sie das alles nicht beträfe. Die Schreckensmeldungen über sterbende Flüchtlinge, Obdachlose EU-Bürger und wacklige Währungen gehören zum allabendlichen Unterhaltungsprogramm. Auf dem bequemen Sofa lässt es sich vortrefflich gruseln, während die Beamtenpension auf dem Konto monatlich eintrifft. Die Notleidenden werden nicht selten verhöhnt: Sie hätten nicht genügend vorgesorgt, seien nicht fleißig genug oder deren Regierungschefs seien an allem schuld. Die globalen Kontexte werden ausgeklammert, da die schnell verfügbaren Rechtfertigungen weiterhin genutzt werden. Das globale Bewusstsein fehlt und somit auch eine ethische Kompetenz. Erschwerend kommt hinzu, dass der Verdrängende nicht erkennen kann, dass er selbst in diesen gesellschaftlichen Schieflagen verhaftet ist. Ein ethisches Bewusstsein zeichnet sich dadurch aus, dass es sehr wohl die drängenden Missstände in der Welt, im eigenen Staat und in der unmittelbaren Umgebung wahrnimmt, auch wenn die eigene Existenz nicht unmittelbar bedroht ist. Der Mensch mit einem starken Selbst, verbunden mit der Kompetenz, ethisch zu denken und zu handeln, wird nicht zum Wendehals degenerieren. Auch in schlechten Zeiten wird er sich nicht als Mensch aufgeben, sich nicht verkaufen und seine Überzeugungen über Bord werfen. Starke Demokratien werden durch starke, mündige Bürger getragen. Ein Land kann nur so stark sein wie seine Bürger und die von ihnen gewählten Volksvertreter. Der Unmündige wird zum Opfer falscher Versprechen. Der Desorientierte wird als Wendehals von einem Honigtopf zum anderen schwanken. Der Mitläufer wird sich immer dort aufhalten, wo sich ein scheinbarer Vorteil ergeben könnte. Der starke, aufgeklärte Mensch wird um den Wert einer Demokratie wissen und für diese eintreten wollen. Von daher können die Werte dort am besten gelebt und geschützt werden, wo sich Menschen ein ethisches Bewusstsein erarbeiten durften. Dieses setzt Bildung voraus. Die Verführer locken mit der Aussicht auf Gewinn. Sie versprechen vieles, ohne ein solides Fundament. Einige fangen die Menschen ein mit der Aussicht auf einen Platz im Paradies. Unsere Demokratien brauchen den gebildeten Weltbürger, dem auch der globale Frieden am Herzen liegt. Niemand rettet die Errungenschaften von Kultur und technischem Fortschritt, indem er nur auf den kleinen Vorteil starrt. Eine Demokratie will immer wieder von der Basis grunderneuert werden. Die globalen Märkte toben und rütteln an den demokratischen Strukturen und Grundfesten. Die Spekulationen schwächen unsere Nationen, indem der soziale Frieden zunehmend unter Druck gerät. Das Elend so vieler Menschen bietet die Plattform für Verführer, Menschenfänger, ideologische und religiöse Fanatiker. Nur die Selbstbewussten, nur die Mündigen, die Aufgeklärten werden den Verführern etwas entgegensetzen können. Der Geizzombie, der Mitläufer, der Orientierungslose wird sich als Wendehals outen. Er oder sie wird hin und her schwanken und die Demokratie in ihren schweren Stunden verraten. Der Wendehals sucht seinen unmittelbaren Vorteil und kann weder ethisch denken, noch ethisch handeln. Der Verführbare kann nicht für demokratische Werte eintreten. Der Korrupte bewegt sich nur dorthin, wo er einen Vorteil sieht. Eine Demokratie ist hart erkämpft worden. »Lasst uns alle diese beschützen! Lasst uns alle niemals von Gehirnwäschen auslöschen und zum manipulierten Zombie werden! Pflege dein Selbst! Stärke dein Ich! Nur so kannst du im tobenden Orkan gegen die Demokratien deinen Beitrag leisten. Lasse dich niemals von fadenscheinigen Vorteilen blenden! Gib niemals deine Überzeugungen und Werte auf! Lasse dich nicht innerlich aushöhlen!« Das starke Selbst bietet den Schutz vor der Verführung. Die Bildung ist der Schutzwall vor den Manipulationen und Indoktrinationen. »Lasse dich nicht blenden! Lasst uns für unsere Demokratien einstehen!« Wir alle können täglich an uns arbeiten, indem wir der Wahrheit ins Gesicht sehen. Wir können nach der Gerechtigkeit suchen. Wir sollten unser freies Denken beschützen und schätzen. »Lasst uns gerecht denken, handeln und uns als Weltbürger begreifen!« Der freie Denker wird den Manipulationen mit Entschlossenheit entgegentreten. Der freie Mensch wird die Ethik und Demokratie beschützen, für sie eintreten. Er oder sie kann eine Fackel in der Dunkelheit der Käuflichkeit sein. »Leuchte durch dein Leben, indem du für die Gerechtigkeit und Freiheit eintrittst! Leuchte die stinkenden Ecken der Lügen und Manipulationen aus! Bekämpfe den Sumpf der Gier und Korruption! Rette deine Demokratie!« Nur der, der die Gerechtigkeit denken kann, kann human und weitsichtig entscheiden. Der Mensch mit einem starken Selbst, einem ungebrochenen Rückgrat wird sich niemals aufgeben und einschüchtern lassen. »Lebe dein Ich, lebe die Demokratie!«

Der Weltfrieden

»Denke den Weltfrieden! Öffne dich für den Weltfrieden!« Solange wir nur in Nationalgrenzen, eingeschränktem Vorteilsdenken und religiösen Grenzen unser Denken beschränken, begrenzen, eingrenzen, solange können wir die globalen Probleme nicht lösen. Wir sind Weltbürger. Viele von uns reisen um den Globus. Sehr viele von uns haben ihre Gene über den Globus verstreut. Wir dürfen uns nicht mit einem eingeschränkten Bewusstsein zufrieden geben. Wir dürfen unsere Erde nicht aufgeben. Wir dürfen uns nicht länger die Rosinen herauspicken. Je länger wir uns nur an der Erde und ihren Menschen wie in einem großen Supermarkt bedienen, werden die Verwerfungen zunehmen. Elend, Hunger, Vertreibung, Kriege, das sind die nicht hinnehmbaren Probleme, auf die wir Antworten brauchen. Die Korruption, die Ausbeutung, ob illegal oder legal, entbehrt jeglicher ethischer Berechtigung. Der Korrupte, der Destruktive, der Menschenverachtende darf nicht länger mächtige Positionen ausfüllen und sein Unwesen unkommentiert und scheinbar legal weiterführen dürfen. Die Flucht, der Hunger, das große Sterben, resultiert aus den menschenverachtenden Bedingungen in sehr vielen Regionen unserer Erde. »Denke den Weltfrieden! Denke niemals nur bis zu der Grenze deines Herkunftslandes! Nutze die Menschen anderer Länder niemals nur zu deinem Spaß- und Freizeitvergnügen und begegne ihnen auf Augenhöhe! Du bist nicht mehr wert, weil du ein pralles Konto vorweisen kannst. Achte und schätze die Bürger anderer Länder!« Jeder Mensch, der ein globales Bewusstsein entwickeln durfte, hat in seinem Kopf bereits die Grenzen eines beschränkten Denkens gesprengt. Es sind nicht selten die Menschen, die bereits in die tiefsten Schluchten des menschlichen Daseins gesehen haben. Es sind die Menschen, die verstanden haben, dass wir alle Weltbürger sind. Alle Menschen, die konstruktive Visionen beibehalten konnten, die nicht eingegrenzt im unmittelbaren, vordergründigen Vorteilsdenken verhaftet sind, können konstruktive Wege denken, beschreiben und als leuchtende

Fackel vorrangehen. Der ethisch orientierte Denker wird in den dunklen Tagen leuchten und den Menschen konstruktive Visionen anbieten können. Wir alle können in dem Orchester des Weltfriedens mitspielen. Wir können uns Zeichen geben, wir können gemeinsam die Töne des Friedens treffen. Wir können die Klänge der Friedensmusik erzeugen, von weitem hören, weil wir unsere Augen, Ohren und Herzen offenhalten. Wir können aufeinander zugehen und den anderen schätzen. »Lasst uns alle gemeinsam im Orchester des Weltfriedens spielen!« Während des Spiels werden wir uns näherkommen und lieben lernen. Wir werden die richtigen Töne treffen und zusammenschmelzen. Wir werden den Vorteilsbedachten, den Destruktiven keine Beachtung mehr schenken. Während wir gemeinsam spielen, werden uns die anderen zuhören und den Klängen folgen. Das Konstruktive wird sich in der Welt ausbreiten. Das Misstrauen, die Gier und die Destruktivität werden nicht länger die Macht ausüben können. Der Weltfrieden wird nicht nur eine Vision bleiben. Das Gegeneinander, das Ausbeuten wird aus der Welt verschwinden.

»Lasst uns gemeinsam im Orchester des Friedens spielen und unsere Musik über die ganze Welt verbreiten! Lasst uns unsere Visionen niemals verraten und für billige Vorteile aufgeben!«

Es gibt nichts Wertvolleres als den Weltfrieden. Er beinhaltet die Gerechtigkeit, die Freiheit, die Menschlichkeit. Die Zukunft unserer Existenz liegt im Weltfrieden! Du bist nicht länger verführbar, wenn du die Barrieren der Oberflächlichkeit, der Scheinfreiheit, der Vorteilsnahme durchbrichst. Du bist frei, wenn du einen freien Blick erlangst. Deine Fesseln werden abfallen, wenn du nicht länger nur um dich kreist. »Reiße deine Fesseln ab! Wirf deine Scheuklappen über Bord!« Nun kannst du mitspielen, die richtigen Töne finden. Du bist bereit, die anderen als gleichberechtigt und wertvoll anzuerkennen. Du bist frei! Du bist ein Mensch mit vielen Talenten. »Nutze deine konstruktive Energie!« Dies wird viel zu dem Weltfrieden beitragen. Die Jugend wird sich für die friedliche Existenz zusammenfinden und nichts wird ihnen im Wege stehen, wenn sie die friedfertige Kommunikation pflegen. »Spiele im Orchester des Friedens! Du wirst in der ganzen Welt willkommen sein!« Die Liebe, die Versöhnung wird sich über die Welt ausbreiten. Die Unterdrückung, die Rechthaberei und die Ausgrenzung werden keine Macht mehr bekommen. »Lasst uns auf Augenhöhe miteinander sprechen! Wir brauchen das immerwährende Verständnis für den anderen!« Du tauchst ein in die Welt der Metaphysik, wenn du dich dem Gedanken der Gerechtigkeit näherst. Dein Denken wird die Grenzen der Vorteilsnahme und Gewalt sprengen. Deine Freiheitsliebe ebnet den Weg zur Menschlichkeit. Du bist bereit, die Menschen nicht länger als Geknechtete zu denken. Du suchst den Weg der Humanität für alle Weltbürger.

Macht, Krieg, Terror

Es kann keine Demokratie geben, wenn ein Machthaber diese mit allen Mitteln unterwandert. Es kann überall dort keine Demokratie wachsen und gedeihen, wenn Menschen ihre Meinung nicht frei äußern dürfen. Die Meinungsfreiheit kann als ein Gradmesser für Demokratie gelten. Es ist zu beobachten, dass Diktatoren ihr Volk bespitzeln, Andersdenkende ins Gefängnis werfen und ermorden lassen. Menschen, die den destruktiven Machthabern etwas entgegensetzen wollen, leben sehr gefährlich: Sie verschwinden, werden inhaftiert, gefoltert oder als Gruppe verfolgt. Die Schattierungen der destruktiven Kräfte sind immer wieder andere. Die größenwahnsinnigen Machthaber wollen die absolute Kontrolle. Dieser Kontrollwahn, der mit dem unbedingten Machtanspruch einhergeht, widerspricht der demokratischen Struktur. Der Machtbesessene will nichts von seiner elitären Stellung einbüßen und kämpft mit unmenschlichen Mitteln. Andersdenkende werden verfolgt, inhaftiert und nicht selten unter geheimnisvollen Umständen ermordet.

Die Ansprüche eines alles kontrollierenden Machthabers können niemals mit dem Demokratiegedanken konvenieren. Die Selbstbestimmung, die Freiheit, die mündige Lebensausrichtung des Einzelnen wird unter einem destruktiven Herrscher niemals möglich sein. Die Meinungsfreiheit wird unterdrückt, das Aufbegehren des Volkes wird brutal niedergeschlagen. Der Krieg ist die Antwort des Diktators auf das Aufbegehren eines Volkes, das die Demokratie leben will.

Die Halbherzigkeit

Die Halbherzigkeit führt ins Chaos. Wir alle kennen Menschen, die viel erkannt und benannt haben und dennoch ihren Erkenntnissen keine Taten folgen lassen. Es werden immer wieder Sätze formuliert, in denen die Sequenzen: »Wir sollten, wir müssten…« vorkommen. Es werden Ziele, Pläne und dringende Maßnahmen aufgezählt, ohne dass umfassende, konsequente Taten folgen. Wertvolle Zeit verstreicht und die Lage der Menschen verschlechtert sich. Man denke in diesem Kontext an die vielen Vertreibungen auf unserem Globus durch Hunger und Kriege. Die Hungerkatastrophen haben Ursachen, die Kriege ebenso und die gewalttätigen Auseinandersetzungen lassen immer mehr Menschen zu Flüchtlingen werden. Viele Politiker vermeiden den konsequenten Klarblick auf die Ursachen der Kriege, der Massenmorde, der Vertreibung ganzer Volksgruppen. Es werden häufig kurzfristige, nicht nachhaltige Lösungen angestrebt. Die Halbherzigkeit lässt wichtige Zeit verstreichen, in der die Ursachen der humanitären Katastrophen nicht konsequent benannt und ausgehebelt werden. Korrupte Machthaber, Diktatoren, Scheindemokraten werden nicht konsequent geächtet. Viele Politiker sind auf einem Auge blind, wenn Waffenexporte und andere Handelsbeziehungen das schnelle Geld ermöglichen. Die doppelbödigen Deals von heute bedingen die nächsten Katastrophen von morgen. Wir brauchen in unseren Demokratien den ethisch orientierten Politiker, der konsequent handelt und sich nicht länger hinter halbherzigen Forderungen versteckt. Wir brauchen keine Politiker mit einem Heiligenschein und einem inkonsequenten Handeln. Täuschungen und Lügen, das Weggucken und Vorteilsdenken führen unsere Demokratien in extreme Schieflagen. Der Rechtsruck gefährdet unsere Gesellschaften, in der die sozialen Verwerfungen immer deutlicher hervortreten. Wir haben keine Zeit zu verlieren und deshalb dürfen wir nicht halbherzig handeln. Das Händeschütteln mit Diktatoren, Menschenrechtsverrätern und Kriegstreibern kann keinen demokratischen Alltag bedeuten. Jeder Politiker, der gegen die Menschenrechte verstößt, disqualifiziert sich. Jeder Machthaber, der mit Gewalt seine Macht untermauert, ist Lichtjahre von einem demokratischen Anspruch entfernt. Der Demokratiegedanke ist nicht verhandelbar.

Der Botschafter des Vertrauens

Wir können den Weg des Friedens nur über die Brücke der Gerechtigkeit erreichen. Vertrauen wächst nur dann, wenn der gegenseitige Respekt gepflegt wird. Der soziale Frieden in einer Nation kann nur gewahrt bleiben, wenn die Menschen gerecht und respektvoll behandelt werden. Der Frieden zwischen Nationen kann nur bestehen, wenn sich die Nationen auf Augenhöhe begegnen. Wir brauchen die Botschafter des Friedens, die anstelle von Waffen das demokratische Gedankengut mit sich führen. Diese Friedensstifter werden konsequent an den großen, humanen Ideen des Menschseins partizipieren. Die Augen der Berechnung sind grundsätzlich abzulehnen, wenn die Botschafter des Friedens ihre konstruktiven Ideen in die Welt bringen. Große Denker partizipieren an großen Ideen. Die Befriedung der Krisenherde in unserer Welt, auf unserem Globus kann nur von den freien, ethisch orientierten Denkern vorangetrieben werden. Der Botschafter des Vertrauens bewahrt in seinen Taschen die Saat des Respekts, der Menschenwürde, der

Humanität. Wir brauchen den Kosmopoliten mit dem ethischen Saatgut. Der friedenstiftende, kosmopolitische Denker ist gefordert die Halbherzigkeit und kurzfristige Vorteilsnahme auszuhebeln. Die Invorteilsnahme, die Ausbeutung, die kurzfristige Gier hat unsere Welt an den Rand des Kollapps geführt. »Wir müssen umdenken, umkehren und nachhaltig handeln!« Wir alle dürfen reisen und am Kulturgut anderer Nationen teilhaben. »Lasst uns niemals überheblich urteilen!« Viele Menschen werden vertrieben, da sie ökonomischen Machenschaften weichen müssen. »Lasst uns alle Menschen respektieren und vor der Gewalt, Enteignung und Würdelosigkeit beschützen!« Wir dürfen niemals zu blinden Weltenbummlern verkommen, die verdrängend und spaßsüchtig durch die Welt jetten. Wer nur um sich kreist, kann die Schieflagen nicht erkennen. Wer verdrängt und sich selbst betäubt, wird nichts gegen die Ungerechtigkeit unternehmen können. Wer nur den Vorteil sucht und andere ausnutzt, wird das System der Ausbeutung vorantreiben. Die Kulturen der Ureinwohner sind genauso zu achten, wie die Umwelt in der diese Jahrtausende überleben konnten. Die neuen Technologien berechtigen uns nicht zum Massenmord. Wir können nur dann zum Botschafter des Friedens werden, wenn wir anderen Kulturen mit Respekt und auf Augenhöhe begegnen. Niemand sollte sich auf der Welt wie in einem Selbstbedienungsladen bewegen.

Der Gerechte, der Kreative

Sowohl der Gerechte, als auch der Kreative möchte Ketten sprengen. Es sind die Ketten der Unfreiheit, irgendwelcher Unterdrückungsstrukturen, eventuellen Ausbeutungsmechanismen und dem Verrat an der Gerechtigkeit. Nicht alle Kreativen sind an der Aufklärung der Menschen interessiert. Nicht alle schwingen sich in die Höhen eines unabhängigen Denkens, bei dem Ideale geschaut werden können. Auch der Kreative ist ein Mensch und somit in seiner jeweiligen Umwelt mit allen Zwängen und Vorurteilen, Begrenzungen verhaftet. Doch der eine oder andere Denker, Künstler und Politiker traut sich, Begrenzungen in Frage zu stellen. Einige werden dies bewusst planen und Strategien entwickeln, um aus dem fremdgesteuerten Sog zu entfliehen, andere werden eher unbewusst rebellieren. Sie werden neue Musikrichtungen entwickeln, neue Wege in der Malerei, Bildhauerei und Literatur beschreiten. Sie werden auf Schieflagen aufmerksam machen, die unsere Gesellschaften aufweisen. Sie werden die Themen Gerechtigkeit, Freiheit, Selbstbestimmung mal direkt und mal indirekt auf ihre Agenda setzen. Alles hängt mit allem zusammen und die Menschen, die in freien, gerechteren Gesellschaftsformen leben wollen, werden die Themen, die unsere Menschheit betreffen, auf unterschiedlichste Art und Weise behandeln. Es geht immer wieder um die Humanität, den Frieden in der Welt und eine ausgleichende Gerechtigkeit. Der Rocksänger, der ein Lied gegen den Krieg verfasst, der Dichter, der die Ausbeutung anprangert, der Künstler, der gegen die Inhaftierung politischer Denker vorgeht, alle haben ein gemeinsames Ziel: Sie wollen eine freiere, friedlichere Welt und sie geben sich nicht mit der reinen Reproduktion ihres Daseins zufrieden. Sie setzen sich gegen die Anfeindungen ein, wollen keine Unterdrückung und Ausgrenzung hinnehmen. Die Kunst wird gespeist durch unbewusste und bewusste Prozesse. Der freie Denker muss sich seine Kritikfähigkeit und Lebendigkeit erhalten, um immer wieder kreativ werden zu können. Die Dominanten, die Egoisten, die Unterdrücker dürfen ihre destruktive Energie nicht in die Köpfe der freien Denker einpflanzen dürfen. Wir alle kennen das Problem, dass ein Künstler von vielen erst in dem Moment ernst genommen wird, in dem er über Geld und Status verfügt. Die künstlerische Arbeit besteht losgelöst vom Status, von Preisen und Lob. Der mit Angstmacherei Mahnende oder sich übermäßig Sorgende behindert nicht selten das Denken und Handeln des Utopisten, des Kreativen, des Innovativen. Für die Selbstbestimmung, Freiheit und Demokratie muss jeder Bürger immer wieder aufs Neue eintreten.

»Lasst uns unsere freien Denker und Dichter beschützen, ihre Würde wahren und ihnen die Möglichkeit einer freien Arbeit weiterhin garantieren!«

Die Freiheit in unserem Leben ist in Gefahr, wenn wir uns nicht um unseren Demokratieerhalt ausreichend kümmern. Die Gefahren schleichen sich ein in die demokratischen Gesellschaften, wenn Armut und Arbeitslosigkeit, gepaart mit einer Perspektivlosigkeit die Menschen verängstigen. Wer unnötig Ängste schürt, wer nicht den Mut, sondern die Panik befeuert, kann nichts zum Guten wenden.

»Lasst uns die Gerechtigkeit, die Freiheit denken und uns für unsere freien Denker und Vorreiter einsetzen! Wir brauchen die starken, tapferen Demokraten in den schweren Zeiten! Wir brauchen die Dichter und Denker, die vielen Künstler, die den Mut haben, das Unausgesprochene sichtbar werden zu lassen! Lasst uns für die Freiheit in der Kunst und Kultur eintreten, denn diese sind ein Spiegel unserer Freiheit.«

Dein Geschenk an Dich

Nichts ist selbstverständlich. Du wurdest ins Leben geworfen und wenn du Glück gehabt hast, wurdest du geliebt, gefordert und gefördert. Wenn du es gut getroffen hast, wurdest du in einem friedlichen Umfeld erwachsen. Wenn du es liebevoll angetroffen hast, so wurdest du ohne Vorwürfe und seelische Misshandlungen durch deine Kindheit und Jugend geführt. Deiner Entwicklung wurden keine Steine in den Weg gelegt. Dein Umfeld, deine Stadt, dein Land waren sicher und es gab keinen Krieg und keinen Terrorismus. Du konntest dich entfalten, frei entfalten, auch wenn du ein Mädchen warst. Du durftest am Lehrangebot partizipieren und dir ein Bild von den Zusammenhängen in der Welt machen. Diese Bedingungen sind hart erkämpft worden. Die Chancengleichheit und Bildungsmöglichkeit, die Wahlfreiheit, auch für die Frau, das war ein harter Kampf der Freiheitsdenker vergangener Generationen. Auf dieser Basis darfst du leben und deine Meinungsfreiheit pflegen. Die Voraussetzungen für ein selbstbestimmtes Leben, bedürfen vieler, vieler Generationen und Revolutionen. Der Demokratiegedanke wird gespeist durch die Gedanken der Aufklärung, unterschiedlicher Rechtsphilosophien und beinhaltet somit das Gedankengut der engagierten Dichter und Denker, die ein Lebenswerk geschaffen haben. Diese Philosophen, Rechtsgelehrten haben für ihre Ideale gebrannt und den Weg für unsere freie Gesellschaft geebnet.

»Lasst uns dafür hart arbeiten, diese gesellschaftlichen Errungenschaften zu bewahren!«

Du bist gut darin, wenn du deine Aktivitäten mit Leidenschaft angehst. Du bist gut darin, wenn du in deinen Handlungen Sinn erfährst. Du bist glücklich in einem selbstbestimmten Leben.

»Finde heraus, wofür dein Herz schlägt und lasse dich nicht in Ketten legen! Sorge für deine Selbstbestimmung! Werde niemals zu einem Mitläufer!«

Deine Natur, dein innerer Kern wird dir den Weg weisen, wenn du frei genug bist, die inneren Botschaften zu empfangen. Es bedarf eines großen Mutes, seinen Impulsen zu folgen. Insofern brauchen wir als Gesellschaft die Mutigen, die für ihre Freiheit und Selbstbestimmung und die Freiheit innerhalb der Gesellschaft eintreten.

»Lasse dir niemals dein Feuer, deinen Mut, deine Freiheit nehmen! Du bist stark und fleißig genug, für deine Selbstbestimmung einzutreten. Du kannst denken und handeln. Bewahre deine Leuchtkraft! Sie wird gespeist durch deine inneren Impulse. Schütze deinen inneren Kern!«

Verletzte Menschen in einer zerstörten Welt

Verletzte Menschen wollen sich retten, wenn sie noch ein wenig Kraft haben, um zu überleben. Der Krieg, der Terror, die Unterdrückung und der Hunger treiben die Menschen ins Nirgendwo. Die gebrochenen Seelen suchen nach einem Schutzraum, in dem Frieden herrscht und Liebe gelebt werden kann. Frieden, Liebe, Macht und Tod sind die großen Themen der Menschheit. Diese zeitlosen Themen erscheinen in immer neuen Gewändern. Es geht um die Aussicht auf ein gerechteres Leben, ein friedlicheres Dasein und die Sicherung der Grundbedürfnisse, Grundrechte der Menschen.

»Wie kann der Frieden in die Welt getragen werden? Wie kann verhindert werden, dass Menschen nur durch die Flucht ihr Leben retten können? Wie kann der Mensch den Ursachen von Gewalt, Terror und Ausbeutung begegnen?«

Wir alle sind gefordert, genau hinzusehen, um die globalen Zusammenhänge der Ausbeutung, Unterdrückung und Kriegsverbrechen zu erkennen. Diktatoren, Regime, unmenschliche Wirtschaftssysteme führen in die Armut, den Krieg und zur Massenflucht. Der Ausgebeutete wird kein menschliches Leben führen können. Der Traumatisierte wird an der posttraumatischen Belastungsstörung leiden müssen. Der Vertriebene wird voller Angst um sein Leben kämpfen. Die Ursachen sind immer andere, doch sie ähneln sich im Kern. Der Leidende wurde zum Opfer gesellschaftspolitischer Schieflagen. Krieg und Terror ziehen vernichtenden Folge für die Psyche und den Körper nach sich ziehen.zerstören jegliches Menschenglück.»Niemand sollte die Ursachen von Krieg und Armut übersehen oder anfeuern!« Es irren Millionen Menschen als Heimatlose durch die Welt. Es sind Hungernde, Traumatisierte und Entwurzelte. Jeder Einzelne von ihnen hat eine Geschichte und sollte ernst genommen, mit Respekt behandelt und gehört werden! Flüchtlinge sind Menschen.

Mein Anliegen

Bequemlichkeit, Feigheit und Mutlosigkeit führen in eine Orientierungslosigkeit. Wer sich nicht die Mühe macht, Zusammenhänge begreifen zu wollen und stattdessen lieber weggUckt, findet sich sehr schnell als manipulierter Mitläufer wieder. Wen***dehälse, die pausenlos um sich k***reisenden***,*** werden die Errungenschaften einer Demokratie nicht schützen können. Die Gier nach Vorteilen und der einseitige Blick auf vordergründige Erfolge, verstellen den Blick auf Werte, die einen tieferen Gehalt und ein ethisches Fundament beinhalten. Das Machtstreben, das egoistische um sich Kreisen, verhindert den authentischen, gehaltvollen Dialog. Sowohl im familiären, als auch im großen politischen Kontext können kurzfristig gedachte vorteilsorientierte Ansinnen weder Vertrauen, noch eine langfristig orientierte, ethische Planung wachsen lassen. Wenn ein Mensch das Gegenüber manipulieren und ausbeuten will, ist das Vertrauen zerstört. Das Erpressen, Säbelrasseln und Maßregeln stehen einer konstruktiven Ausrichtung im Weg. Es ist sehr zu bedauern, dass Führungspositionen häufig von dominanten, nicht ethisch orientierten Menschen ausgeübt werden. Der Durchsetzungskräftige, häufig Intrigante versteht es, sich mit Tricks und geschicktem Verhandeln an die Spitze zu katapultieren. Der Machterhalt erfordert immer wieder enorme Anstrengung, so dass diese Energien nicht in die konstruktive Bewältigung schwieriger Probleme einfließen. Das strategische Vorteilsstreben führt nicht zu Verbesserungen von Schieflagen in einer Gesellschaft, sondern befeuert diese. Die Gier nach Macht versperrt den Weg zum Du. Kein drängendes Problem kann mit einem eingeschränkten, vorteilsorientierten Denken und Handeln gelöst werden. Der Egoismus, die Gier und die Ausbeutung verhindern die Lösung der globalen Probleme.

»Lasst uns zu mutigen, leuchtenden Menschen heranreifen und die dunklen Ecken für alle Zeiten ausleuchten!«

Inhaltsverzeichnis Band 1

Biografie

Einleitung

Leuchte durch dein Leben

Deine Leuchtkraft ist in Gefahr

Der Leuchtturm

Du wolltest ans Licht

Die Indianerin im Großstadtdschungel

Aus dem Zentrum deines Ichs

Leuchten in Freiheit

Deine Sprache

Deine Enttäuschung

Deine Befreiung

Deine Chance auf Freiheit

Dein Bücherregal

Deine Strahlkraft

Gegen die Gier

Dein innerer Kern

Deine Strahlkraft – Dein Überleben

Dein Lebenstisch

Die Strahlkraft des Künstlers

Die Verantwortung

Das Spiel mit dem Feuer

Deine Wahrhaftigkeit

Lebe gesund

Leuchte für die anderen

Du bleibst mein Leuchtturm

Dein Ziel – deine Hoffnung

Alleine leuchten

All inklusive

Supernova I

Die Fesseln deiner Gier

Willst du zum Geizzombie mutieren?

Verschanz dich nicht

Supernova II

Der Kettenhund

Der Rudeltanz

Wer mit den Wölfen heult

Das Alphatier

Die Meute

Der Verkümmerer

Das laute Heulen

Die Stärke aus deinem Herzen

Der Tarnkappenbomber

Der Tarnkappenbomber II

Der isolierte Stratege

Raum und Zeit, Lebenszeit

Der Leid – Vermeidungsstratege

Die Kugeln fliegen

Aus der Tiefe deiner selbst
Geboren um zu sterben
Dein Kreativzentrum
Ich weiß, was ich will
Du wirst dich an mich erinnern
Deine inneren Filme
Die Lebenspflanze
Du wollest fehlerlos sein
Der große Abschied
Der Traumtänzer
Der Spekulant
Notsignale
Kreativer Hexenkessel
Gute Gedanken, gute Worte, gute Taten
Dein Gleichgewicht
Die Untergangsstimmung
Der Fackelmensch
Dein innerer Leuchtturm
Deine subtilen Energien
Dein stilles Leuchten
Du legst die Füße hoch
Du wirst aufgeladen
Das Gold, die Intuition
Deine Dollarzeichen in den Augen
Drohender Selbstverlust

Alles hängt mit allem zusammen
Du hast alles gegeben
Das Glühen einer ungezähmten Energie
Die Dunstglocke
Am Ende deines Lebens
Dein Mut, frei zu sein
Frischer Wind in deinem Kopf
Der Erfinder
Die Verzettelung
Es ist wie eine Krankheit
Gib dich nicht auf!
Lass dich nicht verhärten
Wenn du dich selbst verlierst
Dein fehlendes Bewusstsein
Deine Kritiklosigkeit
Suchtfaktor: Unmündigkeit
Finde deine Leuchtkraft wieder
Du küsst den Tod
Dein Über-Ich
Die Globalität, die Gerechtigkeit, die Transzendenz
Ethik und globales Bewusstsein
Keine Rettung ohne globales Bewusstsein
Nachplapperer kennen keine Ethik
Die Bruchlandung
Wenn die Leichen stören

Das Künstlersein
Die letzte Fahrt
Der Künstler ohne Federn
Dein Zentrum – dein Kapital
Dein Idyll
Deine Demokratie – dein Schutzraum
Der Tunnel, deine Autoritätshörigkeit
Der kalte Wind
Künstler sein und frei sein
Zurück zu den Wurzeln
Die gefährliche Eigendynamik
Die Frömmelei
Die Scheinheiligkeit
Die Verblendung
Das Chamäleon
Die Fremdbestimmung
Trennung, Tod, Abschied

Beate Reinecker

Lass dich nicht verbiegen!
Lass dich nicht brechen!

*Ratschläge & Ermutigungen
aus der praktischen Philosophie*

VERLAG
AUF DER
WARFT

DAS ERSTLINGSWERK VON BEATE REINECKER

Lass dich nicht verbiegen!
Lass dich nicht brechen!

Autorin: Beate Reinecker

Ausgabe: 1. Auflage
ISBN/EAN: 978-3-939211-86-0
Seitenzahl: 438
Format: 21 x 14,5 cm
Produktform: Taschenbuch/Softcover
Gewicht: 380 g, Preis: 19,80 €

Bestellung bei : www.buchhandel.de
E-Mail: info@buchhandel.de
oder
beim ADW-Verlag:
PD Dr. phil. habil. Klaus Siewert
Rudolf-von-Langen-Straße 29 48147 Münster
E-Mail: adw-verlag@gmx.de